Antologia di casi giurisprudenziali

Antologia di casi giurisprudenziali

Materiali per lo studio del diritto privato

Terza edizione

a cura di

TERESA PASQUINO

G. GIAPPICHELLI EDITORE – TORINO

VIA PO, 21 - TEL. 011-81.53.111 - FAX 011-81.25.100

http://www.giappichelli.it

ISBN/EAN 978-88-921-2949-8

Composizione: La Fotocomposizione - Torino

Stampa: Stampatre s.r.l. - Torino

Indice

Presentazione

La raccolta di casi giurisprudenziali, presenti in questa Antologia, ha lo scopo di avvicinare gli Studenti del Corso di Istituzioni di Diritto privato alla trattazione delle fattispecie concrete, giunte all'attenzione dei Giudicanti, su temi e questioni civilistici di particolare rilievo.

L'impostazione dei commenti ad essi, di volta in volta, dedicati segue una esposizione piana e lineare, la più semplice possibile perché possa essere compresa appieno da Discenti, ancora sprovvisti delle conoscenze del Diritto processuale civile, i quali, tuttavia, non possono fare a meno di cominciare, da subito, a rappresentarsi la fondamentale questione del rapporto tra Diritto scritto e Diritto applicato; e, dunque, la basilare rilevanza dell'apprendimento delle tecniche ermeneutiche che si possono seguire nell'applicare la Legge, laddove il contesto storico, economico e socio-culturale svolge pure la sua parte.

Nella scelta dei temi trattati non si è potuto seguire il criterio della completezza; com'è evidente, in una materia come quella delle Istituzioni di Diritto privato, l'adozione di tale criterio avrebbe richiesto un impegno ed uno spazio diversi. Si sono, piuttosto, scelti alcuni casi, tra i più significativi e rappresentativi delle problematiche attualmente afferenti ai diversi Istituti del Diritto privato, per consentire al Discente di assumerne consapevolezza, senza alcuna pretesa di esaurire i diversi argomenti.

L'esposizione delle questioni, si diceva sopra, è semplice e tenta di riprodurre, sempre in maniera la più lineare possibile, la dialettica processuale, con la proposizione della controversia, l'esposizione delle tesi dell'attore e di quelle del convenuto ed, infine, con l'indicazione della decisione dei Giudicanti e dello svolgimento logico-giuridico che essi hanno seguito per giungere a quella decisione. Per coloro i quali tra i Discenti avessero, poi, la curiosità di approfondire qualche profilo specifico delle questioni poste in evidenza, le note sono corredate da una minima indicazione di riferimenti anche dottrinali utili a tal fine.

Contenuto e forma di questa Antologia sono stati, dunque, creati pensando soltanto ai Discenti, dai quali proviene da subito e sempre più frequentemente la richiesta di soddisfare la curiosità dinanzi alla quale si trovano quando, leggendo una norma, si rappresentano essi stessi le diverse descrizioni ed applicazioni che essa può assumere nel momento in cui la medesima norma, tanto per rievocare il titolo di un fondamentale lavoro di Natalino Irti (*Testo e contesto. Una lettura dell'art. 1362 del codice civile*, Padova, 1996), dal testo si cala nel contesto.

TERESA PASQUINO

L'incidenza della giurisprudenza della Corte costituzionale e delle Corti europee sul Diritto privato

In numerose occasioni di incontri scientifici [1], il tema dell'incidenza della giurisprudenza costituzionale e delle Corti europee sugli istituti del Diritto privato è stato posto al centro dell'attenzione degli Studiosi della materia.

In verità, la riflessione su come l'interpretazione e la trasformazione delle norme di Diritto privato ad opera della Corte costituzionale ed ora anche delle Corti europee [2] abbiano svolto un ruolo fondamentale per una diversa impostazione dei rapporti privatistici era stata avviata e proficuamente portata avanti da una parte della dottrina [3] che, con la sua nuova impostazione teorico-

---

[1] Si possono ricordare, tra gli eventi che si sono avvicendati, il convegno, organizzato a Padova per il trentennale della Rivista "La Nuova Giurisprudenza Civile Commentata", il 15 e 16 maggio 2015 sul tema "*Il diritto privato nella giurisprudenza della Corte europea dei diritti dell'uomo*" e l'incontro di studio, che si è tenuto a Roma – La Sapienza il 5 e 6 giugno 2015, su "*I nuovi confini del diritto privato europeo*". Il tema è oggi compiutamente trattato nel recente lavoro di E. NAVARRETTA, *Costituzione, Europa e diritto privato*, Torino, 2017.

[2] Ci si riferisce alla *Corte europea dei diritti dell'uomo*, con sede in Strasburgo, organo giurisdizionale internazionale istituito nel 1959, con il compito di assicurare il rispetto e l'applicazione della *Convenzione europea per la salvaguardia dei diritti dell'uomo e delle libertà fondamentali* del 4 novembre 1950, nonché della *Carta dei diritti fondamentali della Unione europea;* ed alla *Corte di giustizia dell'Unione europea*, con sede in Lussemburgo, che assicura il rispetto e l'applicazione del diritto dell'Unione europea.

[3] Al momento dell'entrata in vigore della Costituzione, l'apparato normativo civilistico si proponeva esso stesso come dotato di un carattere costituzionale. Riecheggiava ancora nella cultura civilistica del tempo la concezione ottocentesca dei codici civili, i quali rivestivano la dignità di vere e proprie Carte costituzionali; si riteneva, infatti, che l'inserzione in essi delle Disposizioni sulla legge in generale, delle norme sul godimento dei diritti civili o sulla cittadinanza, rispondesse ad una intima logica del Diritto privato, il quale conteneva lo "statuto" dei cittadini e delineava così i limiti dello Stato nei loro confronti.

Per una lettura delle norme privatistiche attraverso il filtro dei valori e dei principi emergenti dalla Costituzione repubblicana cfr. L. MENGONI, *Diritto e valori*, Bologna, 1985; ID., *Ermeneutica e dogmatica giuridica*, Milano, 1996; ID., *Metodo e teoria giuridica*, in *Scritti I e II*, a cura di C. CASTRONOVO, A. ALBANESE, A. NICOLUSSI, Milano, 2011; P. PERLINGIERI, *Il diritto civile nella legalità costituzionale secondo il sistema italo-comunitario delle fonti*, Napoli, 2006. Più di ermeneutica, diede il via alla c.d. "costituzionalizzazione" del Diritto privato.

L'aspetto che, per il rilievo conseguito da tale attitudine metodologica soprattutto in questi ultimi decenni, è apparso più suggestivo e fecondo per le riflessioni di un Privatista è rappresentato dalla ormai consolidata tendenza ad una lettura costituzionalmente orientata delle norme del Diritto privato; tendenza avviatasi già con l'avvento della Costituzione vigente ma ormai radicatasi nella cultura del Diritto civile grazie all'attività ermeneutica della Consulta. Infatti, da quando al binomio *libertà-proprietà* si è sostituito il binomio *libertà-dignità*, si è determinato un primo profondo mutamento nella prospettiva del Civilista: al *soggetto di diritti*, formalisticamente inteso quale mero centro di imputazione di situazioni giuridiche soggettive, si è sostituita la *persona*, centro di valori etico-giuridici che tutte le Costituzioni degli Stati del secondo dopoguerra, profondamente provati dalla tragica esperienza del nazionalsocialismo e dei regimi totalitari, hanno voluto tutelare con il riconoscimento della piena salvaguardia delle libertà e della dignità umana [4].

Con l'entrata in vigore della Costituzione repubblicana, agli occhi del Privatista, il quadro complessivo delle norme di riferimento per la disciplina dei rapporti tra privati muta ed acquista un diverso valore: il sistema del Diritto privato non coincide più con il Codice civile e deve tener conto del nuovo contesto normativo così come disegnato dall'art. 2, in combinata lettura con l'art. 41, comma 2, Cost.; si rafforza la centralità della persona e si individua nel rispetto per la dignità umana il limite che deve conformare ogni situazione soggettiva ed il principio in cui ascrivere nuovi diritti e nuove soggettività [5].

---

recente, v. P. RESCIGNO, *Codici*, Bari, 2013 ed, ivi, soprattutto, *Il codice civile italiano: inventario di un mezzo secolo*, p. 56 ss., il quale propone una lettura della Costituzione come fonte in grado di incidere sulle categorie civilistiche ma preservandone comunque la loro autonomia ed il loro ambito originario.

[4] Sull'evoluzione di questa concezione intorno alla persona cfr., *ex multis,* tra i Civilisti: G. OPPO, *Ancora su persona umana e diritto*, in *Riv. dir. civ.*, 2007, I, 259.; S. RODOTÀ, *Dal soggetto alla persona*, Napoli, 2007; P. ZATTI, *Di là dal velo della persona fisica. Realtà del corpo e diritti "dell'uomo"*, in *Liber amicorum per F. Busnelli*, II, Milano, 2008, 121 ss.; A. NICOLUSSI, *Lo sviluppo della persona umana come valore costituzionale e il cosiddetto biodiritto,* in *Eur. dir. priv.,* 2009, p. 25.

[5] Sul concetto di dignità umana la bibliografia sarebbe sconfinata; per limitarsi ad alcuni dei principali contributi, cfr. G. RESTA, *La disponibilità dei diritti fondamentali e i limiti della dignità*, in *Riv. dir. civ.*, 2002, II, 809 ss.; G. PIEPOLI, *Dignità e autonomia privata*, in *Pol. dir.*, 2003, 45 ss.; G. ROLLA, *Il valore normativo del principio della dignità umana. Brevi considerazioni alla luce del costituzionalismo iberoamericano*, in *Diritto pubblico comparato europeo*, 2003,1870 ss.; F. SACCO, *Note sulla dignità umana nel "diritto costituzionale europeo"*, in P. PANUNZIO (a cura di), *I diritti fondamentali e le Corti in Europa*, Napoli, 2005; G. SILVESTRI, *Considerazioni sul valore costituzionale della dignità della persona*, 15 marzo 2008, pubblicata sul sito dell'Associazione dei costituzionalisti italiani; M.R. MARELLA, *Il fondamento sociale della dignità umana* in *Riv. crit. dir. priv.*, 2007, 102 ss.; G. PIEPOLI, *Tutela della dignità e ordinamento secolare*, in *Riv. crit. dir. priv.*, 2007, 7 ss.; A. PIROZZOLI, *Il valore costituzionale della dignità. Un'introduzione*, Roma, 2007; M. COSTANZA, *La persona e la sua dignità*, in *Scritti in onore di G. Benedetti*,

Il Codice civile del 1942 si fondava essenzialmente sulla proprietà e sul contratto, gli istituti portanti del sistema privatistico, espressione di una concezione della vita economica legata ad una idea liberistica a tutto svantaggio della rilevanza delle posizioni giuridiche afferenti alla sfera della personalità degli individui.

In tale contesto culturale, ben si spiega il motivo per cui, all'entrata in vigore della Costituzione e fino ai primi due decenni di sua vigenza, nonostante alcune importanti materie del Diritto privato (i rapporti civili; i rapporti economici; le materie di legislazione regionale) fossero contemplate nella Carta, gli Studiosi del Diritto civile furono restii a considerare le norme costituzionali come in grado di influire nei rapporti tra privati e si attestarono nella rigida posizione tesa a considerare il Codice civile al centro di un sistema monolitico, cui facevano da cornice le leggi speciali. Erano, questi, gli anni in cui la Costituzione non veniva ancora neppure contemplata tra le fonti del diritto ed alle norme costituzionali era riconosciuto il ruolo di predicati normativi, dal contenuto vago ed impreciso, come tali non immediatamente precettive e destinate solo al legislatore ordinario. Pur tuttavia, anche in tale contesto, non si può non menzionare la voce di due autorevoli Civilisti – Rosario Nicolò e Salvatore Pugliatti – che, pure in quel periodo, nelle loro teorizzazioni si aprirono alla influenza dei superiori principi costituzionali [6].

È solo a partire dagli anni settanta che la generazione dei Civilisti, sensibile al mutato contesto economico-sociale, respinta l'idea di riscrivere un nuovo Codice civile – idea che si era concretizzata in un vero e proprio Disegno di legge, il n. 577/c del 10 ottobre 1963, – cominciò ad avvertire l'esigenza di una rilettura delle norme del Codice civile alla luce dei principi costituzionali, affrancandosi così dai dogmi su cui si era edificato in passato il sistema del Diritto privato.

Nel contempo, nella coscienza dei Giuristi, cominciò ad assumere connotati diversi anche la tradizionale distinzione tra Diritto pubblico e Diritto privato: il Diritto privato cessava di essere il regno della volontà e dell'autonomia dei soggetti privati relativamente alle situazioni patrimoniali ed alle libertà economiche ed il Diritto pubblico non era più il diritto ispirato alla sovranità indiscussa dello Stato e, quindi, alla subordinazione del cittadino come suddito.

Insomma, dominata da valori forti e ben esplicitati, quali la solidarietà e la giustizia sociale, la Costituzione lasciava emergere la centralità della persona

---

I, Napoli, 2008, 457 ss.; P. ZATTI, *Note sulla "semantica della dignità"*, in ID., *Maschere del diritto, volti della vita*, Milano, 2009; C. SCOGNAMIGLIO, *Dignità dell'uomo e tutela della personalità*, in *Giust. civ.*, 2014, p. 67 ss.

[6] Sul metodo con cui leggere ed applicare le norme costituzionali nei rapporti di Diritto privato v. da ultimo C. CASTRONOVO, *Eclissi del diritto civile*, Milano, 2015, p. 15 ss., ove è trattata la fondamentale questione della *Drittwirkung* sia nei rapporti patrimoniali che nelle situazioni afferenti alla sfera della persona e dei beni. Per una diversa visione del problema, v. E. NAVARRETTA, *Costituzione, Europa e diritto privato*, cit., p. 40 ss.

umana, realizzata attraverso la funzionalizzazione delle situazioni soggettive patrimoniali all'attuazione delle situazioni soggettive esistenziali[7].

A partire dagli anni settanta e per tutto il decennio successivo, si realizzò così una svolta verso la configurazione di un "Diritto civile costituzionale", cui parteciparono *in primis* la Corte costituzionale, attraverso il sindacato di legittimità delle leggi – e non solo di quelle nuove ma anche dello stesso Codice civile in alcune materie come quelle della famiglia e delle successioni – ed anche la dottrina e la giurisprudenza comune, attraverso una interpretazione costituzionalmente orientata delle norme di Diritto civile.

Anche per il Civilista, dunque, il principio personalistico, la cui essenza riposa sulla inviolabilità delle libertà e della dignità della persona, divenne la *ratio* di fondo ed il criterio di valutazione delle istanze di tutela dei privati; tanto non solo nell'ambito della salvaguardia dei diritti fondamentali della persona ma anche nel contesto dei rapporti a contenuto patrimoniale nei quali sarà proprio la riconosciuta prioritaria rilevanza di quei diritti a costituire un limite espresso alla pura logica del mercato a vantaggio dei gruppi economici dominanti.

I diritti della persona

In questo mutato contesto normativo, l'attività ermeneutica della Corte costituzionale si è indirizzata principalmente all'art. 2 Cost. ed è stata decisiva quando si è trattato di attribuire ad essa la natura di clausola a struttura aperta, capace di accogliere i nuovi diritti personalissimi, e con forza precettiva, come tale in grado di fornire tutela diretta mediante applicazione immediata al caso concreto[8].

---

[7] Tra i Civilisti più eminenti, la tematica accennata trova ampia trattazione a partire dagli scritti di L. MENGONI, *La tutela giuridica della vita materiale nelle varie età dell'uomo*, in *Riv. trim. dir. proc. civ.*, 1982, 1117 ss.; ID., *Per una dogmatica dei diritti fondamentali*, in *Giornate in onore di A. Falzea*, Milano, 1993; ID., *Autonomia privata e Costituzione*, in Scritti, I, Milano, p. 109 ss.. Per una sintesi del dibattito tra gli Autori più moderni v. C. PERFUMI, *Riflessioni per una chiave di lettura del fenomeno di costituzionalizzazione del diritto privato in Europa*, in *Riv. crit. dir. priv.*, 2008, p. 631 ss. Da ultimo, fondamentali, al riguardo, le pagine di C. CASTRONOVO, *Eclissi del diritto civile*, cit., p. 15 ss. Ma v. anche E. NAVARRETTA, *Costituzione, Europa e diritto privato*, cit., p. 40 ss.

[8] È sufficiente scorrere la giurisprudenza della Corte costituzionale, a partire dalla fine degli anni '60, in tema di tutela dei diritti fondamentali della persona per constatare come in ogni occasione la Consulta – invertendo totalmente il suo orientamento precedente – non abbia mai mancato di precisare la struttura di clausola aperta dell'art. 2 Cost. Cfr., tuttavia, le riserve espresse, al riguardo, da C. CASTRONOVO, *Eclissi del diritto civile*, cit., soprattutto p. 37 ss., secondo cui prima di ammettere l'efficacia orizzontale e diretta delle norme costituzionali è necessario rinvenire "il punto esatto di connessione delle norme costituzionali con il livello inferiore della legislazione ordinaria" (cit. p. 38) operando un bilanciamento tra gli interessi tutelati dalla norma costituzionale e quelli presenti (o assenti) nella legge ordinaria. Ma v. ora anche E. NAVARRETTA, *op. ult. cit.*, p. 40 ss.

Per l'interprete, chiamato ad applicare le norme di Diritto civile, ne è derivato un ampliamento della sfera di operatività del principio del *neminem laedere* e la conseguente espansione dell'area del danno risarcibile fino a comprendere in essa anche il danno non patrimoniale al di là dei limiti posti dall'art. 2059 c.c.

A nessun interprete, infatti, può essere sfuggita l'importanza del "dialogo", portato avanti sul solco della combinata lettura degli artt. 2043 e 2059 c.c. con le norme costituzionali, intercorso a partire dagli ultimi decenni del secolo scorso tra il Giudice di legittimità ed il Giudice delle leggi sul tema del danno alla persona, dialogo culminato nella celeberrima decisione delle Sezioni Unite della Suprema Corte (Cass., Sez. Un., n. 26972/2008), in cui il danno non patrimoniale è stato espressamente riconosciuto anche e soprattutto in caso di lesione dei diritti afferenti alla sfera della persona e sanciti da norme costituzionali, oltre che da norme ordinarie.

Analogamente, nessun interprete può oggi fare a meno di tenere in debito conto l'influenza che possono avere in ordine all'ampliamento della sfera del danno risarcibile le norme della Convenzione europea dei diritti dell'uomo e quelle della Carta dei diritti fondamentali, soprattutto quelle che dilatano la sfera di protezione della persona: dignità; identità personale; identità di genere; dati personali e riservatezza; famiglia e formazioni sociali [9].

Ne è conseguita la consapevolezza tra gli Studiosi del diritto civile della perdita di importanza dell'antica questione relativa alla identificazione od alla *struttura giuridica* dei diritti fondamentali della persona ed al grado di tutela ad essi accordato dall'ordinamento; il che ha determinato nelle decisioni dei giudici ordinari il ricorso sempre più frequente alla clausola generale contenuta nell'art. 2043 c.c. a prescindere dal fatto che la pretesa vantata potesse essere configurata come diritto soggettivo assoluto o di credito ovvero come interesse legittimo [10],

---

[9] Al giudice nazionale è sempre consentito applicare gli *standard* nazionali di tutela dei diritti fondamentali, "a patto che tale applicazione non comprometta il livello di tutela previsto dalla Carta, come interpretata dalla Corte, né il primato, l'unità e l'effettività del diritto dell'Unione" Corte giust., 26 febbraio 2013, C-399/11 (caso Melloni); Corte giust., 26 febbraio 2013, causa C-617/10 (caso Åklagaren) Si pensi anche in materia di protezione dei dati personali, alla recente sentenza della Corte di giustizia dell'8 aprile 2014, *Digital Rights Ireland e Seitlinger e a.* (cause riunite C-293/12 e C-594/12), che, nel suo ruolo di interprete dei diritti umani, ha dichiarato invalida la direttiva 2006/24/CE del 15 marzo 2006 sulla conservazione dei dati, in quanto incompatibile con la Carta dell'UE dato che determina "*un'ingerenza di vasta portata e di particolare gravità nei diritti fondamentali al rispetto della vita privata e alla protezione dei dati di carattere personale, non limitata allo stretto necessario*". In dottrina, cfr. M. SERIO, *La responsabilità civile in Europa: prospettive di armonizzazione*, in *Eur. dir. priv.*, 2014, p. 330 ss. Sulla efficacia orizzontale delle norme costituzionali in ordine alla scelta del rimedio della responsabilità civile ed al ruolo del giudice in tale circostanza, v. E. NAVARRETTA, *Costituzione, Europa e diritto privato*, cit., p. 44 ss. Per una trattazione aggiornata dell'intera materia della responsabilità civile, v. C. CASTRONOVO, *Responsabilità civile*, Milano, 2018.

[10] Cfr. N. LIPARI, *Le categorie del diritto civile*, Milano, 2013. Sull'attuale valenza di queste categorie, cfr. A. NICOLUSSI, *Diritto soggettivo e rapporto giuridico. Cenni di teoria generale tra diritto privato e diritto pubblico*, in *Eur. dir. priv.*, 2014, p. 1210.

essendo sufficiente che il pregiudizio lamentato dalla persona danneggiata potesse qualificarsi semplicemente come *lesione di un interesse giuridicamente protetto*: le ormai numerose decisioni dei giudici ordinari in tema di tutela del danno non patrimoniale ne danno conferma.

Nelle sentenze rese in materia di diritti fondamentali, il frequente riferimento al principio della inviolabilità della dignità della persona umana – principio ormai cristallizzato nella prima importante decisione della Consulta n. 293 del 17 luglio 2000 come principio costituzionale che informa di sé tutto il diritto positivo – ha consentito al Giudice delle leggi di esprimersi in perfetta armonia con i principi sanciti al riguardo dalla Convenzione europea e dalla Corte di Strasburgo e di fornire, così, all'interprete ordinario diversi dati di riferimento.

È innegabile, dunque, che trattasi di un principio il cui processo di *positivizzazione* può dirsi ormai definitivamente perfezionato; sicché non sorprende più che anche la giurisprudenza ordinaria al massimo livello, sempre più frequentemente, abbia posto a fondamento di sue importanti decisioni in materia di scelte relative all'inizio ed alla fine della vita umana proprio il rispetto del principio della dignità della persona.

Ed è in forza di tale principio che, sempre a tutela della personalità dell'individuo, è possibile cogliere la *ratio* della disciplina a tutela delle persone incapaci di agire le quali, menomate in forma provvisoria o permanente nel fisico o nella mente, possono giovarsi ora di una nuova figura – quella dell'amministratore di sostegno, di cui agli artt. 404 e ss. c.c., introdotta con legge 9 gennaio 2004, n. 6; soggetto, quest'ultimo, con un ruolo ed una funzione più elastici rispetto a quelli delle figure tradizionali del tutore o curatore in quanto maggiormente rispettosi dell'esercizio dei diritti personalissimi in capo al beneficiario e, dunque, più in linea con le istanze di salvaguardia della sua dignità [11].

Dalla esaltazione del significato contenuto nella formulazione normativa dell'art. 2 Cost. è derivata, altresì, per il Civilista attento e sensibile la necessità di attribuire maggiore rilievo a quella parte della disciplina relativa ai gruppi ed alle formazioni sociali di cui si occupa il primo libro del Codice civile, luoghi privilegiati in cui possa esprimersi al meglio la personalità dei singoli ed in cui si possano perseguire finalità attuative del principio di solidarietà sociale. In questa materia, mirabile è stata l'opera di studio ed elaborazione teorica di

---

[11] Per quanto nella *Convenzione europea dei diritti dell'uomo* non è dato rinvenire una specifica norma posta a tutela dei disabili, è, comunque, significativo che le norme generalmente poste a tutela dei diritti fondamentali degli individui siano state applicate dalla Corte di Strasburgo soprattutto con riguardo alla tutela degli incapaci e dei loro diritti fondamentali (sul punto, cfr. ad es. C. eur. dir. uomo, 29 marzo 2001, *D.N.* c. *Svizzera*, 27154/95; 1° dicembre 2009, *G. N. e a.* c. *Italia*, 43134/05; 30 aprile 2009, *Glor* c. *Svizzera,* 13444/04; 7 febbraio 2012, *Cara-Damiani* c. *Italia,* 2447/05). Basti pensare al ruolo riconosciuto prima dalla giurisprudenza ed ora dalla legge 22 dicembre 2017, n. 219 all'amministratore di sostegno in materia di decisioni da assumere in caso di trattamenti sanitari del beneficiato.

Pietro Rescigno [12], opera che ha sensibilizzato non solo gli interpreti ma anche il legislatore speciale allorquando ha dovuto mettere mano ad un modello di "ente privato" in grado di recepire quelle istanze poste alla base poi del d.lgs. del 24 marzo 2006, n. 155.

Sul tema degli enti privati non può mancare un richiamo alla recente riforma, perseguita con la legge 6 giugno 2016, n. 106 che ha istituito il c.d. Codice del Terzo settore.

Secondo quanto riportato dall'Ufficio Studi della Camera dei Deputati, "la legge definisce il Terzo settore come il complesso degli enti privati costituiti con finalità civiche, solidaristiche e di utilità sociale che, senza scopo di lucro, promuovono e realizzano attività d'interesse generale, mediante forme di azione volontaria e gratuita o di mutualità o di produzione e scambio di beni e servizi, in coerenza con le finalità stabilite nei rispettivi statuti o atti costitutivi. Più in particolare: nel Terzo settore non rientrano le formazioni e le associazioni politiche, i sindacati e le associazioni professionali di categorie economiche; le disposizioni della legge delega e dei decreti attuativi da questa discendenti non si applicano alle fondazioni bancarie; i settori delle attività di interesse generale sono razionalizzati attraverso la compilazione di un elenco unico di volta in volta aggiornato".

Tra le finalità perseguite dalla legge all'art. 4, vi è revisione della disciplina contenuta nel codice civile in tema di associazioni e fondazioni, da attuare secondo i seguenti principi e criteri direttivi: semplificazione e revisione del procedimento per il riconoscimento della personalità giuridica; individuazione delle disposizioni generali e comuni applicabili agli enti del Terzo settore; individuazione delle attività di interesse generale che caratterizzano gli enti del Terzo settore; previsione del divieto di distribuzione, anche in forma indiretta, degli utili o degli avanzi di gestione e del patrimonio, salva la specifica previsione per l'impresa sociale; garanzia, negli appalti pubblici, delle condizioni economiche non inferiori a quelle previste dai contratti collettivi nazionali di lavoro adottati dalle organizzazioni sindacali maggiormente rappresentative e definizione delle informazioni obbligatorie da inserire negli statuti e negli atti costitutivi; distinzione, nella tenuta della contabilità e dei rendiconti, della diversa natura delle poste contabili in relazione al perseguimento dell'oggetto sociale e definizione dei criteri e vincoli in base ai quali l'attività d'impresa svolta dall'ente in forma non prevalente e non stabile risulta finalizzata alla realizzazione degli scopi istituzionali; previsione di obblighi di trasparenza e informazione anche con forme di pubblicità dei bilanci e degli altri atti fondamentali dell'ente nonché attraverso la loro pubblicazione nel suo sito inter-

---

[12] Di cui v. *Persona e comunità: saggi di diritto privato*, Bologna, 1966; *Persone e gruppi sociali*, Napoli, 2006.

net istituzionale; disciplina del regime di responsabilità limitata delle persone giuridiche; garanzia del rispetto dei diritti degli associati; applicazione alle associazioni e fondazioni che esercitano stabilmente attività di impresa, delle norme del codice civile in materia di società e di cooperative e mutue assicuratrici (di cui ai titoli V e VI del libro V) in quanto compatibili; disciplina del procedimento per ottenere la trasformazione diretta e la fusione tra associazioni e fondazioni, nel rispetto del principio generale della trasformabilità tra enti collettivi diversi introdotto dalla riforma del diritto societario; riorganizzazione del sistema di registrazione degli enti (e degli atti gestionali rilevanti), attraverso la messa a punto di un Registro unico nazionale del Terzo settore (da istituirsi presso il Ministero del lavoro e delle politiche sociali), l'iscrizione al quale sia obbligatoria per tutti gli enti che si avvalgano 'prevalentemente o stabilmente' di fondi pubblici, privati raccolti attraverso pubbliche sottoscrizioni, o di fondi europei".

L'intera materia attende ancora di essere completata ed integrata dai decreti attuativi di cui abbisogna; una lacuna normativa che rende ancora molto farraginosa ed incerta l'intera materia [13].

Famiglia, Filiazione e Successioni

Fra gli ambiti disciplinari in cui il disegno costituzionale ha maggiormente inciso con i suoi principi ed i suoi valori – il riferimento, in questo caso, è al *principio di uguaglianza* – vi è certamente quello dei rapporti di famiglia, laddove alla famiglia c.d. *legittima* si è affiancato un altro modello, quello della c.d. famiglia *di fatto*.

Alla famiglia legittima, ossia a quella fondata sul matrimonio, l'art. 29 Cost. riconosce i diritti propri di una "*società naturale*"; locuzione, questa, che ha

[13] Sempre il centro Studi della Camera dei deputati rileva che "Nel corso della XVIII Legislatura, sono stati esaminati dalle competenti Commissioni parlamentari gli schemi dei decreti integrativi e correttivi del Codice del Terzo settore (d.lgs. n. 117/2017), modificato dal d.lgs. n. 105 del 3 agosto 2018 e del decreto sulla revisione dell'impresa sociale (d.lgs. n. 112/2017), poi modificato dal d.lgs. 20 luglio 2018. Di specifico interesse per il Terzo settore, le modifiche introdotte al Codice dal d.l. n. 119/2018 che, fra l'altro, forniscono un nuovo criterio per la determinazione della natura commerciale o non commerciale degli enti del Terzo settore e intervengono sulla disciplina per le deduzioni previste per chi effettua erogazioni liberali a favore di enti del Terzo settore. In ultimo, si segnalano le modifiche alla normativa di settore introdotte dal Decreto semplificazioni (d.l. n. 135/2018) che, dopo l'innalzamento previsto dalla legge di Bilancio 2019, ha ripristinato l'aliquota IRES al 12% per le attività del Terzo settore e ha incluso le associazioni o fondazioni di diritto privato originate dalla trasformazione di istituti pubblici di assistenza e beneficenza (c.d. 'ex IPAB') nel novero degli enti del Terzo settore". Da ultimo, in dottrina v. M. TAMPONI, *Persone giuridiche (artt. 11-35),* in *Il codice civile*. Commentario fondato da P. Schlesinger e diretto da F.D. Busnelli, Milano, 2018.

posto all'interprete l'esigenza di porre la dovuta attenzione alla necessità di tutelare e garantire i casi di convivenza al di fuori del matrimonio, posto che tra i soggetti che vivono come coniugi si stabiliscono vincoli di fedeltà, coabitazione, assistenza e reciproca contribuzione agli oneri patrimoniali. Più sicuro è, invece, il riconoscimento delle istanze di tutela nei rapporti con i figli nati fuori dal matrimonio, con i quali si instaurano veri e propri doveri di istruzione, di educazione e di mantenimento; di modo che alla formazione così composita già si riconoscono le stesse aspettative di tutela e solidarietà sociale che la legge prevede per la famiglia legittima.

In questo ambito, dal canto suo, l'incidenza della giurisprudenza delle Corti europee, soprattutto in questi ultimi anni, si è volta ad operare un significativo mutamento del concetto di "nucleo familiare", fino a spingersi a comprendere in esso le unioni tra persone dello stesso sesso, in qualche caso ritenute addirittura idonee ad accogliere per affidamento anche la prole [14]. Attività, questa che, com'è noto, ha portato il legislatore italiano ad emanare la legge 21 maggio 2016, n. 76 che ha regolamentato le unioni civili tra persone dello stesso sesso, riconoscendole come ammissibili anche in ragione della copertura costituzionale *ex* art. 2 Cost. in quanto rientranti nel concetto di formazioni sociali da essa espressamente tutelate.

La stessa legge ha anche operato un formale riconoscimento legislativo della convivenza *more uxorio* [15]; non si può fare a meno di rilevare come, anche

---

[14] Cfr. in tema A. SCHUSTER, *Il matrimonio e la famiglia omosessuale in due recenti sentenze. Prime note in forma di soliloquio*, in *Forum di Quaderni costituzionali*, 2012; ID., *L'abbandono del dualismo etero normativo della famiglia*, in *Omogenitorialità. Filiazione, orientamento sessuale e diritto*, Milano, 2011, p. 40 ss.. Nega l'assimilazione della unione tra omosessuali al matrimonio, pur sottolineandone la rilevanza come "formazione sociale", Corte cost. 15 aprile 2010, n. 138. In senso conforme si vedano anche Corte cost., ord. 22 luglio 2010, n. 276, in *Fam e dir.*, 2011, 18, con nota di A. RIVIEZZO, *Sulle unioni omosessuali la Corte ribadisce: "questo" matrimonio non s'ha da fare (se non lo vuole il Parlamento)*; Corte cost., ord. 5 gennaio 2011, n. 4, in *Giust. civ.*, 2011, I, 841, con nota di G. COSCO, *Le unioni omosessuali e l'orientamento della Corte costituzionale*; Corte cost. 10 giugno 2014, n. 170; Cass. 9 febbraio 2015 n. 2400. In tutte queste pronunce il riferimento alla giurisprudenza delle Corti europee è frequente ed espresso sempre in termini dialettici. Tra queste cfr. anche il quella contenente il richiamo all'Italia della Corte EDU che, con la sentenza del 17 luglio 2015 (Caso 18766/11, *Olieri e al. Vs. Italia*), aveva condannato il nostro Paese per non aver ancora provveduto a legiferare in materia. Da ultimo, per un'ampia e ragionata trattazione della materia cfr. A. NICOLUSSI, *Famiglia e biodiritto civile*, in *Le parole del diritto. Scritti in onore di Carlo Castronovo*, II, Milano, 2018, p. 725 ss. Peraltro, sul tema della possibilità per le coppie omosessuali di essere affidatarie della prole si veda la recentissima sentenza della Cass., Sez. Un., 8 maggio 2019, n. 12193, ove si è negata la possibilità di trascrivere un atto di nascita di un minore, nato all'estero per effetto di maternità surrogata, vietata nel nostro ordinamento, per contrarietà all'ordine pubblico interno ed internazionale.

[15] Di recente, sul tema v. M. TAMPONI, *Del convivere, La società post-familiare*, La nave di Teseo, 2019.

sotto il profilo del rapporto genitori-figli, il riconoscimento della rilevanza della locuzione “società naturale” di cui all’art. 29 Cost. e di quella di «diritto al rispetto della vita familiare» di cui all’art. 8 CEDU abbiano avuto il loro peso.

Numerose, infatti, sono state nel corso degli anni le decisioni [16] in cui la Consulta, è stata interpellata per dirimere le questioni di una possibile incostituzionalità delle norme che non prestavano adeguata tutela anche al convivente *more uxorio*, soprattutto in considerazione dell’interesse dei figli. In tutte queste occasioni, la Corte costituzionale non ha mai riconosciuto esplicitamente tale equiparazione ma ha sempre ribadito la necessità di garantire ed assicurare alla prole naturale la stessa forma di tutela che è riconosciuta ai figli legittimi. Analoga posizione ha sempre mantenuto la Cassazione, sicché, nel rapporto genitori-figli, sia con riguardo agli aspetti personali che in ordine a quelli di natura assistenziale ed economica, nessuna disparità di trattamento è stata mai tollerata sulla base del diverso *status* di figlio legittimo o naturale; tanto che, l’orientamento giurisprudenziale accennato è ora integralmente recepito in norme di legge (artt. 315 ss. c.c.), introdotte nel Codice civile per effetto della legislazione speciale contenuta nella legge 10 dicembre 2012, n. 219 e nella legge 28 dicembre 2013, n. 154.

Guardando al passato, il vero e proprio effetto dirimente che il diritto di famiglia ha ricevuto dall’affermazione del *principio di uguaglianza* di cui all’art. 3 Cost. si è realizzato con la legge 19 maggio 1975, n. 151. Con questa legge, per l’appunto in attuazione del principio di uguaglianza morale e giuridica dei coniugi, enunciato dall’art. 29 della Carta costituzionale, vennero estesi alla moglie tutti quei diritti, relativi al governo della famiglia, che fino a quel momento erano riconosciuti soltanto al marito. L’integrale parificazione dei coniugi si è tradotta, altresì, nella totale equiparazione delle posizioni genitoriali nell’esercizio prima della “potestà” (non più “patria”) ora, dopo l’unificazione dello *status* di figlio, della “responsabilità” sui figli.

Al fine di evitare posizioni di superiorità in caso di conflitto coniugale nella direzione della vita familiare è stato previsto l’intervento del giudice. Il regime patrimoniale legale istituito per la famiglia è stato trasformato, a tutto vantaggio per il coniuge economicamente più debole, con l’introduzione del regime di “comunione dei beni” e l’abolizione dell’istituto della dote. Sotto il profilo dei rapporti personali, vi è da rilevare come, in caso di crisi del legame coniugale, è stata prevista l’abolizione della “colpa” come causa di separazione personale dei coniugi.

Nei rapporti “verticali” tra genitori e figli, la concreta attuazione della tutela della famiglia come società di fatto e del principio di uguaglianza tra figli venne

---

[16] Sia consentito sul punto rinviare a T. PASQUINO, *Le convivenze civili tra norme e prassi giurisprudenziale: non solo una questione di genere*, in S. SCARPONI (a cura di), *Diritto e genere. Analisi interdisciplinare e comparata*, Padova, 2014, 141 ss.

realizzata con la riforma del 1975 mediante la sostanziale equiparazione della posizione dei figli naturali e dei figli legittimi; il riconoscimento dei figli adulterini; l'ammissibilità di una illimitata ricerca della paternità naturale, nonché con l'attribuzione dell'azione di disconoscimento di paternità anche alla madre e al figlio.

Sempre sotto la spinta delle numerose decisioni della Corte costituzionale e delle Corti europee, il processo di assoluta equiparazione dello *status* di figlio è stato finalmente portato a compimento dal legislatore italiano che, come si accennava, con la legge 28 dicembre 2013, n. 154, ha modificato la disciplina vigente introducendo l'unicità dello *status* di figlio, a prescindere che sia nato all'interno o fuori dal matrimonio, il mutamento del concetto di "potestà" genitoriale con quello di "responsabilità", l'ulteriore ampliamento delle forme di tutela del figlio nei diritti familiari ed in quelli ereditari.

In materia, molto resta ancora da fare nel sistema interno rispetto a quanto hanno già fatto o stanno facendo le Corti europee che già da tempo hanno introdotto il c.d. "*diritto alla relazione familiare*", come riconoscimento delle prerogative del "*miglior interesse per il minore*". Ne è derivata l'esigenza di una valutazione delle situazioni concrete caso per caso; la possibilità dell'affidamento successivo alla separazione al genitore con cui il minore si trovi meglio; la tendenza ad evitare l'allontanamento dalla casa familiare [17]. Si tratta di criteri di valutazione che, mutuati appunto dalla giurisprudenza europea, sono stati praticati dalla giurisprudenza italiana per spingersi verso il riconoscimento di tutela di alcune istanze di genitorialità provenienti da coppie unite civilmente.

L'orientamento più recente sulla spinosa questione – che apre questioni giuridiche delicatissime in quanto coinvolge principi di ordine pubblico consolidati – tiene conto della difficoltà derivante dal fatto che, mentre nelle unioni civili formate da donne la questione è meno dirompente potendo una di esse generare ricorrendo alla fecondazione medicalmente assistita, diversamente l'unione civile di due uomini deve necessariamente ricorrere alla maternità surrogata che nel nostro sistema è vietata e perseguita penalmente.

Recentemente, i casi giunti all'attenzione dei giudici sia di merito che di legittimità hanno sempre riconosciuto fondamento alla istanza di tutela di quei ricorrenti che, recatisi all'estero ove è consentita la pratica della maternità surrogata, chiedevano poi in Italia la trascrizione dell'atto di nascita del nato, trascrizione che è stata sempre puntualmente negata perché ritenuta in violazione del principio dell'ordine pubblico. Gli interessati hanno sempre lamentato la violazione del loro diritto al rispetto della vita privata e familiare (art. 8 CEDU) in particolare il fatto che, in violazione dell'interesse superiore dei mino-

---

[17] Cfr., in tema di tutela del minore in un caso di mancato riconoscimento della trascrizione dell'atto di nascita da maternità surrogata e conseguente allontanamento del medesimo, Corte europea dei diritti dell'uomo, 27 gennaio 2015, *Paradiso e campanelli c. Italia*, n. 25358/12.

ri, fosse preclusa la possibilità di ottenere il riconoscimento di un rapporto di filiazione legalmente formatosi in uno Stato estero all'esito di una procreazione medicalmente assistita conforme alla legge del luogo ove il bambino è nato. La questione prospettata alla Corte riguardava la compatibilità della decisione dello Stato di privare i bambini nati da una maternità surrogata, regolarmente praticata all'estero, dei documenti di stato civile attestanti il loro *status* di figli della coppia che ha fatto ricorso alla procreazione assistita.

La giurisprudenza di merito inizialmente ha seguito l'orientamento per cui la mancata trascrizione dell'atto di nascita, limitando il diritto all'identità personale del minore e il suo *status* in quanto egli non avrebbe un esercente la responsabilità genitoriale e nessuno potrebbe esercitarne la rappresentanza, oltre che verrebbe privato dei rapporti successori nei confronti della famiglia, con grave menomazione dei suoi diritti ereditari, sarebbe ingiustamente penalizzato.

Sul punto sono intervenute le Sezioni Unite civili della Corte di Cassazione, con la sent. n. 12193 dell'8 maggio 2019, la quale, in considerazione del divieto di maternità surrogata vigente nel nostro ordinamento, ha statuito il seguente principio di diritto: "*Il riconoscimento dell'efficacia del provvedimento giurisdizionale straniero con cui sia stato accertato il rapporto di filiazione tra un minore nato all'estero mediante il ricorso alla maternità surrogata ed il genitore d'intenzione munito della cittadinanza italiana trova ostacolo nel divieto della surrogazione di maternità previsto dall'art.* 12, *comma sesto, della legge n.* 40 *del* 2004, *qualificabile come principio di ordine pubblico, in quanto posto a tutela di valori fondamentali, quali la dignità umana della gestante e l'istituto dell'adozione; la tutela di tali valori, non irragionevolmente ritenuti prevalenti sull'interesse del minore, nell'ambito di un bilanciamento effettuato direttamente dal legislatore, al quale il giudice non può sostituire la propria valutazione, non esclude peraltro la possibilità di conferire rilievo al rapporto genitoriale, mediante il ricorso ad altri strumenti giuridici, quali l'adozione in casi particolari, prevista dall'art. 44, comma primo, lett. d), della legge n. 184 del 1983*".

Una forma di tutela, costituzionalmente orientata, del nucleo familiare si può rinvenire anche nei numerosi interventi, operati dalla Corte costituzionale, sulla legge 19 febbraio 2004, n. 40 che ha disciplinato la c.d. *fecondazione artificiale o assistita*, laddove i Giudici della Consulta sono stati chiamati a compiere una vera e propria opera di bilanciamento degli interessi e dei valori tra i diritti degli aspiranti genitori, i diritti della madre e quelli del concepito [18].

---

[18] Una legge, questa, profondamente emendata e modificata dalla Corte costituzionale in numerosi interventi volti a renderla più compatibile con la Costituzione. Cfr. le seguenti sentenze: Corte cost. n. 151/2009 (sulla illegittimità del limite della produzione degli embrioni); n. 162/2014 (sulla illegittimità del divieto di fecondazione eterologa medicalmente assistita); n. 96/2015 (sulla illegittimità dell'esclusione di ricorrere alla procreazione assistita alle coppie fertili portatrici di malattie genetiche); n. 229/2015 (sulla illegittimità del divieto di selezionare gli

Specularmente, gli stessi principi di uguaglianza e della dignità personale hanno avuto la loro influenza anche sul diritto successorio, nel momento in cui al coniuge è stato riconosciuto il diritto di succedere nella qualità di erede e non più solo come legatario usufruttuario; così come ai figli naturali (oggi, nati fuori dal matrimonio), ai quali prima era stato riconosciuto il diritto di essere trattati alla stessa stregua dei figli legittimi, e che oggi possono succedere anche nei rapporti patrimoniali con i parenti del genitore che li ha riconosciuti; di modo che la differenza di *status* permane ormai semplicemente ai fini meramente descrittivi e non già sul piano della diversità di trattamento.

È prevedibile che anche su questa materia, in considerazione della vigenza nel nostro sistema delle norme a tutela dei legittimari, le Corti europee saranno chiamate ad intervenire, soprattutto dopo che è stato emanato il Regolamento di esecuzione UE n. 1329/2014 del 9 dicembre 2014, con cui si è voluto dare attuazione al Regolamento UE n. 650/2012 in materia di competenza, legge applicabile, riconoscimento ed esecuzione di atti pubblici di successione e che è entrato in vigore il 17 agosto 2015.

I rapporti patrimoniali

Nei rapporti patrimoniali, con riguardo all'influenza subìta dalle norme codicistiche a seguito dell'entrata in vigore della Costituzione e delle Carte europee, viene in considerazione, in primo luogo, la mutata impostazione che ha subìto la disciplina del diritto di proprietà.

Diritto inviolabile ed assoluto per eccellenza nello Statuto albertino, con la norma di cui all'art. 42 Cost. il diritto di proprietà incontra i suoi limiti nella legge ordinaria che "ne determina i modi di acquisto, di godimento e i limiti allo scopo di assicurarne la funzione sociale e di renderla accessibile a tutti".

La signoria piena ed assoluta di godere e disporre dei propri beni *erga omnes* viene asservita alle superiori ragioni ed interessi di ordine generale fino anche alla possibilità di estinguersi per il tramite dell'istituto dell'espropriazione per pubblica utilità [19].

Una diversa configurazione della proprietà emerge, invece, dalla Carta europea dei diritti dell'uomo e dal suo Protocollo aggiuntivo che, all'art. 1, prevede che ogni persona, fisica o giuridica, ha diritto al rispetto della sua proprietà come diritto soggettivo pieno ed assoluto quando non vi sia una funzio-

---

embrioni anche nei casi in cui la selezione sia finalizzata l'impianto di embrioni affetti da malattie genetiche e trasmissibili).

[19] V. di recente, L. NIVARRA, *La funzione sociale della proprietà; dalla strategia alla tattica*, in *Riv. crit. dir. priv.*, 2013, p. 523 ss.

ne sociale che ne giustifichi la menomazione o quando non siano rispettate le procedure previste per limitarlo [20].

Spostando l'attenzione sull'altro gruppo di norme costituzionali di immediato interesse per il Privatista, quelle inerenti ai rapporti obbligatori a contenuto patrimoniale, vi è da rilevare come anche su questi sia sempre il richiamo alla preminente esigenza di tutela della persona a connotare l'attività di interpretazione svolta dai Civilisti sull'art. 36 e sull'art. 41 Cost. [21].

Nei rapporti di Diritto del lavoro, la centralità della persona del lavoratore, la particolare natura della prestazione resa, la libertà e la dignità del prestatore di lavoro e della sua famiglia hanno da sempre costituito i criteri di riferimento per una lettura dell'art. 36 Cost. nell'ottica dei diritti fondamentali ad una retribuzione proporzionata alla quantità e qualità del lavoro prestato e comunque sufficiente ad assicurare a sé ed alla sua famiglia un'esistenza libera e dignitosa.

È grazie a questa configurazione che si è rafforzata sempre di più l'importanza del diritto di sciopero ed il fenomeno della contrattazione collettiva ed è grazie a questa particolare collocazione dei diritti del lavoratore nell'ambito della tutela diretta apprestata dalla norma costituzionale che insigni Civilisti come Rosario Nicolò e Renato Scognamiglio, seguiti poi dalla giurisprudenza ordinaria, hanno potuto teorizzare il principio per cui tutte le pattuizioni contrattuali stipulate in violazione di quei diritti potessero essere colpite e travolte con l'azione di nullità e con una diretta attuazione del dettato normativo ad opera dello stesso giudice.

In sede europea, la tutela dei diritti e delle attività connessi al rapporto di lavoro è sempre all'attenzione delle Corti che non mancano mai di trattare le istanze che dinanzi ad esse giungono come volte a perseguire la tutela di veri e propri diritti fondamentali [22].

---

[20] Sui numerosi casi decisi dalla Corte di Strasburgo, v. A. GAMBARO, *Giurisprudenza della Corte europea dei diritti dell'uomo e influenza sul diritto interno in tema di diritto di proprietà*, in *Riv. dir. civ.*, 2010, II, p. 128 ss.; ID., *La proprietà*, in *Tratt. dir. priv.*, a cura di G. Iudica-P. Zatti, 2017. Tra le pronunce più significative, cfr. Corte EDU 29 ottobre 2013, *caso Varvara c., Italia* che, a conferma della concezione di diritto fondamentale che la Carta propone del diritto di proprietà, ha ritenuto in contrasto con l'art. 7 CEDU la confisca del bene a seguito della prescrizione del reato; ad essa è seguita l'ordinanza della Cass. n. 1139 del 30 aprile 2014 con cui è stata sollevata questione di costituzionalità dell'art. 44, 2° comma della Cost., come interpretato dalla Corte EDU appunto nel caso Varvara. Più di recente, in questo senso, cfr. anche Corte EDU 7 luglio 2015, Ricorso n. 38754/07.

[21] Cfr. sul punto, L. MENGONI, *Autonomia privata e Costituzione*, in Scritti, I, cit., p. 109 ss. Tra gli Autori più recenti v. per tutti L. NOGLER, *La "deriva" risarcitoria della tutela dei diritti inviolabili della persona del lavoratore dipendente*, in *Quad. dir. lav. rel. ind.*, 2006, n. 29, 63 ss.; ID., *Danni personali e rapporto di lavoro: oltre il danno biologico*, in *Riv. it. dir. lav.*, 2002, I, 287 ss.

[22] È sufficiente qui menzionare per tutte la sentenza della Corte di Giustizia, resa a cause unite (C-362/363 del 2013 e 407/2013) del 3 luglio 2014, in occasione della quale la Corte di

Altrettanto rilevante è stato l'apporto ermeneutico della Corte costituzionale e delle Corti europee ogni qual volta sono state chiamate ad intervenire per contemperare la libertà di iniziativa economica di cui al comma 1 dell'art. 41, con i limiti imposti dalla stessa norma ai comma 2 e 3; ossia, quando si è trattato di assicurare che utilità sociale, sicurezza, libertà e dignità della persona garantissero il giusto equilibrio tra le esigenze degli utenti e dei consumatori con le regole di mercato. Il che ha determinato nell'ottica del Civilista un mutamento di prospettiva in ordine alla diversa impostazione con cui concepire la disciplina generale del contratto, strumento non più espressione della insindacabile autonomia negoziale delle parti ma sempre più piegato alle regole della correttezza e della trasparenza, a tutela della libertà di concorrenza. Emblematica, al riguardo, l'attività del legislatore nazionale che, in attuazione di molteplici interventi normativi da parte del legislatore europeo, ha recepito nel nostro ordinamento numerose discipline di settore, prima tra tutte quella a tutela del consumatore (d.lgs. 6 settembre 2006, n. 2016 e successive modifiche ed integrazioni) e della parte contraente debole (legge 18 giugno 1998, n. 192 in materia di subfornitura e legge 6 maggio 2004, n. 129 in materia di affiliazione commerciale).

La maggiore attenzione ai diritti individuali dei contraenti, soprattutto se contraenti deboli, ha indotto l'interprete a spostare la valutazione sul contenuto del contratto dagli elementi strutturali (volontà e causa) agli elementi identificanti piuttosto la razionalità dello scambio: una valutazione, questa, interamente affidata al giudice in luogo che alla legge; un giudice al quale viene riconosciuto il potere di sindacare la congruità dell'accordo e l'equilibrio sinallagmatico delle prestazioni, ricorrendo all'uso delle clausole generali della *correttezza* e *della buona fede* e dando, così, ingresso nell'area di tutela da prestare al contraente leso a quegli obblighi di protezione, che, per quanto non espressi dalle parti, devono considerarsi comunque accessori alla prestazione principale[23].

Giustizia, nel censurare la normativa nazionale che consenta l'abuso di rapporti di lavoro a tempo determinato per non trasformarli a tempo indeterminato, sembra abbia voluto anche propendere per l'applicabilità diretta delle norme della Carta europea dei diritti dell'uomo quando quelle nazionali contrastino con esse.

[23] Dopo l'avvento del c.d. controllo giudiziale del contratto, indotto dal diritto contrattuale di derivazione europea, espressioni del diverso modo di concepire il ruolo del giudice dinanzi alle pattuizioni private ed al principio di autonomia privata, sono le sentenze Cass. Sez. Un., 25 novembre 2011, n. 24906, secondo cui "l'abuso di dipendenza economica di cui all'art. 9 della legge n. 192 del 1998 configura una fattispecie di applicazione generale, che può prescindere dall'esistenza di uno specifico rapporto di subfornitura" e Cass. 18 settembre 2009, n. 20106, resa in tema di abuso del diritto nella fase esecutiva del contratto, la quale ha censurato con la nullità la clausola di recesso *ad nutum*. Questa funzione del giudice, protagonista con un ruolo creativo nella vicenda contrattuale, è spesso criticato dalla dottrina per l'interpretazione e l'applicazione, a volte distorte, delle norme

Da qui, la necessità di ridefinire le azioni ed i rimedi di tutela, non solo individuali ma anche collettivi, cumulando, ove necessario e possibile, ma, a volte, con vere e proprie distorsioni del sistema, rimedi volti alla invalidità dell'atto con i rimedi volti al risarcimento del danno per violazione degli obblighi di comportamento.

Anche in questo ambito, dunque, non si può disconoscere la grande rilevanza assunta dalle decisioni in materia da parte della Corte costituzionale, sempre tendenzialmente in armonia con la Corte di Strasburgo, nella formazione culturale del Civilista, studioso della disciplina generale del contratto e delle obbligazioni; gli effetti di un simile importante apporto per la cultura del Diritto civile si possono tangibilmente riscontrare nella stesura dei Principi di diritto europeo dei contratti, trasfusi all'interno dei *Draft Common Frame of Reference*, ma rimasti meri principi cui guardare o in sede legislativa interna o in sede di interpretazione tendenzialmente orientata.

Già da queste brevi notazioni, può desumersi come il Privatista, convinto di dover guardare alle norme di Diritto privato fornendo di esse una lettura costituzionalmente orientata ed inquadrata nel contesto delle fonti sovranazionali, potrebbe ritenersi appagato e confortato dall'attività ermeneutica condotta dalla Corte costituzionale e dalle Corti europee nelle materie attinenti al Diritto civile.

E tuttavia, così potrebbe non essere, sol che si pensi all'impatto che si è avuto nel sistema delle fonti proprio con l'introduzione della CEDU, la cui collocazione è stata fortemente controversa (anche se, dopo l'entrata in vigore del Trattato di Lisbona, alla Carta europea del Diritti dell'Uomo è stato riconosciuto il rango di fonte avente lo stesso valore delle norme dei Trattati istitutivi dell'Unione europea[24]), e con il ruolo ora riconosciuto anche alla giurisprudenza delle Corti europee, la quale si è posta ai giudici interni quale vero e proprio diritto vivente[25].

Com'è noto, infatti, qualche anno fa la Corte costituzionale con le sentt. nn. 348 e 349 del 22 ottobre 2007, ha riconosciuto alle norme della CEDU natura di diritto internazionale pattizio e rango di fonte sub-costituzionale. Gli interventi giurisprudenziali successivi, a quanto consta, hanno sostanzialmente confermato tale orientamento, sicché oggi è possibile ritenere che trattasi di

---

dagli stessi giudici richiamate. Cfr., al riguardo, C. CASTRONOVO, *Eclissi del diritto civile*, cit., p. 103 ss. e dottrina ivi richiamata; ID., *L'aporia* tra ius dicere *e* ius facere, in *Eur. dir. priv.*, 2016, p. 981 ss.; E. NAVARRETTA, *Costituzione, Europa e diritto privato*, cit., soprattutto p. 183 ss.

[24] v. Corte giust., 15 novembre 2011, C-256/11 (caso Dereci e a. – See more at; cfr. anche su *www.diritticomparati.it/2014/07/*, M. GIORGIANNI, Il *rapporto fra la convenzione europea dei diritti dell'uomo e la carta dei diritti fondamentali.*

[25] Cfr. L. MENGONI, *Note sul rapporto tra fonti di diritto comunitario e fonti del diritto interno degli Stati membri*, in Scritti, I, cit., p. 338 ss. Il tema è oggi rivisitato dalla già citata opera di E. NAVARRETTA, *op. cit.*, soprattutto p. 131 ss.

norme subordinate alla Costituzione ma sovraordinate alla legge ordinaria in ragione del loro contenuto costituzionale; norme che il giudice ordinario è obbligato a tenere in considerazione nella interpretazione ad esse data dalle Corti europee, ogni qualvolta si troverà a dover interpretare ed applicare una qualsiasi altra norma di legge.

Non vi è dubbio che, per effetto di tali decisioni, l'attività di interpretazione e di applicazione delle norme diventi più impegnativa e complessa, massimamente per l'interprete delle norme di Diritto privato che abbiano a che fare con le disposizioni contenute sia nella Costituzione che nelle fonti europee.

Nella disciplina dei rapporti tra privati, già il fenomeno della decodificazione e la frantumazione del sistema del Diritto civile[26] ha impegnato e continua ad impegnare gli interpreti in un'attività ermeneutica che, oltre ad una lettura costituzionalmente orientata delle norme di Diritto privato, si preoccupi anche di ricostruire ed armonizzare segmenti di norme, contenute nei microsistemi, con i principi del Codice civile con i quali esse sono sempre destinate a convivere.

L'ulteriore impegno ora richiesto all'interprete implica di tenere presente un corpo di norme e di princìpi, di natura internazionale pattizia ma a valenza costituzionale, non solo nel loro dato testuale ma alla luce della interpretazione che di essi hanno dato o daranno le Corti europee: l'oggetto dell'attività dell'interprete, dunque, non è più soltanto la norma di legge ma anche il testo di una interpretazione in altri luoghi già data.

Non poteva esserci riconoscimento più autorevole al rilievo da attribuire al diritto vivente creato dalla giurisprudenza costituzionale ed europea ed alla sua utilità, non solo per arricchire il sistema della legislazione ordinaria, ma anche per aggiornare e rendere più moderne le stesse norme costituzionali.

E, tuttavia, di fronte alla prospettiva indicata dalla Consulta con le due sentenze sopra citate, non si può fare a meno di pensare a quanto sia impegnativo e complesso ora il ruolo dell'interprete, soprattutto se chiamato a tutelare situazioni protette.

Il pensiero corre immediatamente ai possibili raffronti tra norme della CEDU e norme costituzionali, dovendosi in tali casi stabilire se il confronto sia di tipo orizzontale oppure verticale; ovvero, a quelle situazioni di incertezza che potrebbero coinvolgere il giudice ordinario allorquando si trovasse dinanzi a diverse interpretazioni sulla medesima norma date in un senso dalla Corte costituzionale ed in altro senso dalle Corti europee.

Riemerge e si ripropone con più forza, dunque, la vera questione: è pronto l'interprete – e, massimamente, il giudice – ad affrontare e sostenere un com-

---

[26] Su cui v. N. IRTI, *L'età della decodificazione. «L'età della decodificazione» vent'anni dopo*, Milano, 1999.

pito così arduo e gravoso senza che ne risulti pregiudicata la certezza del diritto per un uso eccessivo e discrezionale dell'*ars interpretandi*?

O, ancora, quante volte si correrà il rischio, nei giudizi ordinari, che i possibili conflitti di significato su questa o quella norma ordinaria si traducano in un *impasse* a tutto discapito della tutela effettiva di cui necessita, invece, il caso concreto?

In ultima istanza, come muta, in questo contesto, il contenuto delle regole ermeneutiche sancite dall'art. 12 delle Disposizioni sulla legge in generale e destinate all'*applicazione* della legge?

Alle matricole trentine di Giurisprudenza, cui sono dedicate queste pagine, l'ardua sentenza!

Persone e famiglia

Esiste un diritto a non nascere se non sano?

Cass., Sez. Un., n. 25767/2015

Fatti e svolgimento del processo

La triste vicenda che ha dato origine alla sentenza in commento è analoga a quelle già vagliate più volte dalla giurisprudenza: una donna in stato di gravidanza viene sottoposta ai normali accertamenti ematochimici. Nonostante i risultati ottenuti, non del tutto rassicuranti, non vengono compiuti ulteriori accertamenti. Nasce poi una figlia affetta da sindrome di Down. I genitori, in proprio e quali esercenti la potestà sulla minore, citano in giudizio la struttura sanitaria e i due sanitari che avevano seguito la gravidanza della donna, per sentirli condannare al risarcimento dei danni subiti a séguito della nascita della figlia. Il Tribunale di Lucca e la Corte d'Appello di Firenze rigettano le domande non considerando raggiunta la prova sulla (ipotetica) volontà di interrompere la gravidanza, essendosi limitati gli attori a ritenere corrispondente a regolarità causale il rifiuto di portare a termine la gravidanza, in presenza di una corretta informazione sulle malformazioni. Le Corti di merito negano, inoltre, la sussistenza della legittimazione risarcitoria in capo alla bambina nata, sulla base di un presunto diritto a non nascere, ritenuto privo di riconoscimento nell'ordinamento giuridico italiano.

La questione di diritto posta al vaglio della Cassazione

La questione di diritto posta al vaglio della Corte di Cassazione nel caso di specie è duplice. La rimessione della causa alle Sezioni Unite (avvenuta con ordinanza della sez. III, n. 3569 del 23 febbraio 15) nasce infatti da un doppio contrasto di giurisprudenza. Un primo profilo attiene all'onere probatorio gravante sulla parte attrice in caso di danni da nascita indesiderata; il secondo, ancor più problematico, riguarda la legittimazione del nato al risarcimento.

Premessa. I danni da nascita indesiderata

Il tema delle nascite indesiderate (e dei relativi danni) è tema complesso, che per essere meglio compreso può essere suddiviso in tre aree: la prima comprende i casi di gravidanza inattesa, la seconda i casi di nascita indesiderata in senso stretto e la terza quelli, più problematici, di vita rifiutata. Elemento comune a tutte le fattispecie è l'essere in presenza di una nascita che non è voluta, ma nei casi di gravidanza indesiderata è la vera e propria nascita a non essere desiderata, in assoluto o in un preciso momento della vita di coppia, mentre nei casi di nascita indesiderata in senso stretto il nato è sì voluto dai genitori in astratto, ma non lo è in concreto, a causa di una patologia o malformazione non diagnosticata da parte dei sanitari. Sono casi in cui, quindi, i genitori solo a gravidanza inoltrata o addirittura al momento della nascita apprendono di aver generato un figlio colpito da una più o meno grave patologia e, di conseguenza, lamentano in via giudiziaria quanto meno la lesione alla loro autodeterminazione procreativa, manifestatasi nell'impossibilità per la donna di decidere, consapevolmente, in ordine all'interruzione volontaria di gravidanza. È fondamentale precisare che la patologia o malformazione che colpisce il concepito in questi casi non è causata da un intervento colposo, attivo o omissivo, da parte di alcuno, ma è dovuta al fatto stesso del concepimento in quel preciso caso, e quindi a fattori genetici, casuali, ecc. Si noti: la patologia è parte di quel soggetto per cause naturali e di conseguenza, anche ammettendo la presa di coscienza quanto prima dello stato di salute del concepito da parte dei sanitari, nulla si sarebbe potuto fare per alleviare quella situazione. Naturalmente, però, la prescrizione degli opportuni esami o la lettura corretta degli stessi avrebbe permesso ai genitori di rendersi conto della situazione, affrontarla e riflettere, magari supportati dal punto di vista psicologico, e infine decidere il più consapevolmente possibile sull'alternativa secca sottoposta loro dalla vita: portare avanti comunque la gravidanza o interromperla, sussistendo le condizioni dell'art. 4, legge n. 194/1978 o, più spesso, dell'art. 6 della stessa legge. Il terzo gruppo, senza dubbio il più complesso, raccoglie invece i casi in cui ammesso a risarcimento per le sue condizioni di difficoltà fisica o psichica è lo stesso soggetto nato.

Come accennato, un primo problema concerne la concreta estensione degli oneri probatori gravanti sulla madre-attrice.

Il problema, per essere compreso, richiede una sintesi delle principali tappe giurisprudenziali sul punto. Il contesto è quello del difficile accertamento del nesso eziologico tra inadempimento del medico (che non diagnostichi correttamente una patologia, nei casi in cui, ovviamente, ciò sarebbe stato possibile) e danno lamentato, derivante più che dall'inadempimento medico, dal fatto stesso della nascita del bambino. Si nota immediatamente come tra l'errore del medico e la nascita si inserisca la mancata possibilità, per la madre, di scegliere sulla prosecuzione della gravidanza, scelta sul cui risultato è possibile solo fare ipotesi, non essendosi potuta realizzare in concreto. Il problema viene affrontato dalla Corte di Cassazione a partire dal primo caso in cui la stessa si occupa di una mancata diagnosi prenatale (Cass. civ., 1° dicembre 1998, n. 12195). Alla Suprema Corte appare chiaro come non sia sufficiente solo lamentare la mancata diagnosi per colpa medica, ma come sia necessario anche dare adeguata prova della sussistenza dei requisiti che avrebbero permesso di ricorrere, *ex* art. 6 della legge n. 194/1978, all'interruzione di gravidanza. "*Qualora, quindi, il medico per quanto richiesto, non adempia esattamente a detto suo dovere di informazione, per stabilire se esisteva il processo patologico della salute (psichica) della gestante, che la legittimava (in presenza anche di una prognosi di evoluzione verso il grave pericolo) a richiedere l'interruzione della gravidanza, occorrerà accertare se l'informazione delle gravi malformazioni del feto (dovuta dal sanitario, ma non data) avrebbe determinato durante la gravidanza detto processo patologico nella gestante. Inoltre detto processo patologico diagnosticato nella gestante, anche per effetto delle rilevanti malformazioni o anomalie del nascituro, deve prevedibilmente evolvere verso una situazione di gravità e, quindi, costituire un grave pericolo per la salute della gestante. [...] Trattandosi di valutazione prognostica, essa va effettuata in termini di alta probabilità, secondo le nozioni della scienza medica, ma non di certezza, che non può che riferirsi ad un fatto attuale o già verificatosi. Ciò comporta che lo stesso accertamento di esistenza o meno, all'epoca dell'assunto diritto all'interruzione della gravidanza, del grave pericolo per la salute fisica o psichica della donna, va dato con giudizio* ex ante, *con la conseguenza che ciò che si è effettivamente verificato successivamente, può avere solo valore indiziario o corroborativo, ma non decisivo. [...] In caso di mancanza dei predetti elementi integrativi della fattispecie legale, la mancata interruzione della gravidanza è da ascriversi eziologicamente alla non integrazione della fattispecie legale ovvero alla mancanza di una volontà in tal senso della gestante e non all'omessa o errata informazione da parte del medico*". È poi necessario che non sia presente, a mente dell'art. 7, legge n. 194/1978, il requisito negativo dell'impossibilità di vita autonoma del feto. Ciò comporta che il risarcimento del danno per mancato esercizio del diritto ad interrompere la gravidanza "*può essere riconosciuto alla donna non per il solo fatto dell'inadempimento dell'obbligo di esatta informazione che il sanitario era tenuto ad adempiere, ma se sia provata la sussistenza della fattispecie per l'esercizio del diritto (impedito dall'inadempimento predetto)*". Ma, al ricorrere di tutti gli elementi previsti dalla legge, e se risultasse provato "*che essa avrebbe effettivamente esercitato detto diritto se fosse stata esattamente informata dal medico sulle malformazioni del feto, il medico è responsabile dei danni causati alla donna per il mancato esercizio di detto diritto*". L'orientamento viene confermato, dalla stessa Suprema Corte, l'anno successivo (ci si riferisce a Cass. civ., 24 marzo 1999, n. 2793). Di lì a pochi anni, però, il regime probatorio diventa maggiormente favorevole per la madre che lamenti lesione alla propria autodeterminazione. La giurisprudenza, sia di merito che di legittimità, introduce infatti una regola presuntiva a vantaggio della madre. Per la Suprema Corte "*l'inadempimento del medico ha impedito alla donna di compiere una scelta. La possibilità perduta, d'altra parte, era tale per cui il sottoporsi o no ad un intervento di interruzione della gravidanza, oggetto della scelta, dipendeva solo dalla donna. La circostanza che, nel ricorso di dati presupposti, tra i quali sono le anomalie e malformazioni del nascituro, la legge consenta alla donna di evitarle il pregiudizio che da quella condizione del figlio le deriverebbe al suo stato di salute, rende legittimo per il giudice di assumere come normale e corrispondente a regolarità causale che la gestante interrompa la gravidanza se informata di gravi malformazioni del feto e perciò rende legittimo anche il ricondurre al difetto di informazione, come alla sua causa, il mancato esercizio di quella facoltà*" (così Cass. civ., 10 maggio 2002, n. 6735). La Suprema Corte lascia però, naturalmente, aperta la possibilità per il medico di dimostrare "*con il corredo di argomenti logici e di prova attinenti ad aspetti del caso (quali fattori ambientali, culturali, di storia personale)*", che la donna avrebbe comunque deciso di proseguire la gravidanza. Appare evidente il vantaggio derivante alla donna-attrice dall'introduzione di tale presunzione. È bene però sottolineare che la regola presuntiva individuata dalla Corte di Cassazione si inserisce nella stessa ricostruzione operata dalla Corte a partire dal 1998, riducendo solamente l'onere probatorio a carico dell'attrice. Si noti anche che i due distinti requisiti positivi da provare indicati dalla sentenza del 1998 (grave pericolo per la salute e effettiva volontà di interrompere la gravidanza) appaiono, nel ragionamento della Corte, un po' confusi, o, per meglio dire, integrati in un unico elemento. La Cassazione specifica anche che, per quanto riguarda la condizione negativa dell'impossibilità di vita autonoma del feto, "*non spetta alla donna provare che quando è maturato l'inadempimento del medico il feto non era ancora pervenuto alla condizione della possibilità di vita autonoma, ma spetta al medico provare il contrario*", con tutte le conseguenze che ciò comporta nel caso di mancata prova.

Il ragionamento viene sviluppato ulteriormente negli anni a seguire. Nel 2010 (Cass. civ., 10 novembre 2010, n. 22837) la Corte di Cassazione stabilisce che "*il fatto stesso che una donna sostenga che si sarebbe avvalsa della facoltà di interrompere volontariamente la gravidanza, se fosse stata informata della grave malformazione del feto, presuppone l'implicita affermazione della sussistenza ipotetica delle condizioni di legge per farvi ricorso, tra le quali si annovera, dopo il novantesimo giorno di gestazione, la qualificabilità come pericolo per la salute fisica o psichica del trauma connesso all'acquisizione della notizia. [...] L'esigenza di provarla insorge se sia contestata: se cioè il convenuto neghi che la donna si sarebbe determinata all'interruzione volontaria della gravidanza, o che avrebbe potuto farlo se l'avesse deciso. Se tanto non sia avvenuto, l'esigenza probatoria non sorge, non essendovi bisogno di provare il fatto non contestato*". La celebre sent. 2 ottobre 2012, n. 16754 offre ai giudici di legittimità l'occasione di analizzare il problema nella sua interezza. In tale sentenza la questione viene scomposta in due varianti e viene posto (in parte) un freno alla facilità con cui la giurisprudenza precedente aveva ritenuto provata la sussistenza dei requisiti richiesti dalla legge n. 194/1978 sulla base della semplice allegazione da parte dell'attrice. Nel primo gruppo di ipotesi la Corte colloca tutti quei casi in cui, come in quello di cui si stava occupando in concreto, la gestante, nel sottoporsi ai controlli sull'avanzamento della gravidanza, esprima inequivocabilmente la volontà di interrompere la gravidanza in caso di malattia genetica. Per la Suprema Corte questo dato "*esime il collegio da ogni ulteriore valutazione circa la evidente e determinante rilevanza di tale volontà*". Nei casi in cui invece, e saranno la maggior parte, la gestante non manifesti espressamente la volontà di interrompere la gravidanza in caso di diagnosi infausta, la Corte, pur ribadendo che il problema della prova che la donna si sarebbe determinata all'interruzione si pone esclusivamente nel caso in cui il convenuto ne contesti l'assunto, stabilisce che "*la presunzione di cui sembra legittimo discorrere sul piano dell'inferenza logica di un'intenzione (l'interruzione di gravidanza) desumibile da una condotta significante (la sola richiesta di accertamento diagnostico), ha indubbio carattere di presunzione semplice. Essa costituisce, cioè, l'unico elemento indiziante di una volontà che si presume orientata verso un determinato esito finale. Da tale elemento indiziante il giudice di merito è chiamato a desumere, caso per caso, senza il ricorso a generalizzazioni di tipo statistico (o di c.d. probabilità a priori) le conseguenti inferenze probatorie e il successivo riparto dei relativi oneri*". Il giudice di merito sarà quindi chiamato, proseguono i giudici di legittimità, a valutare, caso per caso, tenendo conto di tutte le varianti che si presentino in concreto, se ci siano elementi sufficienti per ritenere provato quel fatto. "*Di volta in volta, escluso qualsivoglia automatismo probatorio, le parti, preso atto della situazione processuale di partenza costituita dall'esistenza di una vicenda probatoria di presunzione semplice rispetto al fatto da provare (conseguentemente presunto o presumibile), sono chiamate a fornire al giudice gli elementi, che potranno dipanarsi anche sul piano della prova logica, funzionali a dirimere la questione del se le circostanze concrete e specifiche della concreta vicenda processuale consentano una valutazione di sufficienza o meno di quella presunzione semplice*". Infine, "*in mancanza assoluta di qualsivoglia ulteriore elemento che 'colori' processualmente la presunzione de qua, il principio di vicinanza della prova e quello della estrema difficoltà (ai confini con la materiale impossibilità) di fornire la prova negativa di un fatto induce a ritenere che sia onere di parte attrice integrare il contenuto di quella presunzione con elementi ulteriori (di qualsiasi genere) da sottoporre all'esame del giudice per una valutazione finale circa la corrispondenza della presunzione stessa all'asserto illustrato in citazione*".

Il nuovo, e più rigoroso, indirizzo viene confermato l'anno dopo dalla stessa Corte di Cassazione (Cass. civ., 22 marzo 2013 n. 7269). La Corte critica l'indirizzo precedente, colpevole di aver gravato il medico di un onere "*sotto certi profili per vero diabolico, di provare che, per l'una o per l'altra ragione, la donna, benché informata, non avrebbe potuto o voluto abortire, con conseguente tracimazione del giudizio risarcitorio in una vicenda para-assicurativa collegata al so-*

lo verificarsi dell'evento di danno e dell'inadempimento del sanitario". Quello che è corretto invece fare, per la Suprema Corte, è valutare effettivamente il ricorrere dei presupposti e dell'effettiva volontà di interrompere la gravidanza, ed essendo onere dell'attrice dare prova di questi requisiti, sarà la stessa attrice a sopportare il rischio della mancata prova. Prosegue poi la Corte stabilendo che è legittimo, da parte del convenuto, provare che la gestante non avrebbe interrotto la gravidanza, posto che "*il rifiuto di generalizzazioni di tipo statistico non può non accompagnarsi all'acquisizione, nel singolo processo, di ogni elemento probatorio che, a prescindere dal saggio apprezzamento che dei relativi esiti farà poi il decidente, consenta di valutare la sussistenza o meno di convincimenti etici aprioristicamente contrari a un intervento abortivo*".

La giurisprudenza più recente, si osserva nella citata ordinanza di rimessione, pare essersi assestata sulla scia di quanto affermato con la citata sent. n. 16754/2012. Ciò non di meno, è apparso utile un intervento chiarificatore, che costituisca, auspicabilmente, un punto fermo.

Il tema più scottante rimesso all'attenzione delle Sezioni Unite riguarda però l'esistenza o meno di un danno direttamente in capo al soggetto nato, sempre nell'ipotesi in cui la madre venga privata della possibilità di interrompere la gravidanza in presenza di gravi malformazioni.

Sul punto si è registrato, da parte della giurisprudenza italiana, un'iniziale e consolidata risposta negativa, una prima apertura in un *obiter dictum,* l'affermazione (isolata) da parte della sez. III della Corte di Cassazione dell'ammissibilità di tale azione risarcitoria ed infine l'intervento delle Sezioni Unite in commento.

La sentenza di riferimento per quanto riguarda la negazione della configurabilità del diritto a non nascere se non sano è senza dubbio la n. 14488 del 2004. I giudici analizzano, in quell'occasione, il problema nella sua interezza, chiedendosi se "*nel nostro ordinamento esista il diritto di non nascere, se con la nascita si ha poi una* wrongful life". La Corte, innanzitutto, osserva come il diritto di non nascere se non sano sarebbe un diritto adespota. Inoltre prosegue il ragionamento osservando come, eventualmente, bisognerebbe discorrere di un diritto *a nascere*, e non *a non nascere*, dal momento che "*il nostro ordinamento positivo tutela il concepito e quindi l'evoluzione della gravidanza esclusivamente verso la nascita e non verso la non nascita*". L'argomentazione a sostegno di questa affermazione passa attraverso l'analisi dell'art. 31, comma 2, Cost. e più in generale dell'art. 2 Cost. (riprendendo la sentenza della Corte cost. n. 27/1975) e, soprattutto, della legge n. 194/78. In particolare si osserva come alla madre sia permesso di interrompere la gravidanza in presenza di malformazioni del nascituro esclusivamente per tutelare la propria salute fisica o psichica, essendo questa l'unica scriminante e restando, invece, al di fuori di questi casi l'aborto un reato, anche per la madre. Per la Corte, quindi, "*il legislatore tutela, anche con sanzione penale, il diritto a nascere del concepito, a pre-*

scindere dalle malformazioni o patologie". Quello che è presente, per i giudici, è il diritto a nascere sani, inteso nel senso che a nessuno è consentito procurare al nascituro lesioni o malattie attraverso comportamenti omissivi o commissivi, colposi o dolosi, e non invece il principio per cui il feto colpito da gravi anomalie genetiche o malformazioni non debba essere lasciato nascere: "*sostenere che il concepito abbia un diritto a non nascere, sia pure in determinate situazioni di malformazione, significa infatti affermare l'esistenza di un principio di eugenesi o eutanasia prenatale, che è in contrasto con i principi di solidarietà di cui all'art. 2 Cost., nonché con i principi di indisponibilità del proprio corpo di cui all'art. 5 c.c.*". Inoltre, per la Suprema Corte, anche ammettendo il diritto a non nascere se non sano del concepito, non potrebbe esserci nessun danno risarcibile, in quanto l'unica alternativa possibile sarebbe la non vita, ma la vita è da considerarsi sempre preferibile alla non vita. È interessante l'argomento giuridico usato dalla Suprema Corte per dimostrare come il bene della vita sia, per il nostro ordinamento, il massimo dei valori e non esista una perdita maggiore della morte: osserva la Corte che "*l'ordinamento sanziona in maniera più severa l'aggressione alla vita (art. 575 c.p.) rispetto all'aggressione all'integrità fisica, per quanto gravissima (art. 582-583 c.p.)*". Si noti infine come la Corte, indirettamente, risponde all'obiezione di chi osserva come sia curioso far rientrare nella protezione del contratto intercorso tra la gestante e il ginecologo, il padre e non il nascituro. La risposta è secca: "*il dovere di protezione nei confronti del nascituro attiene alla nascita dello stesso e non alla non nascita, se malformato (oltre ovviamente all'eliminazione delle patologie o malformazioni che la scienza medica permetta di curare)*".

L'orientamento della Corte resta costante nelle sentenze degli anni successivi.

Nell'anno 2011 la Suprema Corte (Cass. civ., 3 maggio 2011, n. 9700) si occupa di un caso completamente diverso da quello in esame: la risarcibilità del danno subito dal figlio per la morte del padre, verificatasi durante la gestazione, per il fatto illecito di un terzo. Nella ricostruzione della Corte, la figlia, una volta nata, ha diritto al risarcimento "*in quanto nata orfana del padre, come tale destinata a vivere senza la figura paterna. La circostanza che il padre fosse deceduto prima della sua nascita per fatto imputabile a responsabilità di un terzo significa solo che condotta ed evento materiale costituenti l'illecito si erano già verificati prima che ella nascesse, non anche che prima di nascere potesse avere acquistato il diritto di credito al risarcimento*". Senonché, in un lungo *obiter* finale, la Suprema Corte espone il proprio punto di vista sul "diritto a nascere sano" e sul "diritto a non nascere se non sano". Anticipando il proprio *revirement* del 2012, la Corte argomenta come il caso in analisi non si differenzi da quello della lesione colposamente cagionata al feto durante il parto, o prima della nascita, da cui deriva il diritto del nato al risarcimento del danno alla salute. Per la Corte si tratta di un danno da "*lesione del diritto alla salute e non già del cosiddetto diritto a nascere sano, che costituisce soltanto l'espressione verbale di una fattispecie costituita dalla lesione provocata al feto, ma che non è ricognitiva di un diritto preesistente in capo al concepito, che il diritto alla salute acquista solo con la nascita*".

La Corte prosegue affermando che "*null'altro che espressiva di una particolare fattispecie è la locuzione diritto a non nascere se non sano, alla cui mancanza questa corte ha, in passato [...] correlato la risposta negativa al quesito relativo al se sia configurabile il diritto al risarcimento del nato geneticamente malformato, nei confronti del medico che non abbia colposamente effettuato una corretta diagnosi in sede ecografica ed abbia così precluso alla madre il ricorso all'interruzione volontaria della gravidanza, che ella avrebbe in ipotesi domandato. La diversa costruzione che il collegio ritiene corretta consentirebbe invece, nel caso sopra descritto, una volta esclusa l'esigenza di ravvisare la soggettività giuridica del concepito per affermare la titolarità di un diritto in capo al nato, di riconoscere il diritto al risarcimento anche al nato con malformazioni congenite e non solo ai suoi genitori, come oggi avviene, sembrando del tutto in linea con il sistema e con la diffusa sensibilità sociale che sia esteso al feto lo stesso effetto protettivo (per il padre) del rapporto intercorso tra madre e medico; e che, come del resto accade per il padre, il diritto al risarcimento possa essere fatto valere dopo la nascita anche dal figlio il quale, per la violazione del diritto all'autodeterminazione della madre, si duole in realtà non della nascita ma del proprio stato di infermità (che sarebbe mancato se egli non fosse nato)*".

Il vero colpo di scena si ha l'anno successivo con la sentenza della Corte di Cassazione, sez. III, n. 16754/2012. Sintetizzando molto, per necessità, il lungo percorso argomentativo seguito dalla Corte, punto di partenza è il fatto che "*la concezione della vita come oggetto di tutela, da parte dell'ordinamento, in termini di 'sommo bene' [...] di talché non potrebbe in alcun modo configurarsi un interesse a non nascere giuridicamente tutelato [...] è percorsa da forti aneliti giusnaturalistici, ma è destinata a cedere il passo al raffronto con il diritto positivo. Decisiva appare, difatti, la considerazione secondo cui, al momento stesso in cui l'ordinamento giuridico riconosce alla madre il diritto di abortire, sia pur nei limiti e nei casi previsti dalla legge, si palesa come incontestabile e irredimibile il sacrificio del 'diritto' del feto a venire alla luce, in funzione della tutela non soltanto del diritto alla procreazione cosciente e responsabile (art. 1 della legge n. 194/1978), ma dello stesso diritto alla salute fisica o anche soltanto psichica della madre. Mentre non vi sarebbe alcuno* spatium comparationis *se, a confrontarsi, fossero davvero, in una comprovata dimensione di alterità soggettiva, un (superiore) diritto alla vita e un ('semplice') diritto alla salute mentale*".

Prosegue poi sostenendo che "*il diritto alla procreazione cosciente e responsabile è, dunque, attribuito alla sola madre, per espressa volontà legislativa, sì che risulta legittimo discorrere, in caso di sua ingiusta lesione, non di un diritto esteso anche al nascituro in nome di una sua declamata soggettività giuridica, bensì di una propagazione intersoggettiva degli effetti diacronici dell'illecito (come incontestabilmente ammesso nei confronti del padre) – salvo l'indispensabile approfondimento [...] sul tema della causalità in relazione all'evento di danno in concreto lamentato dal minore nato malformato*".

Questo è il punto della sentenza che permetterà ai giudici di riconoscere la legittimazione del bambino nato malformato, ma di sfuggire alle critiche della deriva eugenetica che così si potrebbe creare. E questo perché "*il rigoroso meccanismo legislativo, in consonanza con quello di natura, esclude tout court, la possibilità che il bambino, una volta nato, si dolga nei confronti della madre, come pure si è talvolta ipotizzato seguendo gli itinerari del ragionamento per assurdo, della scelta di portare avanti la gravidanza accampando conseguentemente pretese risarcitorie. È la madre, infatti, che, esercitando un diritto iure proprio (anche se, talvolta, nell'interesse non soltanto proprio, pur essendo tale interesse confinato nella sfera dell'irrilevante giuridico), deciderà presuntivamente per il meglio: né potrebbe darsi ipotesi contraria, a conferma della mancanza di una reale soggettività giuridica in capo al nascituro. A tanto consegue la non condivisibilità, sul piano strettamente giuridico, della ricostruzione delle singole situazioni soggettive (della madre, del padre, dei componenti il nucleo familiare, del neonato stesso) che postulino in premessa l'esistenza, in capo al nascituro, di un diritto a nascere sano, contrapposto idealmente ad un non diritto 'a non nascere se non sano'*".

Ricostruita in questi termini la vicenda, la Corte analizza se gli elementi della fattispecie concreta siano riconducibili alla fattispecie astratta dell'illecito aquiliano in tutti i suoi elementi di struttura, così come descritti dall'art. 2043 c.c. Il primo punto analizzato concerne la legittimazione soggettiva. La risposta affermativa è data in maniera piuttosto sbrigativa e si giustifica perché a chiedere il risarcimento è il bambino una volta nato, e quindi dotato di capacità giuridica. Molto più problematica è l'analisi dell'interesse tutelato, ossia del *vulnus* lamentato dal nato malformato. Il fondamento della pretesa risarcitoria risiede, per la Corte, negli artt. 2, 3, 29, 30 e 32 Cost. "*il* vulnus *lamentato da parte del minore malformato, difatti, non è la malformazione in sé considerata – non è, in altri termini, l'infermità intesa in senso naturalistico (o secondo i dettami della scienza medica) – bensì lo stato funzionale di infermità, la condizione evolutiva della vita handicappata intese come proiezione dinamica dell'esistenza che non è semplice somma algebrica della vita e dell'handicap, ma sintesi di vita ed handicap, sintesi generatrice di una vita handicappata*". Vengono poi elencate le violazioni degli articoli della Costituzione indicati poco prima. In particolare sarebbero violati: l'art. 32 Cost. come condizione dinamico/funzionale di benessere psicofisico; l'art. 2 Cost. per la limitazione del diritto del minore allo svolgimento della propria personalità sia come singolo sia nelle formazioni sociali; l'art. 3 Cost. nella misura in cui si renderà sempre più evidente la limitazione al pieno sviluppo della persona; gli artt. 29, 30 e 31 Cost., per l'alterata dimensione familiare (facilmente presumibile stante le volontà della madre e il carattere indesiderato della nascita) incompatibile con il modello costituzionale. Si noti però che, a ben vedere, il quadro esposto dalla Corte non è causato dall'omissione medica, ma dalla malattia congenita del concepito. Di quelle indicate, le uniche conseguenze rilevanti causate dall'omissione medica derivano, eventualmente, dal ritardo con cui la notizia è stata appresa dalla famiglia (solo al momento della nascita). Per la Suprema Corte non si discute poi di non meritevolezza di una vita handicappata, ma semplicemente di una vita che merita di essere vissuta meno disagevolmente (anche se l'attento osservatore potrebbe rilevare che in questo modo riemerge il sospetto che quantomeno inconsciamente ci sia sullo sfondo la volontà di dare sollievo ad una difficile situazione economica, distorcendo però, così facendo, il ruolo della responsabilità civile). E non si obietti, prosegue la Corte, che una tale concezione viola la dignità umana perché "*un* vulnus *alla propria dignità così concepito confonde la dimensione giuridica della richiesta individuale di risarcimento di un pregiudizio altrettanto individuale da parte della vittima di quel pregiudizio con la dimensione etica dell'attentato pregiudizievole non al sé individuale, ma ad una pretesa alterità trascendente che alberga nel singolo essere umano in quanto rappresentante di un genere*".

Altro punto fondamentale risiede nella parte di motivazione in cui la Corte espone perché non si possa sostenere che sarebbe contraddittorio dolersi di essere nato, essendo la nascita condizione necessaria per poter compiere quella doglianza. Non è così, secondo la Corte, perché "*non assume alcun rilievo giuridico la dimensione prenatale del minore, quella nel corso della quale la madre avrebbe, se informata, esercitato il diritto all'interruzione di gravidanza. Se l'esercizio di questo diritto fosse stato assicurato alla gestante, la dimensione del non essere del nascituro impedisce di attribuirle qualsivoglia rilevanza giuridica. [...] Ciò che è giuridicamente in-qualificato non ha cittadinanza nel mondo del diritto, onde la assoluta irrilevanza dell'affermazione secondo la quale 'nessuno potrebbe preferire la non vita alla vita' funzionale ad un 'dovere di vivere' [...] che in nessun caso può costituire legittimo* speculum, *sul piano normativo, del diritto individuale alla vita*". L'evento di danno, che il diritto deve risarcire "*trasformando il dolore in denaro*", è costituito, per i giudici, "*dalla individuazione di sintesi della nascita malformata, intesa come condizione dinamica dell'esistenza riferita ad un soggetto di diritto attualmente esistente, e non già destinata a realizzare un suicidio per interposto risarcimento danni, come pure s'è talvolta opinato*".

La ricostruzione in questi termini dell'evento di danno permette alla Suprema Corte di affermare anche l'esistenza del nesso causale (si obietta infatti che la malformazione non è causata dall'omissione, ma da un presupposto di natura genetica): "*tale evento, nella più volte illustrata proiezione dinamica dell'esistente, appare senz'altro riconducibile, secondo un giudizio prognostico* ex post, *all'omissione, volta che una condotta diligente e incolpevole avrebbe consentito alla donna di esercitare il suo diritto all'aborto (sì come espressamente dichiarato al medico nel caso di specie). Una diversa soluzione, sul piano causale, si risolverebbe nell'inammissibile annullamento della volontà della gestante, senza che in proposito possano assumere rilievo ipotesi alternative confinate, nella specie, in una dimensione dell'improbabile – e dunque del giuridicamente irrilevante circa la eventualità (come ipotizzato dalla corte territoriale) di un futuro mutamento di decisione da parte della gestante stessa in ordine alla pur programmata interruzione condizionata di gravidanza. Va pertanto affermata, sul piano del nesso di condizionamento, la equiparazione* quoad effecta *tra la fattispecie dell'errore medico che non abbia evitato l'handicap evitabile (l'handicap, si badi, non la nascita handicappata), ovvero che tale handicap abbia cagionato (come nella ipotesi scrutinata dalla sentenza 10741/2009) e l'errore medico che non ha evitato (o ha concorso a non evitare) la nascita malformata (evitabile, senza l'errore diagnostico, in conseguenza della facoltà di scelta della gestante derivante da una espressa disposizione di legge)*".

Si noti come punto nevralgico di tutto l'argomentare della Corte sia la distinzione tra risarcimento dell'handicap e (ciò che sarebbe inammissibile) della vita handicappata. Il punto è che, obiettivamente, l'handicap non è distinguibile dalla vita handicappata, se non altro perché quella vita non sarebbe potuta esistere senza handicap. Non si è, in altre parole, in presenza di una vita potenzialmente sana, ma che nasce malata per colpa medica; si è in presenza di una vita che o non viene a compimento (a causa dell'interruzione volontaria di gravidanza) o, se viene a compimento, è necessariamente la vita di un soggetto colpito da una malattia invalidante. È senza dubbio questo il punto più fragile della sentenza. L'unico modo per uscirne sarebbe quello di ammettere che, in certe condizioni, la non vita è preferibile alla vita, ma per quanto riguarda il concepito, questa è una affermazione che non può trovare spazio nel nostro ordinamento.

Le tesi contrapposte di parte ricorrente e resistente

La pretesa dei ricorrenti-danneggiati

I ricorrenti, in proprio e quali genitori della minore, ricorrono in Cassazione deducendo due motivi. Col primo motivo censurano la sentenza impugnata nella parte in cui ha stabilito che gli stessi non hanno fornito la prova del grave pericolo per la salute fisica o psichica derivante dalla prosecuzione della gravidanza, non considerando – in tale giudizio – il fatto che fosse per gli attori impossibile fornire quella prova, posto che non era stata data l'esatta informazione sulle condizioni del feto, informazione che solo se fornita avrebbe potuto far scaturire un processo patologico che avrebbe messo in pericolo la salute della donna.

Lamentano inoltre che la sentenza impugnata non abbia considerato come, a fronte di una diagnosi completa che riferisca di gravi malformazioni nel feto, sia del tutto naturale determinarsi ad interrompere la gravidanza.

Con il secondo motivo censurano il capo della sentenza che ha escluso la possibilità di riconoscere il risarcimento in favore della figlia minore, sostenendo che "*se ... al momento della mancata informazione erano presenti le condizioni previste dalla legge per far ricorso all'aborto ..., allora il nato è legittimato ad agire in giudizio in quanto la richiesta è volta non a richiedere i danni per una nascita non voluta, bensì per un'esistenza difficile da portarsi dietro tutta la vita e da vivere in ragione delle proprie limitazioni psicofisiche*" (testualmente dall'ordinanza di rimessione).

La difesa dei resistenti-danneggianti

Non si ricavano espressamente le argomentazioni difensive dedotte dai resistenti. Gli stessi verosimilmente avranno insistito per il rigetto del ricorso, appoggiandosi sulle due sentenze di merito che avevano, entrambe, non accolto le domande degli attori.

Decisione della corte

Le massime

L'onere di provare che la madre avrebbe esercitato la facoltà di interrompere la gravidanza, se fosse stata tempestivamente informata della patologia del figlio, ricade sul genitore che agisca per il risarcimento del danno. Tale onere probatorio può essere assolto tramite presunzioni, come ad es. il fatto di essersi sottoposti ad indagini prenatali proprio per conoscere lo stato di salute del nascituro, le precarie condizioni psico fisiche della madre, il suo orientamento favorevole all'aborto espresso precedentemente. Ricade sul convenuto l'eventuale prova contraria, ossia che la donna non avrebbe deciso per l'interruzione della gravidanza neppure se correttamente informata.

Il soggetto nato disabile per una patologia congenita non può agire per ottenere il risarcimento del danno, neppure lamentando la lesione dell'interesse ad avere un ambiente familiare preparato ad accoglierlo, perché l'ordinamento non conosce il diritto a non nascere se non sano, né la vita può integrare un danno conseguenza dell'illecito del medico.

Le motivazioni

La decisione della Corte si sviluppa partendo dall'analisi delle condizioni legittimanti l'interruzione della gravidanza. Occorre, invero, che siano presenti rilevanti malformazioni del nascituro, accertabili mediante esami clinici, e che le stesse siano eziologicamente legate al grave pericolo per la salute fisica o psichica della donna. In presenza di queste condizioni facoltizzanti, deve poi sussistere la volontà della donna di procedere all'i.v.g.

Considerata la complessità dei fatti da provare e la loro analiticità, ritengono le Sezioni Unite che sia possibile limitarsi a provare alcuni elementi rappresentativi, da cui poi *estrapolare* la conoscenza dell'intero fatto complesso. Ulteriore complicazione deriva dalla circostanza che la prova verta anche su un fatto psichico, di cui è impossibile fornire rappresentazione immediata e diretta. L'onere probatorio, sul punto, può quindi essere assolto tramite dimostrazione di altre circostanze da cui risalire, induttivamente, al fatto psichico da accertare. In queste poche righe è concentrata l'essenza del ragionamento: è corretto che l'onere probatorio gravi sulla madre-attrice (trattandosi di fatto costitutivo del diritto fatto valere, e peraltro in maniera conforme alla regola di c.d. vicinanza della prova), ma è altresì corretto il ricorso a presunzioni (semplici). Presunzioni operanti sulla base di correlazioni statisticamente ricorrenti, ma anche sulla base di circostanze contingenti, eventualmente anche atipiche, esemplificate dalla Corte nei casi di ricorso al consulto medico proprio per conoscere le condizioni di salute del feto (circostanza che, peraltro, sarà pressoché sempre presente), o nei casi di precarie condizioni fisio-psichiche della gestante, o di pregresse manifestazioni di pensiero in ordine all'interruzione di gravidanza nel caso di malformazioni del concepito. Nel compiere questa operazione probatoria è necessario avere l'accortezza di non spingersi a presumere automaticamente l'interruzione della gravidanza in presenza di determinate malformazioni e di consentire sempre al medico (anche se, in verità, è difficile immaginare il raggiungimento di una tale prova) la possibilità di provare che la donna, comunque, non si sarebbe determinata all'aborto.

Per quanto concerne il secondo profilo, la Corte di Cassazione a Sezioni Unite si sofferma, innanzitutto, sul problema della qualificazione giuridica del concepito, per confermare – come ormai pacifico da anni – che l'assenza di capacità giuridica durante la vita prenatale (*ex* art. 1 c.c.) non è argomento rilevante per escludere la risarcibilità di danni eventualmente subiti in quella fase della vita, non essendo necessario un rapporto intersoggettivo *ab origine* tra danneggiante e danneggiato. Chiarito questo, ciò che va approfondito è da un lato il contenuto del diritto in ipotesi leso, dall'altro il nesso di causalità tra condotta del medico ed evento di danno. Dissociandosi dalla sentenza del 2012 sopra analizzata, che distingueva tra *handicap* e vita *handicappata*, per le Sezioni Unite, considerando i danni conseguenza (esemplificati, sinteticamente, nell'avere di meno a seguito dell'illecito) l'unica alternativa possibile – nel caso in esame – è vita verso non vita, "*e la non vita non può essere un bene della vita*". E "*tanto meno può esserlo, per il nato, retrospettivamente, l'omessa distruzione della propria vita (in fieri), che è il bene per eccellenza, al vertice della scala assiologica dell'ordinamento*". Il dato è decisivo: nei casi di mancata diagnosi di una patologia prenatale, quindi, nessun danno può essere lamentato dal soggetto nato.

Molto interessante risulta essere la parte di motivazione dedicata dalla Suprema Corte all'analisi comparatistica, con la citazione di precedenti, statunitensi, tedeschi, francesi e inglesi, in cui, salvo limitate e particolari eccezioni (la più celebre è certamente quella del c.d. *arret Perruche – Cour de Cassation, Assemblée plénière*, 17 novembre 2000 – 99.13.701), si è riconosciuto il diritto al risarcimento dei genitori, ma lo si è negato con riferimento al soggetto nato.

L'inesistenza di un danno conseguenza comporta l'impossibilità di giungere al risultato della risarcibilità del danno a favore del nato anche seguendo la strada dei c.d. doveri di protezione, che potrebbero invece essere rilevanti nel caso di patologie cagionate dal sanitario.

Viene poi citato, da ultimo, l'argomento, per la verità più fragile degli altri, della china scivolosa (quella che con termine inglese viene definita *slippery slope*) che si potrebbe creare a seguito della risarcibilità della nascita malformata. Il rischio che si potrebbe annidare dietro all'accoglimento di una tale richiesta risarcitoria sarebbe quello di finire per considerare responsabile, nei confronti del figlio, anche quella madre che, informata, abbia consapevolmente deciso di portare a termine la gravidanza. Questo argomento, superfluo considerando il rilievo decisivo degli argomenti che si possono utilizzare per risolvere negativamente la questione, non è per la verità pienamente convincente, in quanto la scelta di interrompere la gravidanza è una possibilità concessa dall'ordinamento alla madre, frutto del bilanciamento di interessi contrapposti, e come tale non si potrebbe mai convertire in un obbligo. La stessa Cass. n. 16754/2012, come visto, superava infatti tranquillamente questo possibile argomento ad essa contrario.

Emerge poi, timidamente, la consapevolezza, da parte delle Sezioni Unite, del rischio di forzare la struttura dell'illecito civile per non lasciare prive di tutela situazioni di difficoltà; situazioni il cui sostegno, però, deve arrivare da misure di previdenza e assistenza sociale.

L'ultima riflessione della sentenza in esame è lasciata al rischio di una "*reificazione dell'uomo, la cui vita verrebbe ad essere apprezzabile in ragione dell'integrità psico-fisica*". Ed in effetti, nel considerare fattispecie di questo genere non si può trascurare il fondamentale ruolo giocato dalla dignità umana. Il punto di riflessione è sempre il medesimo, più volte considerato: ad essere risarcita, è la vita colpita da disabilità o da malattia, essendo questa inscindibile dalla malattia in quanto tale. Ma risarcire la vita di un soggetto non è, nei confronti di quel soggetto, lesivo della sua dignità? Non succede forse che invece di riconoscere a quel soggetto un diritto lo si discrimina attribuendo alla sua vita un valore negativo, o un valore peggiorativo rispetto alla vita di un individuo sano? Si noti che la Convenzione delle Nazioni Unite sui diritti delle persone con disabilità del 13 dicembre 2006, ratificata dall'Italia con legge n. 18 del 3 marzo 2009, al suo art. 10 (Diritto alla vita) stabilisce che "*gli Stati Parti riaffermano che il diritto alla vita è connaturato alla persona umana ed adottano tutte le misure necessarie a garantire l'effettivo godimento di tale diritto da parte delle persone con disabilità, su base di uguaglianza con gli altri*".

Brevi note esplicative

La sentenza in commento pare essere condivisibile, per tutte le motivazioni che si sono viste sino a qui.

Quanto al primo profilo considerato, nessun dubbio sul fatto che l'indirizzo precedente fosse eccessivamente favorevole per la donna-attrice (non a caso più volte la Suprema Corte discorre della trasformazione da una vicenda risarcitoria ad una para-assicurativa); pare però che anche l'orientamento da ultimo analizzato riveli un equivoco di fondo: alla donna è richiesto di provare che, ragionevolmente, avrebbe seguito una certa strada, pur essendo persino a lei sconosciuto cosa avrebbe effettivamente fatto. In effetti, la scelta (tragica) di interrompere una gravidanza non la si comprende fino a che non ci si trovi a doverla compiere; di conseguenza, le riflessioni teoriche che su di essa si possono fare non paiono essere rivelatrici in maniera sicura di quello che si farebbe se ci si trovasse in quella condizione. Quello che è certo, e forse su questo punto andrebbe maggiormente concentrata l'attenzione anche a livello risarcitorio, è che la madre, e con essa il padre, è stata privata di una scelta che solo a lei sarebbe spettato compiere. A partire da una tale prospettiva quindi, e nell'impossibilità di sapere che cosa effettivamente la madre avrebbe scelto, è l'aver privato la madre di quella possibilità, e quindi l'aver violato la sua autodeterminazione, ad essere principalmente rilevante, indipendentemente da quello che poi la madre avrebbe scelto.

Quanto al secondo aspetto si sono visti, nel riassumere l'orientamento tradizionale, quali siano i problemi intrinseci che derivano dal riconoscimento di un risarcimento al soggetto nato con una patologia congenita per il fatto stesso della nascita. Le (lunghe) argomentazioni utilizzate nel tentativo di superare tale orientamento non erano risultate convincenti, sicché non sorprende che le Sezioni Unite abbiano aderito con decisione all'orientamento tradizionale.

Le Sezioni Unite non si occupano, purtroppo, di un altro tema scottante, con riferimento alle nascite indesiderate, ossia quali siano i danni correttamente risarcibili alla madre e agli altri familiari. Se la giurisprudenza, nei prossimi anni, si assesterà presumibilmente su quanto specificato dalle Sezioni Unite nella sentenza qui considerata, sarà proprio quello dei danni risarcibili il terreno su cui continuerà ad esserci una non perfetta uniformità.

Da ultimo si noti che il problema di fondo di tale materia, che probabilmente è la causa che spinge molti genitori ad esperire azioni di nascita indesiderata pur se amano il loro figlio e mai vorrebbero che lo stesso non fosse mai nato, è quello degli enormi oneri economici che la vita di una persona disabile richiede. La risposta ad una tale esigenza, però, dovrebbe derivare dalla previsione di adeguati strumenti di sostegno pubblico, coerentemente con la configurazione dello stato come *stato sociale*, e non invece forzando i limiti della responsabilità civile. Non si dimentichi mai, infatti, che ciò che caratterizza questo genere di azioni è il fatto che la patologia non è causata da un errato trattamento medico o da un'errata prescrizione medica, ma, al contrario, da cause diverse che prescindono totalmente dalla colpa medica.

Giurisprudenza precedente conforme (o in parte conforme)

Cass. civ., 1° dicembre 1998, n. 12195.
Cass. civ., 24 marzo 1999, n. 2793.
Cass. civ., 10 maggio 2002, n. 6735.
Cass. civ., 29 luglio 2004, n. 14488.
Cass. civ., 14 luglio 2006, n. 16123.
Cass. civ., 11 maggio 2009, n. 10741.
Cass. civ., 10 novembre 2010, n. 22837.
Cass. civ., 22 marzo 2013, n. 7269.

Giurisprudenza precedente difforme

Cass. civ., 3 maggio 2011, n. 9700.
Cass. civ., 2 ottobre 2012, n. 16754.

Giurisprudenza successiva conforme

Cass. civ., 11 aprile 2017, n. 9251.

Bibliografia essenziale

BRAUN A. (a cura di), *Dalla disgrazia al danno*, Milano, 2002.

BUSNELLI F.D., *Postilla* a Cour de Cassation, Assemblée plénière, 17 novembre 2000 – 99.13.701, in *Nuova giurisprudenza civile commentata*, 2001, I, p. 209 ss.

BUSNELLI F.D., *L'inizio della vita umana*, in *Riv. dir. civ.*, 2004, I, p. 533 ss.

BUSNELLI F.D., *La tutela giuridica dell'inizio della vita umana*, in R. ROSSANO, S. SIBILLA (a cura di), *La tutela giuridica della vita prenatale*, Torino, 2005.

BUSNELLI F.D., *Verso una giurisprudenza che si fa dottrina. Considerazioni in margine al revirement della Cassazione sul danno da c.d. "nascita malformata"*, in *Riv. dir. civ.*, 2013, 6, p. 1519 ss.

BUSNELLI F.D., *La dottrina delle Corti e il risarcimento del danno alla persona*, in *Danno e responsabilità*, 2014, II, p. 461 ss.

CACACE S., *Il giudice rottamatore e l'enfant préjudice*, in *Danno e responsabilità*, 2013, p. 139 ss. (commento a Cass. civ., 2 ottobre 2012, n. 16754).

CANESTRARI S., FERRANDO G., MAZZONI C.M., RODOTÀ S., ZATTI P. (a cura di), *Il governo del corpo*, Milano, 2011, p. 1735 ss., vol. 2, di S. RODOTÀ, P. ZATTI (diretto da), *Trattato di biodiritto.*

CAYLA O., THOMAS Y., *Il diritto di non nascere. A proposito del caso Perruche*, Milano, 2004.

CENDON P. (a cura di), *Trattato della responsabilità civile e penale in famiglia*, Padova, 2004 (in particolare AA.VV., Parte sesta, *Nascere o non nascere*).

CENDON P. (diretto da), *Trattato breve dei nuovi danni*, vol. I, *Persone, famiglia, medicina*, Padova, 2014.

FERRARIO A., *Il danno da nascita indesiderata*, Milano, 2011.

GORGONI M., *Dalla sacralità della vita alla rilevanza della qualità della vita*, in *Responsabilità civile e previdenza*, 2013, I, p. 148 ss. (commento a Cass. civ., 2 ottobre 2012 n. 16754).

MASTRORILLI A., *To be or not to be: comparare l'incomparabile*, in *Danno e responsabilità*, 2013, p. 492 ss.

PALMERINI E., *Il diritto a nascere sani e il rovescio della medaglia: esiste un diritto a non nascere affatto?*, in *Nuova giuri. civ. comm.*, 2001, I, p. 209 ss. (commento a Cour de Cassation, Assemblée plénière, 17 novembre 2000 – 99.13.701).

PALMERINI E., *Nascite indesiderate e responsabilità civile: il ripensamento della Cassazione*, in *Nuova giuri. civ. comm.*, 2013, I, p. 175 ss. (commento a Cass. civ., 2 ottobre 2012, n. 16754).

PICKER E., *Il danno della vita Risarcimento per una vita non desiderata*, a cura di P. ZATTI, D. CANALE, traduzione di D. Canale, Milano, 2004.

ROSSANO R., SIBILLA S. (a cura di), *La tutela giuridica della vita prenatale*, Torino, 2005.

L'amministrazione di sostegno: l'ostico equilibrio tra l'esigenza di protezione del soggetto debole e la garanzia del principio di autodeterminazione dell'interessato

Corte di Cassazione, sez. I, sent. 27 settembre 2018, n. 22.602

Fatti e svolgimento del processo

La sentenza emessa dalla Corte di Cassazione è pertinente all'istituto dell'amministrazione di sostegno.

Nella specie, al sig. Q.Q.E. venne nominato un amministratore di sostegno: l'incarico fu conferito a un soggetto, estraneo al nucleo familiare di origine, all'esito di un procedimento instaurato da un ricorso promosso da un suo figliastro (Q.A.).

In primo grado, il Tribunale di Busto Arsizio aveva dato corso alla procedura benché fosse assente una consulenza tecnica d'ufficio (CTU) che certificasse l'incapacità del beneficiario (erano stati comunque riconosciuti sussistenti i presupposti di legge).

Il giudice tutelare aveva stabilito, mediante decreto, che Q.Q.E. fosse da considerarsi una persona debole a causa della sua condizione psicofisica.

Avverso il decreto *de quo*, l'amministrato proponeva reclamo alla Corte d'Appello di Milano ai sensi dell'art. 720-*bis* c.p.c., per cui "*ai procedimenti in materia di amministrazione di sostegno si applicano, in quanto compatibili, le disposizioni degli artt. 712, 713, 716, 719 e 720. Contro il decreto del giudice tutelare è ammesso reclamo alla corte d'appello a norma dell'art. 739. Contro il decreto della corte d'appello pronunciato ai sensi del secondo comma può essere proposto ricorso per cassazione*".

La Corte distrettuale, alla luce delle doglianze prospettate dal reclamante, affermava che, in seno all'art. 417 c.c., Q.A. fosse pienamente legittimato a richiedere l'amministrazione di sostegno del proprio genitore, atteso che si era qualificato, nel ricorso introduttivo, come suo figlio (come si vedrà, invece, l'amministrato sosteneva che fosse un figliastro).

Nel merito, nonostante non fosse stata prodotta in giudizio una precipua CTU certificativa dell'incapacità del beneficiario, la Corte d'Appello confermava altresì come fossero ben presenti i requisiti per l'applicazione dell'istituto dell'amministrazione di sostegno nei termini già indicati dal Tribunale di Busto Arsizio (che aveva avuto contezza della situazione psicofisica attuale di Q.Q.E).

In particolare, oltre ad aver rilevato un aspro conflitto intrafamiliare, giustificativo della scelta di individuare l'amministratore in una persona estranea all'ambito familiare, la Corte d'Appello, riconoscendo al contempo una discrasia fra le eccessive limitazioni alla capacità giuridica dell'amministrato (stabilite nel provvedimento del giudice tutelare) di contro a una sua capacità ancora integra d'intendere, giudicava la statuizione di primo grado non censurabile e qualificava [*rectius*-confermava] l'amministrato come "*soggetto debole, estremamente esposto allo stress psicofisico e con una condizione fisica tale da imporre il suo accompagnamento quotidiano, per tutte le necessità della vita*" (decreto n. 760/2017).

Ritenutosi leso nei propri diritti, l'amministrato proponeva ricorso per Cassazione avverso al decreto emesso dalla Corte d'Appello di Milano.

Le questioni di diritto poste all'attenzione della Corte di Cassazione

Dall'analisi congiunta dei motivi di ricorso menzionati, si possono cogliere due importanti questioni interpretative che la Corte di Cassazione è chiamata a valutare.

La prima contempla la legittimazione attiva a promuovere il procedimento finalizzato alla nomina di un amministratore di sostegno e il conseguente onore probatorio gravante su colui che afferma di essere titolare di siffatto potere di impulso, con particolare rilevanza nel momento in cui la qualità soggettiva sia oggetto di specifica contestazione nel corso del giudizio.

Il secondo quesito di diritto, maggiormente complesso, concerne l'ostico equilibrio che il giudice deve perseguire [*rectius*-assicurare] tra l'esigenza di privilegiare il rispetto dell'autodeterminazione dell'interessato e l'idonea protezione che devono essere sempre e comunque garantitegli.

Invero, alla luce della preminenza della protezione del soggetto debole, è ammissibile che il giudice concluda il procedimento con l'imposizione della nomina di un amministratore di sostegno *contra voluntatem suam* oppure designando un individuo che non sia stato indicato preventivamente o direttamente da lui.

L'amministrazione di sostegno: riflessioni preliminari

Nel corso degli anni Ottanta del secolo scorso un gruppo di ricerca, coordinato dal prof. Paolo Cendon, ha elaborato una bozza di riforma degli istituti a protezione degli infermi di mente che, tra l'altro, proponeva l'introduzione, nel nostro ordinamento, dell'amministrazione di sostegno.

Nella c.d. *bozza Cendon* si rilevava un vuoto legislativo, sicché gli istituti dell'interdizione e dell'inabilitazione, ancorché efficaci, non rappresentavano un regime di protezione tale da comprimere al minimo i diritti e le possibilità di iniziativa del disabile; non solo, la peculiare *vis* non offriva strumenti di assistenza e sostituzione capaci di colmare i momenti di inerzia e di inettitudine del medesimo (v. TRICOMI e DELLE MONACHE).

L'obiettivo perseguito era la creazione di un nuovo apparato normativo che coniasse un istituto giuridico finalizzato a proteggere i soggetti affetti da disturbi non così gravi da dar luogo all'interdizione e connotati, in parallelo, dalla capacità di consentire loro di autodeterminarsi sul terreno dei rapporti personali e patrimoniali.

Un'analoga operazione si prospettava per gli istituti di tutela degli infermi psichici dove, forse ancora di più, si palesava l'esigenza di un superamento della tradizionale logica patrimonialistica: infatti, il Legislatore del 1942, epoca di entrata in vigore del codice civile, aveva particolare riguardo alla salvaguardia del patrimonio dei consociati piuttosto che alla tutela della persona.

D'altro canto la dottrina aveva già manifestato perplessità sul previgente assetto conferente alla protezione delle persone problematiche.

Autorevole pensiero dogmatico ha sostenuto con insistenza l'inadeguatezza degli istituti dell'interdizione e dell'inabilitazione ad attuare una tutela efficace dei diritti dei disagiati mentali, evidenziando come la pronuncia di interdizione comportasse, per chi l'avesse subita, la perdita totale della capacità di agire dell'infermo (classificandola come una sorta di *morte civile*), con la conseguenza della sua completa esclusione dal traffico giuridico e dell'integrale sostituzione da parte del rappresentante legale (Bianca).

Ciò detto, l'amministrazione di sostegno promana dall'approvazione e pubblicazione della legge 9 gennaio 2004, n. 6, recante la rubrica "*Introduzione nel libro primo, titolo XII, del codice civile del capo I, relativo all'istituzione dell'amministrazione di sostegno e modifica degli articoli 388, 414, 417, 418, 424, 426, 427 e 429 del codice civile in materia di interdizioni e di inabilitazione, nonché relative norme di attuazione, di coordinamento e finali*" (entrata in vigore il 19 marzo 2004).

L'art. 404 c.c. prevede che "*la persona che, per effetto di una infermità ovvero di una menomazione fisica o psichica, si trova nella impossibilità, anche parziale o temporanea, di provvedere ai propri interessi, può essere assistita da un amministratore di sostegno, nominato dal giudice tutelare del luogo in cui questa ha la residenza o il domicilio*".

La giurisprudenza di merito e legittimità non ha tardato a delineare la *ratio* di un così rivoluzionario istituto (il termine, seppure altisonante, ben si accosta alla riforma, atteso che veniva superata una concezione – vetusta – che poneva al primo posto la tutela del patrimonio rispetto a quella della persona).

La Corte di Cassazione, applicando il criterio interpretativo teleologico (che ha contezza della finalità perseguita dal dettato normativo) ha affermato che "*l'amministrazione di sostegno, introdotta nell'ordinamento dall'art. 3 della legge 9 gennaio 2004, n. 6, ha la finalità di offrire a chi si trovi nella impossibilità – anche parziale o temporanea – di provvedere ai propri interessi uno strumento di assistenza che ne sacrifichi nella minor misura possibile la capacità di agire, distinguendosi, con tale specifica funzione, dagli altri istituti a tutela degli incapa-*

ci, quali la interdizione e la inabilitazione, non soppressi, ma solo modificati dalla stessa legge attraverso la novellazione degli artt. 414 e 417 c.c. Rispetto ai predetti istituti, l'ambito di applicazione dell'amministrazione di sostegno va individuato con riguardo non già al diverso, e meno intenso, grado di infermità o di impossibilità di attendere ai propri interessi del soggetto carente di autonomia, ma piuttosto alla maggiore capacità di tale strumento di adeguarsi alle esigenze di detto soggetto, in relazione alla sua flessibilità ed alla maggiore agilità della relativa procedura applicativa. Appartiene all'apprezzamento del giudice di merito la valutazione della conformità di tale misura alle suindicate esigenze, tenuto conto essenzialmente del tipo di attività che deve essere compiuta per conto del beneficiario, e considerate anche la gravità e la durata della malattia, ovvero la natura e la durata dell'impedimento, nonché tutte le altre circostanze caratterizzanti la fattispecie" (Cass. 12 giugno 2006, n. 13584).

La S.C. ha precisato – più volte – che lo scopo cui tende l'amministrazione di sostegno è quello di proteggere le persone fragili, ovvero coloro che si trovano in difficoltà nel gestire le attività della vita quotidiana e i propri interessi o che addirittura si trovino nell'impossibilità di farlo: l'intento precipuo consiste nell'offrire, a chi si trovi nell'impossibilità (anche parziale o temporanea) di provvedere ai propri interessi, uno strumento di assistenza che ne sacrifichi nella minor misura possibile la capacità di agire; la misura non è volta esclusivamente alla tutela degli interessi patrimoniali (Cass. 26 luglio 2018, n. 19866).

Tenuto conto della *ratio legis* oramai chiara grazie all'ermeneutica della giurisprudenza, è pacifico che non si possa impedire all'incapace, che ha dimostrato di essere in grado di provvedere in forma sufficiente alle proprie quotidiane e ordinarie esigenze di vita, il compimento, con il supporto di un amministratore di sostegno, di atti di gestione e amministrazione del patrimonio posseduto (anche se ingente).

Per garantire la tutela e l'autodeterminazione dell'interessato è devoluto al giudice il compito di conformare i poteri dell'amministratore e le limitazioni da imporre alla capacità del beneficiario in funzione delle esigenze di protezione della persona e di gestione dei suoi interessi patrimoniali, ricorrendo eventualmente all'ausilio di esperti e qualificati professionisti del settore (Cass. 11 novembre 2015, n. 17962).

Sul versante dei presupposti, in termini generali e pragmatici, l'amministrazione di sostegno non esige necessariamente l'accertamento di una condizione di infermità di mente, bensì può trovare applicazione anche laddove sia riscontrata una menomazione fisica o psichica della persona che determini, anche solo temporaneamente o parzialmente, una incapacità nella cura dei propri interessi (Cass. 2 agosto 2018, n. 13917).

L'accertamento richiesto è duplice: il primo requisito è attinente alla sussistenza di un'infermità o di una menomazione fisica o psichica (requisito soggettivo) mentre il secondo, per converso, analizza l'incisività di tali condizioni sulla capacità del soggetto di provvedere ai propri interessi (requisito oggettivo) (Cass. 4 febbraio 2014, n. 2364).

Le digressioni argomentative qui formulate consentono di trarre un principio determinante per comprendere lo spettro di operatività dell'istituto: l'adozione del provvedimento di nomina di un amministrazione di sostegno presuppone, sempre, un'attenta ricognizione della fattispecie concreta e siffatta valutazione non può prescindere dall'assicurare un connubio (*ostico* come si è voluto definirlo nel titolo del commento) tra l'esigenza di protezione del soggetto debole e la garanzia del principio di autodeterminazione dell'interessato.

Nell'evoluzione storico-giuridica dell'amministrazione di sostegno, le sollecitazioni interpretative della giurisprudenza e della dogmatica stanno lentamente dissipando dei dubbi riguardo all'incidenza del principio di autodeterminazione dell'interessato rispetto al potere valutativo del giudice (il cui tema sarà analizzato nel prosieguo).

Il ricorso per l'istituzione dell'amministrazione di sostegno: i soggetti legittimati

L'art. 405 c.c., comma 1, stabilisce che "*il giudice tutelare provvede entro sessanta giorni dalla data di presentazione della richiesta alla nomina dell'amministratore di sostegno con decreto motivato immediatamente esecutivo, su ricorso di uno dei soggetti indicati nell'articolo 406*".

A sua volta, l'art. 406 c.c., al comma 1, pone un rimando alle norme che disciplinano le materie dell'interdizione e dell'inabilitazione, statuendo che "*il ricorso per l'istituzione dell'amministrazione di sostegno può essere proposto dallo stesso soggetto beneficiario, anche se minore, interdetto o inabilitato, ovvero da uno dei soggetti indicati nell'articolo 417*".

I soggetti legittimati all'azione sono l'interessato (e tale dato già permette di cogliere come il principio di autodeterminazione sia determinante *in subiecta materia*), il coniuge, la persona stabilmente convivente, i parenti entro il quarto grado, gli affini entro il secondo grado, il tutore, il curatore e il pubblico ministero.

Il recente *revirement* del Legislatore in ordine al concetto di "famiglia" (ancorché latamente inteso) ha condotto all'attribuzione del potere di impulso anche alla persona stabilmente convivente con l'amministrando, dando così rilievo normativo al concetto di famiglia di fatto.

Vi è da aggiungere poi che se il ricorso interessa una persona già interdetta o inabilitata il medesimo è presentato congiuntamente all'istanza di revoca dell'interdizione o dell'inabilitazione davanti al giudice competente per quest'ultima.

Infine, i responsabili dei servizi sanitari e sociali direttamente impegnati nella cura e nell'assistenza della persona, ove a conoscenza di fatti tali da rendere opportuna l'apertura del procedimento di amministrazione di sostegno, sono tenuti a proporre al giudice tutelare il ricorso di cui all'art. 407 c.c. o a fornirne comunque notizia al pubblico ministero.

L'elenco dei legittimati non erige un ordine di preferenza tra le varie categorie individuate, cosicché ogni soggetto inclusovi può ritenersi munito di un'autonoma facoltà di promuovere il procedimento stesso (Pescara).

L'inclusione del pubblico ministero nell'alveo dei legittimati a promuovere il procedimento risponde a un interesse pubblico affinché sia garantita la tutela a colui che risulti esposto a un rilevante pregiudizio per non essere in condizione di provvedere adeguatamente ai propri interessi.

La richiesta di nomina avviene con ricorso che deve rivestire la forma scritta e solo eccezionalmente è ammissibile la forma orale.

Il contenuto deve indicare il giudice competente, le generalità del beneficiario, la sua dimora abituale, l'oggetto del provvedimento, le motivazioni dell'istanza e le generalità, se conosciute dal ricorrente, dei soggetti privati cui competerebbe la legittimazione all'istanza.

Nonostante il potere autonomo di ricorso attribuito ai legittimati, le indicazioni contenute nel ricorso devono confrontarsi con un'altra fondamentale disposizione di legge, ovvero l'art. 407 c.c., comma 2, per cui "*il giudice tutelare deve sentire personalmente la persona cui il procedimento si riferisce recandosi, ove occorra, nel luogo in cui questa si trova e deve tener conto, compatibilmente con gli interessi e le esigenze di protezione della persona, dei bisogni e delle richieste di questa*".

Pertanto, si può affermare che si tratti di una legittimazione autosufficiente e in grado di dare corso al procedimento, ma che in concreto dovrà sempre e comunque raffrontarsi con ciò che l'interessato afferma e prospetta al giudice tutelare.

In particolare, l'art. 407 c.c., nel disciplinare il procedimento per l'istituzione dell'amministrazione di sostegno, prevede espressamente che il giudice tutelare debba sentire personalmente la persona cui il procedimento si riferisce e debba tenere conto compatibilmente con gli interessi e le esigenze di protezione della persona, dei bisogni e delle richieste di questa, attribuendo chiaramente al giudice anche il potere di non procedere alla nomina dell'amministratore di sostegno in presenza del dissenso dell'interessato, ove l'autorità giudiziaria ritenga detto dissenso giustificato e prevalente su ogni altra diversa considerazione (Corte cost. 17 luglio 2007, n. 292).

Come si apprezzerà in seguito, con la sentenza in esame il Collegio dissipa un ulteriore dubbio interpretativo in relazione alla legittimazione attiva, statuendo il principio di diritto, mai pronunciato prima (almeno per l'istituto dell'amministrazione di sostegno), per cui colui che assumendo, ai sensi dell'art. 406 c.c., di essere legittimato a proporre il ricorso per la nomina di un amministrazione di sostegno a beneficio di una persona, in caso di specifica contestazione di detta legittimazione deve fornire la prova, ai sensi dell'art. 2697 c.c., della sua qualità soggettiva ai sensi del combinato disposto *ex* artt. 406 e 417 c.c.

Si tratta di una novità di rilievo, soprattutto per i giudizi pendenti e futuri laddove l'amministrando eccepisca la legittimazione attiva nel corso del procedimento.

Il connubio tra esigenze di protezione e principio di autodeterminazione dell'amministrato

Le direttrici interpretative sinora esposte hanno già permesso di cogliere come la *ratio* dell'istituto dia particolare importanza (anche) al principio di autodeterminazione dell'amministrando.

Come si è detto, la S.C., fin dalla sua prima pronuncia in materia, ha osservato che la finalità è rappresentata dal tentativo di salvaguardare il più possibile l'autodeterminazione del soggetto in difficoltà, attraverso il superamento concettuale del momento autoritativo a favore di una effettiva protezione della sua persona, che si attua prestando particolare attenzione alla sfera volitiva e alle diverse esigenze in ossequio al rispetto dei diritti inviolabili dell'uomo sanciti a livello costituzionale.

L'esegesi compiuta trae le proprie conclusioni grazie alla minuziosa ricognizione degli atti e dei lavori parlamentari che hanno preceduto l'adozione della riforma (invero, analizzare l'*iter* di una legge spesso permette di cogliere interessanti spunti di riflessione per interpretare al meglio una norma).

Un'ulteriore conferma della rilevanza del principio di autodeterminazione dell'interessato si ricava dal dato letterale dell'art. 408 c.c. per cui, in tema di procedimento volto alla nomina, l'amministratore di sostegno può essere designato finanche dall'interessato, in previsione della propria eventuale futura incapacità, mediante atto pubblico o scrittura privata autenticata (Cass. 20 dicembre 2012, n. 23707).

Solamente in caso di mancanza di nomina pregressa ovvero in presenza di gravi motivi (debitamente accertarti e oggetto di puntuale motivazione nel decreto di nomina) il giudice tutelare potrà designare un amministratore di sostegno diverso.

Per garantire il rispetto del principio di autodeterminazione, il giudice tutelare deve sentire la persona beneficiaria del provvedimento: in giurisprudenza è assodato che l'esame della persona interessata sia fulcro della fase istruttoria nonché il mezzo di prova principale nella formazione del convincimento del giudice tanto che, qualora traesse dall'esame risultanze univoche e conclusive, potrebbe anche prescindere dall'esperimento di ulteriori mezzi istruttori ai fini della decisione (Cass. 7 aprile 1972, n. 1037).

In una recente sentenza del Tribunale di Modena, il giudice ha ritenuto non nominabile l'amministratore di sostegno a un soggetto che, seppure avesse dissipato il proprio patrimonio, all'esito dell'istruttoria era risultato non affetto da anomalie psichiche clinicamente rilevanti.

Ove non causata da alterazioni psichiche tali da legittimare una misura di protezione di un soggetto debole, la dissipazione del patrimonio parrebbe infatti una – legittima pur se non commendevole – scelta frutto dell'autodeterminazione dell'individuo (censurabile su un piano etico e morale, ma non giuridico).

Per l'organo giudicante, la nomina di un amministratore di sostegno, a fronte di una persona comunque lucida e non affetta da situazioni patologiche tali da compromettere la relativa capacità, si risolverebbe in una decisione giudiziale conferente al modo in cui una persona debba o non debba vivere, sindacando le altrui scelte, aspirazioni, gerarchie di valori attraverso il prisma di variabili oltremodo volatili, mutevoli e soggettive, ai confini dell'arbitrio.

Una soluzione del genere risulterebbe pertanto in aperto contrasto con i principi fondamentali di un ordinamento pluralista, laico e libertario come il nostro (Trib. Modena, 3 novembre 2017).

La scelta dell'amministratore di sostegno – allora – sarà il frutto di un'istruttoria procedimentale che abbia messo a fuoco la fattispecie concreta in ogni sua componente, sicché costituente un accertamento prodromico e ineludibile per garantire il connubio tra la garanzia della protezione dell'amministrato e la sua volontà di autodeterminarsi.

Non si tratta, a nostro avviso, di un vero e proprio conflitto di diritti in gioco (la protezione e l'autodeterminazione), bensì un istituto giuridico ontologicamente complesso che per realizzarsi deve prendere in considerazione, sin dall'origine, questi due fondamentali aspetti, entrambi finalizzati a perseguire lo scopo della normativa.

Tenuto conto che, però, la funzione di affermazione del diritto nel caso concreto (ovvero lo *iuris dicere*) è attribuita al potere giurisdizionale, la nomina di un amministratore di sostegno, che garantisca l'equilibrio tra protezione e autodeterminazione, è deputata al prudente apprezzamento del giudice nel caso concreto.

Tale devoluzione non si traduce in arbitrio, dacché ogni singola scelta deve essere adeguatamente motivata e deve chiaramente risultare nel decreto di nomina.

La tesi del ricorrente

Il ricorso promosso da Q.Q.E. è particolarmente complesso e articolato, dacché manifesta al giudice nomofilattico ben quattordici motivi: per ciò che qui interessa, si analizzeranno due specifiche questioni.

Con il primo motivo di ricorso (violazione e falsa applicazione di legge *ex* art. 360 c.p.c., comma 1, n. 3, in relazione agli artt. 406, 417 e 2697 c.c.) il ricorrente censurava la decisione impugnata con riferimento alla mancata prova, in atti, della legittimazione a promuovere la procedura da parte del figliastro Q.A.

Per tesi difensiva, la decisione della Corte d'Appello non aveva espresso, in punto di diritto, alcuna motivazione in risposta alla denunciata carenza, da parte del reclamante, della legittimazione ad attivare la procedura dell'amministrazione di sostegno in capo al – sedicente – figliastro.

Con il sesto e il settimo motivo, invece, veniva contestata la decisione impugnata laddove avrebbe legittimato l'apertura dell'amministrazione di sostegno nei confronti di un soggetto non solo capace di intendere, ma anche riluttante alla stessa (violando, così, il principio di autodeterminazione e rispetto della vita privata e familiare dell'amministrato); ulteriormente, si sarebbe posto in contrasto con il *best interest* del beneficiario, in palese violazione di uno dei principi guida del procedimento di amministrazione di sostegno.

Con il nono motivo di ricorso (violazione di legge *ex* art. 360 c.p.c., comma 1, n. 3, in relazione all'art. 404 c.p.c., ovvero falsa applicazione delle norme in materia di amministrazione di sostegno con riferimento all'inesistente presupposto dell'incapacità di provvedere ai propri interessi) il ricorrente censurava la decisione impugnata laddove non avesse considerato la capacità di badare ai propri interessi.

Infine, con il quattordicesimo motivo, il ricorrente si doleva della decisione impugnata nella parte in cui, disattendendo le sue indicazioni in ordine al nominativo del possibile amministratore di sostegno, non avrebbe precisato quali gravi ragioni avrebbero sostenuto la designazione di altra persona, per giunta estranea al nucleo familiare.

Decisione della Corte

Le massime

In tema di amministrazione di sostegno, colui che afferma di essere legittimato a proporre il ricorso per l'istituzione dell'amministrazione di sostegno (in ossequio all'art. 406 c.c.) di una persona che, per effetto di una infermità ovvero di una menomazione fisica o psichica, si trovi nell'impossibilità (anche parziale o temporanea) di provvedere ai propri interessi, in caso di specifica contestazione della legittimazione deve fornire la prova, *ex* art. 2697 c.c., della sua qualità soggettiva ai sensi del combinato disposto dagli artt. 406 e 417 c.c.

In tema di amministrazione di sostegno, nel caso in cui l'interessato sia persona pienamente lucida che rifiuti il consenso o, addirittura, si opponga alla nomina dell'amministratore, e la sua protezione sia già di fatto assicurata in via spontanea dai familiari o dal sistema di deleghe (attivato autonomamente dall'interessato), il giudice non può imporre misure restrittive della sua libera determinazione, ove difetti il rischio una adeguata tutela dei suoi interessi, pena la violazione dei diritti fondamentali della persona, di quello di autodeterminazione, e la dignità personale dell'interessato.

Le motivazioni

La Corte di Cassazione, per ciò che attiene alla prima questione di diritto, ravvisava una carente motivazione nella decisione emessa dalla Corte d'Appello di Milano.

In sede di reclamo, l'amministrato aveva domandato la verifica dell'effettività del titolo assunto dal figlio (a suo dire sedicente) per proporre la domanda di apertura della procedura.

Ponendo degli specifici richiami alla materia successoria, la Cassazione censurava l'omissione del giudice distrettuale, giacché non aveva dato alcuna risposta in merito.

In particolare, l'obbligo di accertamento della legittimazione attiva del figlio, contestata espressamente dall'amministrato, era cogente nella medesima maniera di quanto accade per l'erede ove ne sia contestata la relativa qualità, in ossequio alla pregressa pronuncia delle Sezioni Unite civili per cui "*colui che, assumendo di essere erede di una delle parti originarie del giudizio, intervenga in un giudizio civile pendente tra altre persone, ovvero lo riassuma a seguito di interruzione, o proponga impugnazione, deve fornire la prova, ai sensi dell'art. 2697 c.c., oltre che del decesso della parte originaria, anche della sua qualità di erede di quest'ultima*" (Cass. 29 maggio 2014, n. 12065).

Il cerchio di soggetti titolati ad azionare il procedimento di amministrazione di sostegno costituisce un *numerus clausus* ed è quindi fondamentale che sia ampiamente accertata la relativa legittimazione attiva.

Ebbene, nella specie, la qualità di figlio da parte di Q.A. era stata manifestamente contestata: ne consegue che la pronuncia del giudice del reclamo per la Cassazione "*è manchevole e deve essere cassata* in parte qua*, con rinvio alla stessa Corte territoriale per il suo esame* [alla luce della massima di diritto espressa e sopra indicata]".

Le motivazioni in merito alla lamentata apertura dell'amministrazione di sostegno, a fronte di una tenace riluttanza del beneficiario, sono articolate mediante una preliminare digressione in ordine alla finalità dell'istituto.

La S.C. rammenta che la *ratio* è di proteggere le persone fragili, ovvero coloro che si trovino in difficoltà nel gestire le attività della vita quotidiana e i propri interessi, o che addirittura si trovino nell'impossibilità di farlo, con il monito, però, che ciò debba avvenire con la minore limitazione possibile della capacità di agire (palmare garanzia del principio di autodeterminazione).

Precisa poi la Corte che "*a tal riguardo si è giustamente parlato dell'esistenza di una precisa direttiva di non mortificare la persona, da realizzare evitando o riducendo, quanto più possibile, la limitazione della capacità di agire dell'interessato così da non intaccare la dignità personale del beneficiario (art. 2 Cost.), conservandogli il più possibile la capacità di agire*".

Inoltre, nell'ipotesi in cui l'interessato rifiuti il consenso o, addirittura, si opponga alla nomina dell'amministratore di sostegno, il giudice, nelle proprie scelte, dovrà essere guidato dalla necessità di privilegiare il rispetto dell'autodeterminazione dell'interessato, distinguendo il caso in cui la protezione sia già di fatto assicurata in via spontanea dai familiari o dal sistema di deleghe (in precedenza attivato autonomamente dal disabile stesso) da quello in cui la scelta della nomina dell'amministratore di sostegno s'imponga perché non vi sono supporti e la riluttanza della persona fragile si fonda su un senso di orgoglio ingiustificato, con il rischio di non dare una adeguata tutela ai suoi interessi.

Alla luce di tali premesse, la Cassazione rileva come risultino fondate le doglianze prospettata dal ricorrente "*in quanto il provvedimento di assoggettamento del ricorrente all'amministrazione di sostegno,* contra voluntatem suam, *non risulta pronunciato esaminando se il sistema delle deleghe attivate dall'amministrando assicuri al medesimo soggetto il perseguimento dei propri interessi, secondo i principi di autodeterminazione e di rispetto della dignità dell'interessato, atteso che la persona risulta, secondo la stessa decisione qui impugnata, pienamente lucida e capace di operare le scelte di vita (benché abbia difficoltà ad esprimerle vocalmente) nonché coniugato e, perciò, anche assistito nelle decisioni e nella vita quotidiana – dal coniuge (per quanto inviso al promotore del procedimento di amministrazione)*".

Pertanto "*accoglie il primo motivo, assorbiti il secondo, terzo e quarto; accoglie altresì tutti gli altri restanti, per quanto di ragione, cassa il decreto impugnato e rinvia la causa, anche per le spese di questa fase del giudizio, alla Corte d'appello di Milano, in diversa composizione*".

Brevi note esplicative

La sentenza della Cassazione, seppure si concentri specialmente sull'amministrazione di sostegno, permette di cogliere quanto sia difficile applicare – in concreto – un istituto giuridico e come sia indispensabile l'adempimento dell'obbligo di motivazione che incombe in capo al giudice.

Si è visto che la nomina di un amministratore di sostegno consegue alla minuziosa ricognizione della fattispecie in esame che si traduce, in realtà, in una parsimoniosa ricerca di ciò che è meglio per l'eventuale beneficiario (considerati tutti gli elementi emersi nel corso dell'istruttoria).

Il *best interest* non è preventivamente indicato nel codice civile oppure sancito in pregresse sentenze sul tema, ma è indubbiamente l'esito di un ostico lavoro del giudice chiamato a sussumere la fattispecie concreta in quella astratta, nel pieno rispetto della *ratio legis* e dei presupposti che informano la precipua materia.

Al contempo, però, il libero convincimento che lo guida nella scelta non può rimanere una mera sensazione personale (finanche fondata e obiettivamente corretta), ma deve essere necessariamente spiegato nelle motivazioni della relativa sentenza, affinché sia garantito il diritto di difesa di coloro che si ritengono lesi nei propri diritti.

Non a caso la Cassazione, nel rinviare la decisione a un'altra sezione della Corte d'Appello di Milano, censura la decisione laddove "*alla luce di tali premesse, si comprende che le doglianze esposte con i motivi dal quinto al quattordicesimo, risultino fondati in quanto il provvedimento di assoggettamento del ricorrente all'amministrazione di sostegno,* contra voluntatem suam*, non risulta pronunciato esaminando [...]*".

Ancora, l'istituto dell'amministrazione di sostegno è una chiara riprova di come il diritto muti anche grazie ai cambiamenti della società.

La percepita attenzione verso la persona – in luogo di una visione meramente patrimonialistica di un soggetto – ha comportato un'evoluzione del pensiero dogmatico e giurisprudenziale che ha permesso di giungere all'introduzione di una nuova forma di tutela che, come si è potuto apprezzare, ha a cuore la persona in sé.

Il rinnovato approccio che caratterizza l'amministrazione di sostegno consente di trarre un altro insegnamento utile al giurista.

L'interpretazione di una norma di diritto deve avvenire tenendo ben in considerazione l'*iter* parlamentare che ha condotto all'emanazione di uno specifico istituto.

Invero, preme rimarcare come l'analisi giuridica (e sistematica) di un paradigma normativo (soprattutto di recente introduzione) esiga – da colui che ne ricerchi l'esegesi – la capacità di assumere un avvicinamento neutro che non dia rilevanza ai mormorii, spesso dissonanti, che abbiano accompagnato gli attimi precedenti la sua creazione.

Lo studio della disciplina (e le potenziali critiche e/o note di merito che si possono suggerire) deve avvenire esclusivamente mediante la minuziosa interpretazione delle norme adottate, esaminando con dovizia di particolari (anche) l'intero arco dell'*iter* legislativo e i relativi atti, come i dossier dei Servizi Studi e i resoconti delle discussioni parlamentari (in Aula e/o in Commissione).

La sentenza in esame è un chiaro esempio della cura che il giurista deve avere nello studio critico di un nuovo istituto giuridico e dell'ampiezza della ricerca per comprenderne la latitudine applicativa.

A riprova, la Cassazione, prima di entrare nel vivo della vicenda, ricorda che "*la finalità cui tende l'amministrazione di sostegno è quella di proteggere le persone fragili, ovvero coloro che si trovano in difficoltà nel gestire le attività della vita quotidiana e i propri interessi, o che addirittura si trovano nell'impossibilità di farlo (art. 1, della Legge istitutiva, n. 6 del 2004*: '[...] tutelare [...] le persone prive in tutto o in parte di autonomia nell'espletamento delle funzioni della vita quotidiana'*). Tuttavia, nell'appena menzionato art. 1, si avvertono i destinatari delle prescrizioni normative che la tutela dell'amministrato deve avvenire:* 'con la minore limitazione possibile della capacità di *agire*'*. A tal riguardo si è giustamente parlato dell'esistenza di una precisa direttiva di non mortificare la persona, da realizzare evitando o riducendo, quanto più possibile, la limitazione della capacità di agire dell'interessato così da non intaccare la dignità personale del beneficiario (art. 2 Cost.), conservandogli il più possibile la capacità di agire*".

L'organo nomofilattico, per illustrare la finalità dell'istituto, ha avuto cognizione della legge istitutiva dell'amministrazione di sostegno, da cui ha ricavato specifici principi per enucleare le direttrici interpretative per applicarlo al meglio: questo importante compito (che si potrebbe denominare il "saper leggere bene una norma") è deputato a chiunque voglia operare nell'ambito del diritto e si estende dal magistrato di Cassazione sino allo studente di primo anno di giurisprudenza.

Precedenti giurisprudenziali

Cass. 7 aprile 1972, n. 1037.
Cass. 12 giugno 2006, n. 13584.
Cass. 20 dicembre 2012, n. 23707.
Cass. 4 febbraio 2014, 2364.
Cass. 29 maggio 2014, n. 12065.
Cass. 11 novembre 2015, n. 17962.
Trib. Modena, 3 novembre 2017.
Cass. 26 luglio 2018, n. 19866.
Cass. 2 agosto 2018, n. 13917.

Bibliografia essenziale

BIANCA C.M., *La protezione giuridica del sofferente psichico*, in *Riv. dir. civ.*, 1985, I, 25.
DELLE MONACHE S., *Prime note sulla figura dell'amministrazione di sostegno: profili di diritto sostanziale*, in *Nuova giur. civ. comm.*, 2004, II, 29.
MANGIAMELI S., Autodeterminazione: diritto di spessore costituzionale? (Relazione tenuta al IV Laboratorio Sublacense su "*La comunità familiare e le scelte di fine vi-*

ta"; Abbazia di Santa Scolastica, Subiaco, 3-5 luglio 2009; in rete *http://www.forumcostituzionale.it*.

PESCARA R., *I provvedimenti di interdizione e inabilitazione e le tecniche protettive dei maggiorenni incapaci*, in *Tratt. Rescigno*, III, Torino, 1982.

RISPOLI G., *Dissipazione del patrimonio e autodeterminazione dell'individuo*, in *Corr. giur.*, 2018, X, 1258.

TORRENTE A., SCHLESINGER P., *Manuale di diritto privato*, Milano, 2017.

TRICOMI I., *Così uno strumento giuridico flessibile introduce una graduazione nelle misure*, in *Guida al diritto*, 2004, V, 26.

Provvedimenti sulla prole nella separazione coniugale e diritto del minore ad essere ascoltato

Corte di Cassazione, sez. I, sent. 16 febbraio 2018, n. 3913

Fatti e svolgimento del processo

Nel corso del 2013 il Tribunale di Trento pronunciava la separazione personale dei coniugi Tizia e Caio, disponendo l'affido condiviso dei figli minori Sempronio e Mevia ad entrambi i genitori, salvo le decisioni attinenti alla salute e all'alimentazione dei figli che erano attribuite in via esclusiva al padre, presso la cui abitazione era inoltre disposta la collocazione abitativa degli stessi figli.

Tizia impugnava la decisione avanti alla Corte d'Appello di Trento al fine di vedere addebitata la separazione al marito Caio e per sentire affidare i figli minori congiuntamente ad entrambi i genitori con collocazione prevalente presso la casa materna.

La Corte d'Appello con sentenza di data 2 ottobre 2014 rigettava l'impugnazione proposta da Tizia, che ricorreva per la Cassazione della sentenza.

La questione di diritto posta all'attenzione della Corte di Cassazione

La principale questione di diritto sottoposta da Tizia al vaglio della Corte di Cassazione riguarda l'asserita violazione del disposto degli art. 315-*bis* c.c., art. 6 della Convenzione di Strasburgo, recepita con la legge 20 marzo 2003, n. 77, art. 111 Cost., commi 1 e 2, e art. 12 della Convenzione per i diritti del fanciullo, ratificata con la legge 27 maggio 1991, n. 176. Tizia allegava infatti che la Corte d'Appello, nonostante l'espressa richiesta avanzata dalla difesa, non aveva proceduto all'ascolto dei minori, pur non avendone esclusa la capacità di discernimento e non avendo individuato alcun profilo pregiudizievole ostativo all'adempimento, ed aveva invece ritenuto che l'attività potesse essere surrogata dall'esame dell'interazione fra genitori e figli compiuto dal consulente tecnico d'ufficio.

Premessa. Il diritto del minore ad essere ascoltato (in particolare nei procedimenti di separazione dei coniugi)

Il diritto del minore ad essere ascoltato è oggi espressamente accolto nel nostro ordinamento. Numerose sono le previsioni legislative che a vario livello e in diversi settori hanno introdotto questo diritto e disciplinano le modalità attraverso cui esso si esplica. Per lungo tempo il diritto del minore ad essere ascoltato è rimasto un diritto "sulla carta" privo di una sua effettività, relegato al ruolo di principio ispiratore. Solo negli ultimi vent'anni si è assistito ad un effettivo riconoscimento legislativo nel nostro sistema, affiancato da una giurisprudenza che dapprima timidamente e poi in modo sempre più deciso si è fatta carico di sostenere questo diritto del minore.

Si tratta con tutta evidenza di un istituto di sempre maggiore rilevanza, stante il diverso ruolo che oggi il genitore riveste, evincibile anche dalle modifiche in tema di responsabilità genitoriale di cui alla riforma introdotta con legge 10 dicembre 2012, n. 219 e d.lgs. n. 154 del 28 dicembre 2013. L'ascolto del minore permette di apprezzare l'interesse del minore stesso, ed è anzi espressione della posizione di preminenza che l'interesse del minore riveste nell'ordinamento (BALLARANI 2010, 1810). Interesse superiore alla luce del quale oggi va letta qualunque norma che abbia quale destinatario il minore o che possa esplicare i propri effetti su questo (si v. ad esempio art. 24, comma 2 della Carta dei diritti fondamentali dell'UE).

Numerosi sono i riferimenti normativi da tenere in considerazione. Un primo riconoscimento del diritto del minore ad essere ascoltato si ebbe a livello internazionale con la Convenzione ONU sui diritti dell'infanzia e dell'adolescenza (*Convention on the Rights of the Child*), approvata dall'Assemblea Generale delle Nazioni Unite il 20 novembre 1989, meglio nota come Convenzione di New York, ratificata dall'Italia con la legge n. 176 del 27 maggio 1991. L'art. 12 della convenzione stabilisce:

> "*Gli Stati parti garantiscono al fanciullo capace di discernimento il diritto di esprimere liberamente la sua opinione su ogni questione che lo interessa, le opinioni del fanciullo essendo debitamente prese in considerazione tenendo conto della sua età e del suo grado di maturità.*
> *A tal fine, si darà in particolare al fanciullo la possibilità di essere ascoltato in ogni procedura giudiziaria o amministrativa che lo concerne, sia direttamente, sia tramite un rappresentante o un organo appropriato, in maniera compatibile con le regole di procedura della legislazione nazionale*".

Anche a livello europeo si rinvengono norme a tutela di questo diritto: innanzitutto la Convenzione europea di Strasburgo sull'esercizio dei diritti dei fanciulli del 25 gennaio 1996 (entrata in vigore nel 2000 e ratificata dall'Italia con legge 20 marzo 2003, n. 77) il cui art. 3 titolato "Diritto di essere informato e di esprimere la propria opinione nei procedimenti" sancisce che

> "*Nei procedimenti che lo riguardano dinanzi a un'autorità giudiziaria, al minore che è considerato dal diritto interno come avente una capacità di discernimento vengono riconosciuti i seguenti diritti, di cui egli stesso può chiedere di beneficiare:*

> *[...]*
> *b) essere consultato ed esprimere la propria opinione;*
> *c) essere informato delle eventuali conseguenze che tale opinione comporterebbe nella pratica e delle eventuali conseguenze di qualunque decisione*".

Ad essa si è aggiunta più recentemente la Carta dei diritti fondamentali dell'UE che contempla uno specifico articolo relativo ai "Diritti del bambino" (art. 24):

> "*1. I bambini hanno diritto alla protezione e alle cure necessarie per il loro benessere. Essi possono esprimere liberamente la propria opinione; questa viene presa in considerazione sulle questioni che li riguardano in funzione della loro età e della loro maturità. [...]*
> *2. In tutti gli atti relativi ai bambini, siano essi compiuti da autorità pubbliche o da istituzioni private, l'interesse superiore del bambino deve essere considerato preminente. [...]*".

Parallelamente a questi testi sovranazionali e in chiara applicazione degli stessi, numerosi altri interventi legislativi hanno preso in considerazione il diritto del minore ad essere ascoltato e vi hanno dato effettività.

Sempre a livello sovranazionale e con specifico riferimento ai temi della separazione e del divorzio si pensi ad esempio al Reg. CE 2201/2003 del Consiglio, del 27 novembre 2003 relativo alla competenza, al riconoscimento e all'esecuzione delle decisioni in materia matrimoniale e in materia di responsabilità genitoriale, che al suo art. 23 prevede quale condizione per il riconoscimento delle decisioni relative alla responsabilità genitoriale che "*il minore abbia avuto la possibilità di essere ascoltato, in violazione dei principi fondamentali di procedura dello Stato membro richiesto*", salvo eccezioni quali l'urgenza della decisione.

Come accennato, oggi anche l'ordinamento italiano garantisce questo importante diritto, ma il percorso che ha portato al suo pieno riconoscimento è stato piuttosto lungo. Invero, sebbene la modifica intervenuta mediante legge 6 marzo 1987, n. 74 avesse introdotto all'art. 4, comma 8 e art. 6, comma 9, legge 1° dicembre 1970, n. 898 (quest'ultimo oggi abrogato) la possibilità per il giudice di sentire i figli minori, tale possibilità era limitata ai casi in cui il giudice lo ritenesse "*strettamente necessario anche in considerazione della loro età*". Pertanto se da un certo punto di vista si poteva parlare di innovazione (la regola era peraltro applicabile anche ai procedimenti di separazione in virtù dell'art. 23, legge n. 74/1987), la novella ragionava in termini esattamente antitetici a quelli dei trattati internazionali.

Prima della novella del 2006, la dottrina si interrogava sulla doverosità e sulla utilità dell'audizione del minore (AUTORINO-ZAMBRANO, 262). Estremamente importante si rivelò l'intervento della Corte costituzionale chiamata a pronunciarsi sulla costituzionalità dell'art. 336, comma 2, c.c., per contrasto con gli artt. 2, 3, 31 e 111 Cost., nella parte in cui non prevedeva che nei procedimenti relativi alla potestà genitoriale fosse sentito il minore ultradodicenne o, se ritenuto opportuno, anche di età inferiore. La Corte, pur rigettando la questione, enunciò alcune precise indicazioni, sottolineando fra l'altro l'importanza che il minore potesse in certi casi assumere la qualità di parte processuale, con eventuale nomina di un curatore speciale (*ex* art. 78 c.p.c.; cfr. Corte cost. 30 gennaio 2002, n. 1).

Finalmente, la legge 8 febbraio 2006, n. 54 ha inserito nel codice civile l'art. 155-*sexies* (oggi abrogato), con cui si prevedeva l'audizione del minore che avesse compiuto 12 anni e anche di età inferiore, ove capace di discernimento, da intendersi come "capacità del bambino di capire ciò che è più utile per lui e di prendere decisioni autonome" (COSMAI, 2). Il minore poteva dunque essere sentito su richiesta di una o entrambe le parti o d'ufficio dal giudice (BALLARANI, 2010, 1809). Sebbene la novità fosse da accogliere positivamente, mancavano importanti previsioni sulle modalità di ascolto.

È solo con la legge 10 dicembre 2012, n. 219 e il successivo d.lgs. 28 dicembre 2013, n. 154 che finalmente la disciplina civilistica italiana prevede un diritto all'ascolto a tutto tonto, a partire dall'abbandono del termine "audizione" che viene sostituito dal termine "ascolto" (DANOVI, 1600).

Sono principalmente tre le norme rilevanti: l'art. 315-*bis* rubricato "Diritti e doveri del figlio" (introdotto con la legge n. 219/2012), l'art. 336-*bis* rubricato "Ascolto del minore" e l'art. 337-*octies* rubricato "Poteri del giudice e ascolto del minore" (questi ultimi introdotti dal d.lgs. n. 154/2013).

L'art. 315-*bis* prevede che "*Il figlio minore che abbia compiuto gli anni dodici, e anche di età inferiore ove capace di discernimento, ha diritto di essere ascoltato in tutte le questioni e le procedure che lo riguardano*". Si tratta di una norma che ha evidentemente portata generale: essa si applica a qualunque procedura o questione che concerne i minori, a prescindere da patologie relative ai rapporti genitoriali (BALLARANI, 2014, 843; VIRGADAMO, 1661; v. Cass. 2 agosto 2013, n. 18538). Al contrario, l'art. 336-*bis* riguarda solo i procedimenti in senso tecnico, come si evince chiaramente dal riferimento al giudice e al Tribunale. Tale articolo, rubricato "Ascolto del minore", prevede che il presidente del Tribunale o un giudice delegato ascolti il minore che abbia compiuto i 12 anni o anche di età inferiore quando capace di discernimento, nei procedimenti in cui devono essere adottati provvedimenti che lo riguardano. Lo stesso articolo prevede che quando ciò sia in contrasto con l'interesse del minore oppure sia manifestamente superfluo, il giudice possa non procedere all'ascolto purché ne dia atto con provvedimento motivato. Al tempo stesso l'articolo introduce alcune specificazioni riguardo al procedimento di ascolto: il giudice conduce l'ascolto "anche avvalendosi di esperti o di altri ausiliari" (comma 2) e prima di procedere all'ascolto informa il minore della natura del procedimento e degli effetti dell'ascolto.

Ultima delle norme di interesse è l'art. 337-*octies*, che riproduce quasi pedissequamente l'art. 155-*sexies* ora abrogato e riguarda i provvedimenti assunti ai sensi dell'art. 337-*ter* relativi ai figli e alla responsabilità genitoriale a seguito di separazione e divorzio. Secondo il primo comma di tale articolo, prima dell'emanazione di tali provvedimenti il giudice può – ad istanza di parte o d'ufficio – assumere mezzi di prova, mentre, a mente del secondo comma egli sarà invece *tenuto* ("il giudice dispone" – DE FILIPPIS, 269) ad ascoltare il figlio minore che abbia compiuto 12 anni e anche di età inferiore se capace di discernimento. L'obbligo del giudice di ascoltare il minore e di fornire adeguata motivazione qualora non lo ascolti determinano la nullità della sentenza che non sia specifica sul punto come chiarito da recente ma costante giurisprudenza (*ex plurimis* Cass. 14 maggio 2012, n. 7452; Cass. 15 marzo 2013, n. 11687; Cass. 29 settembre 2015, n. 19327; 24 maggio 2018, n. 12957, come già sostenuto da TOMMASEO, 397).

Il primo comma si chiude con una previsione che probabilmente è ridondante: quando il procedimento è di mera omologa o si tratta di una presa d'atto di un accordo fra genitori che contempli le condizioni di affidamento dei figli, il giudice non procede all'ascolto se ciò sia in contrasto con l'interesse del minore o sia manifestamente superfluo. La previsione appare almeno in parte pleonastica non solo perché si tratta di una ripetizione di ciò che è previsto al comma 1 dell'art. 336-*bis*, ma soprattutto considerato che il principio guida in materia è sempre quello dell'interesse superiore del minore. Deve tuttavia essere sottolineata l'importanza di una previsione esplicita in tal senso, in quanto nel caso di procedure non conflittuali molto spesso la volontà del minore non viene contemplata.

Con riferimento ai procedimenti di separazione e divorzio, il minore ha diritto di essere ascoltato sia prima che dopo la decisione del giudice: nel momento successivo alla separazione o al divorzio e quindi all'affidamento. Come accennato, la legge pone una soglia d'età – 12 anni – superata la quale il minore deve essere ascoltato ed al di sotto della quale il minore può essere ascoltato, basandosi sulla sua capacità di discernimento, sulla sua maturità. Si ha quindi da un lato un dovere, quello del giudice, di ascoltare il minore (invero è discusso se si tratti di dovere o di obbligo – DANOVI, 1608-1609, anche se la Corte di Cassazione si è espressa in quest'ultimo senso, v. Cass. 29 settembre 2015, n. 19327; nonché nella sentenza in commento) e dall'altro un diritto, quello del minore ad essere ascoltato: fra i due c'è quindi una effettiva corrispondenza (BALLARANI, 2010, 1807).

Un punto critico che parte della dottrina riconosce è il degradare il diritto del minore ad essere ascoltato da diritto – appunto – per i minori di 12 e più anni, a scelta discrezionale del giudice per i minori infra-dodicenni (NASCOSI, 354).

La scelta di sentire il minore che non abbia ancora 12 anni è discrezionale e strettamente legata alla eventuale capacità di discernimento del minore. La Corte di Cassazione ha in proposito chiarito che il riscontro della capacità di discernimento del minore è "devoluto al libero e prudente apprezzamento del giudice e non necessita di specifico accertamento positivo di indole tecnica specialistica, anticipato rispetto al tempo dell'audizione" (Cass. 19 gennaio 2015, n. 752). Nella stessa decisione la Corte ha anche sottolineato che se per un verso la capacità non può essere esclusa in toto facendo esclusivo riferimento al dato anagrafico del minore, può invece presumersi normalmente esistente quando si tratti di minori per età soggetti ad obblighi scolastici e, in quanto tali, di norma in grado di comprendere l'oggetto del loro ascolto e di esprimersi con consapevolezza.

Resta tuttavia spesso molto problematico comprendere se il minore sia o meno capace di discernimento, tanto che spesso l'effettiva verifica di questa sua capacità si ha solo *ex post*, ossia una volta che l'ascolto è avvenuto (DANOVI, 1611; COSMAI, 2). Una possibilità di cui il giudice potrebbe forse avvalersi per carpire *ex ante* la capacità di discernimento dell'interessato è offerta dal comma 1 dell'art. 337-*octies*, secondo il quale – come più sopra visto –prima dell'emanazione dei provvedimenti riguardo ai figli il giudice può assumere anche d'ufficio mezzi di prova. Il giudicante potrebbe dunque avvalersi di questa possibilità ed assumere mezzi di prova di propria iniziativa allo scopo di valutare la capacità del minore; si pensi ad esempio all'acquisizione di eventuali referti medici o psicologici, oppure alla richiesta di effettuazione di indagini da parte del servizio sociale competente (ARCERI, 792; RUSSO, 819) o ancora alla disposizione di una consulenza tecnica d'ufficio (RUSSO, 818).

In considerazione della chiara lettera della norma, che dispone che il minore deve essere ascoltato, le ipotesi nelle quali non si procede ad ascolto sono di fatto delle eccezioni e come tali devono essere interpretate restrittivamente. L'art. 336-*bis* prevede che il giudice possa fare a meno di procedere all'ascolto quando ciò sia manifestamente superfluo. Tale manifesta superfluità va evidentemente valutata nel caso concreto. La giurisprudenza ha ad esempio ritenuto superfluo l'ascolto del minore che "aveva chiaramente manifestato la propria volontà di non essere coinvolto nella vicenda" sebbene lo riguardasse da vicino (App. Milano, 21 febbraio 2011 – nel caso di specie i genitori si scontravano sull'opportunità che il figlio di circa otto anni partecipasse agli incontri di catechesi al fine di essere poi battezzato). Altre volte la superfluità risiede nel tipo di provvedimento da assumere o, per meglio dire, nelle caratteristiche del contrasto esistente fra i genitori. Quando il disaccordo fra i separandi concerne esclusivamente le questioni economiche, l'audizione del minore è ritenuta in molti casi superflua (SESTA, 282) e, addirittura, in contrasto in l'interesse dello stesso (ad es: App. Palermo, 14 giugno 2017, n. 1143).

Considerate l'essenzialità e la doverosità dell'ascolto, il giudice che ritenga di non procedervi dovrà motivare esplicitamente al riguardo nel proprio provvedimento (art. 336-*bis*, comma 1) e secondo gli orientamenti della giurisprudenza di legittimità le motivazioni dovranno essere particolarmente valide. A titolo di esempio si consideri che la Corte di Cassazione ha ritenuto che l'eventualità che la sottoposizione ad ascolto potesse essere fonte di stress per una minorenne non fosse una motivazione sufficiente per decidere nel senso di non ascoltare la minore. E che, anzi, il giudice o meglio il Tribunale avrebbe dovuto predisporre "un contesto che tenda a mettere a proprio agio il minore ed a favorirne la spontaneità e la chiarezza delle dichiarazioni costituisce un compito del Tribunale e non un elemento di criticità nella valutazione del contenuto delle stesse" (Cass. 26 settembre 2016, n. 18846).

Le modalità di ascolto del minore sono in effetti uno dei nodi più problematici dell'attuale disciplina: il legislatore nel novellare il codice civile ha introdotto alcune specificazioni sulle procedure da seguire per l'ascolto del minore. Innanzitutto, l'art. 336-*bis* prevede che il minore sia sentito dal Presidente del Tribunale o dal giudice delegato e che l'ascolto sia "condotto dal giudice, anche avvalendosi di esperti o di altri ausiliari". Il riferimento è chiaramente a psicologi, pedagogisti, assistenti sociali. Il termine "anche" è stato letto come una preferenza del legislatore per l'ascolto diretto da parte del magistrato (DANOVI, 1612). Si potrà dunque avere un'audizione "diretta" da parte del giudice, o un'audizione "indiretta" da parte di personale esperto e qualificato. In entrambi i casi, tuttavia, al minore dovranno essere fornite opportune informazioni, come prescritto dall'art. 336-*bis*, comma 3, c.c., sempre che esse siano pertinenti ed appropriate alla sua età e al suo grado di sviluppo e che non si rivelino nocive per il benessere del minore medesimo (Cass. 27 luglio 2007, n. 16753). Il minore dovrà essere informato sia delle ragioni dell'ascolto, che degli effetti delle sue dichiarazioni, specificando che non vi è vincolatività (COSMAI, 3; BITONTI, 1077 parla di "ascolto informato").

La Cassazione ha più volte ribadito, sebbene con riferimento ai casi di adottabilità, che l'ascolto deve svolgersi in modo tale da garantire l'esercizio effettivo del diritto del minore di esprimere liberamente la propria opinione (v. Cass. 26 gennaio 2011, n. 1838). La preliminare verifica del grado di maturità del minore da parte del giudice sarà allora diretta non soltanto a determinare la scelta sul *se* effettuare l'ascolto, ma anche sul *come* effettuarlo, allo scopo di adeguare le modalità al caso concreto, anche delegando l'audizione ad un organo che sia più preparato professionalmente e dunque più adatto, e in ogni caso adottando le cautele e predisponendo gli strumenti necessari affinché non si verifichino interferenze, turbamenti e condizionamenti (Cass. 26 marzo 2010, n. 7282). In tal senso, va ricordato che l'intervento legislativo del 2013 ha dettato delle regole per le modalità di ascolto, facendo riferimento all'utilizzo di un c.d. "vetro specchio" con impianto citofonico, di fatto normando una prassi piuttosto diffusa e già al centro di numerosi protocolli d'intesa volti a tutelare pienamente il minore (VIRGADAMO, 1663). Non vi sono tuttavia delle vere e proprie formalità processuali che siano state specificate dal legislatore e che debbano necessariamente essere seguite e ciò anche in conseguenza del fatto che l'ascolto del minore "non può essere considerato alla stregua di una testimonianza o un altro atto istruttorio rivolto ad acquisire una risultanza favorevole all'una o all'altra soluzione, bensì come un momento formale del procedimento deputato a raccogliere le opinioni ed i bisogni rappresentati dal minore in merito alla vicenda in cui è coinvolto" (v. Cass. 4 dicembre 2012, n. 21662; DANOVI, 1599).

Qualunque sia la modalità di ascolto del minore, la Cassazione ha sottolineato che il giudice può avvalersi anche "[del]l'ausilio di un organo specializzato, in modo che l'audizione risulti protetta da interferenze, turbamenti o condizionamenti: perciò facultandolo ad adottare tutte le cautele e le modalità suggerite dalle circostanze concrete (fra cui l'esclusione dei genitori e dei difensori) onde superare la straordinaria asimmetria che si frappone tra la posizione del fanciullo (e il suo stato emotivo) e il contesto relazionale e ambientale in cui lo stesso viene ascoltato" (Cass. 26 marzo 2010, n. 7282).

Il diritto del minore ad essere ascoltato si traduce anche nel diritto a *non* essere ascoltato (BALLARANI 2010), sebbene per appurare la sua volontà in tal senso occorra di fatto ascoltarlo. Particolare sensibilità deve essere mostrata nel decidere se procedere all'ascolto del minore o meno. È evidente che qualora si intuisca che dall'audizione potrebbero derivare traumi o si potrebbe incidere negativamente sull'equilibrio emotivo del minore è bene non procedere affatto (AUTORINO-ZAMBRANO, 265), in questo senso adempiendo alla norma che richiede di valutare l'interesse del minore. Deve aggiungersi però che se il minore si rifiuta di essere ascoltato, il suo rifiuto deve essere considerato. Se così non fosse, le previsioni che introducono la necessità di sentire il minore, le quali evidentemente mirano ad una maggior tutela dell'interesse minore stesso, finirebbero al contrario per diventare uno strumento lesivo di tale interesse (BALLARANI, 2010, 1817-1818).

Un punto che rimane parzialmente controverso è quello della necessità di "dare ascolto" al minore, vale a dire la necessità che quel che egli riferisce sia preso in considerazione e in quale modo ciò avvenga. Sebbene la Convenzione di New York preveda esplicitamente che l'opinione del minore sia presa in debita considerazione, il nostro codice civile non dispone alcunché in merito, né tanto meno introduce il diritto del minore a che le sue opinioni vincolino il giudice. La dottrina ritiene che il giudice debba in ogni caso farsi scrupoloso interprete di quanto riferito dal minore (DANOVI, 1614) dandogli ascolto tenendo presente la sua età e il suo grado di maturità (BALLARANI 2014, 854). Invero, la Corte di Cassazione impone che il giudice motivi il proprio provvedimento che si discosti da quanto espresso dal minore e lo debba fare in modo proporzionalmente più stringente avendo riguardo al grado di discernimento del figlio (*ex multis* Cass. 17 maggio 2012, n. 7773; 10 settembre 2014, n. 19007;

7 ottobre 2014, n. 21101). Depone in tal senso anche quella dottrina che ritiene che l'opinione del minore non possa essere sempre considerata vincolante, salvo "sia motivata, cosciente e consapevole, dovendo essere disattesa ove se ne accerti la mancanza di capacità di discernimento o la soggezione a condizionamenti esterni" (QUERZOLA, 279).

Non solo, già negli anni '80 la Corte di Cassazione aveva sottolineato la particolarità dell'audizione del minore, chiarendo come non dovesse necessariamente essere connotata da logicità e fondatezza e potendo quindi il giudice anche valutare la "profondità e l'intensità" dei sentimenti che il minore dimostrava nei confronti dei genitori in sede di assegnazione (Cass. 2 giugno 1983, n. 3776).

Come detto, la volontà del minore è sempre rilevante, ma non determinante sebbene vincoli il giudice quantomeno a fornire una motivazione qualora si discosti in tutto o in parte dal volere espresso dal minore. Il parere del minore può non essere seguito dal giudice quando sia evidente che esso si pone in contrasto con l'interesse stesso del minore, come del resto la stessa norma che introduce il dovere di ascolto del minore di fatto impone. Certamente la volontà del minore, anche quando tenuta in debito conto, non può essere il solo ed unico elemento su cui il giudice basa il proprio convincimento. Al contrario, essa sarà co-elemento fondante la determinazione del giudice (BALLARANI, 2010, 1815).

Questi i contorni della disciplina dell'ascolto del minore, attualmente ancora connotata da alcuni chiaroscuri, e che necessiterebbe di maggiore dignità e considerazione, stante il suo ruolo di proiezione all'interno del processo di quel dovere imposto dall'art. 147 c.c. ai genitori di esercitare la propria responsabilità rispettando le capacità, le inclinazioni naturali e le aspirazioni della prole (BALLARANI, 2010, 1815).

Tesi a sostegno della posizione della ricorrente e del resistente

La posizione della ricorrente

La principale questione di diritto sottoposta da Tizia al vaglio della Corte di Cassazione riguarda l'asserita violazione del disposto degli artt. 315-*bis* c.c., art. 6 della Convenzione di Strasburgo (recepita con legge n. 77/2003), art. 111 Cost., commi 1 e 2, e art. 12 della Convenzione per i diritti del fanciullo (ratificata con legge n. 176/1991). Tizia riteneva infatti che la Corte d'appello, nonostante l'espressa richiesta avanzata dalla difesa, non avesse proceduto all'ascolto dei minori, pur non avendo escluso la loro capacità di discernimento e non avendo individuato alcun profilo pregiudizievole ostativo all'adempimento, ed avesse invece ritenuto che l'attività potesse essere surrogata dall'esame dell'interazione fra genitori e figli compiuto dal consulente tecnico d'ufficio.

La posizione del resistente

Non si rinvengono nella sentenza le argomentazioni a sostegno del controricorso del marito/padre, ma si può immaginare che abbia sostenuto che la sentenza impugnata fosse esente da vizi, in quanto la Corte d'Appello aveva in realtà fornito una motivazione per il diniego delle richieste di ascolto perpetrate dalla madre.

Decisione della Corte

La massima

"L'audizione del minore infradodicenne capace di discernimento – direttamente da parte del giudice ovvero, su mandato di questi, di un consulente o del personale dei servizi sociali – costituisce adempimento previsto a pena di nullità ove si assumano provvedimenti che lo riguardino, salvo che il giudice non ritenga, con specifica e circostanziata motivazione, l'esame manifestamente superfluo o in contrasto con l'interesse del minore".

Le motivazioni

Va premesso che al caso in esame era applicabile *ratione temporis* l'art. 155-*sexies*, il quale, come visto, ha introdotto per la prima volta la disposizione per cui il giudice deve procedere all'audizione del figlio minore quando abbia almeno 12 anni o anche di età inferiore se capace di discernimento.

La Corte premette che l'obbligo introdotto da tale articolo conferisce di fatto un potere discrezionale al giudice di disporre l'ascolto del minore, anche al fine di verificarne la capacità di discernimento; più in particolare, con riferimento ai minori infradodicenni la legge conferisce al giudice questo potere "senza tuttavia imporgli di motivare sulle ragioni dell'omessa audizione, salvo che la parte abbia presentato una specifica istanza indicando gli argomenti ed i temi di approfondimento sui quali ritenga necessario l'ascolto del minore" (Cass. 7 marzo 2017, n. 5676).

Pertanto, salvo che il giudice non ritenga con specifica motivazione che l'esame del minore infradodicenne capace di discernimento sia manifestamente superfluo o in contrasto con l'interesse del minore, l'audizione costituisce adempimento previsto a pena di nullità quando si assumano provvedimenti che riguardino il medesimo minore (Cass. 29 settembre 2015, n. 19327).

Nel caso in esame, la corte trentina avrebbe dovuto ascoltare due minori che all'epoca dei fatti avevano sei e quattro anni e che, dunque, si trovavano in un'età ben distante da quella che di norma permette di presumere una capacità di discernimento e un obbligo di ascolto. Ciò nonostante, la corte si era premurata di specificare che non procedeva all'ascolto dei minori perché riteneva tale ascolto superfluo essendo i figli della coppia già stati sentiti più volte dal consulente d'ufficio e non essendosi verificati cambiamenti che potessero giustificare altri approfondimenti peritali.

Conseguentemente, la Corte di Cassazione ritiene che il provvedimento impugnato sia esente da censure, visto che la Corte d'Appello ha esplicitamente motivato la propria scelta di non voler procedere all'audizione dei minori, stante la sua inutilità.

Brevi note esplicative

La Corte di Cassazione si era già pronunciata a Sezioni Unite sull'importanza dell'audizione del minore in vigenza dell'art. 155-*sexies*, definendo "obbligatoria" l'audizione del minore dotato di discernimento, salvo che ciò sia in contrasto con i suoi interessi fondamentali (Cass., Sez. Un., 21 ottobre 2009, n. 22238). In tale occasione aveva chiarito che il mancato ascolto del minore in assenza di espressa motivazione costituisce "violazione del principio del contraddittorio e dei principi del giusto processo ... in quanto il minore è portatore d'interessi contrapposti e diversi da quelli del genitore, in sede di affidamento e diritto di visita e, per tale profilo, è qualificabile come parte in senso sostanziale".

Queste affermazioni da parte della Cassazione non erano però state accompagnate da un chiarimento circa le conseguenze della mancata audizione se ingiustificata o immotivata. Parte della dottrina e della giurisprudenza – già prima della sentenza delle Sezioni Unite – riteneva che una simile mancanza fosse causa di nullità del procedimento (v. ad esempio App. Torino, 27 giugno 2006); ma altra parte della giurisprudenza e della dottrina, in assenza di una espressa comminatoria di legge, riteneva si potesse parlare solo di un vizio minore (v. ad esempio Cass. 11 gennaio 2006, n. 395; cfr. RUSSO, 839-840 per una ricostruzione della dottrina).

La giurisprudenza della Corte di Cassazione si è andata poi delineando nel senso di ritenere il procedimento affetto da nullità quando il giudice non proceda all'audizione del minore e non fornisca la motivazione di tale scelta. Nel caso qui esaminato, la Corte d'appello di Trento, pur non avendo proceduto all'esame (per meglio dire, al ri-esame) dei minori come esplicitamente richiesto dalla madre, aveva giustificato la propria scelta sostenendo che oltre ad essere i figli della coppia molto piccoli (4 e 6 anni), essi erano già stati sentiti dal consulente d'ufficio in plurime occasioni proprio riguardo all'affidamento e successivamente alle operazioni peritali non si erano registrati mutamenti che giustificassero ulteriori approfondimenti. L'ascolto dei minori si sarebbe dunque rivelato inutile o, per usare la terminologia del codice, superfluo.

Precedenti giurisprudenziali

In senso favorevole alla tesi della ricorrente (ex multis)

App. Torino, 27 giugno 2006, in *Dir. famiglia*, 2006, 1084 con nota di LONG.
Cass. 15 marzo 2013, n. 11687, in *Foro it.*, 2013, I, 1839 con nota di CASABURI.
Cass. 29 settembre 2015, n. 19327, in *Famiglia e diritto*, 2018, 571 con nota di GIORGIANNI.
Cass. 24 maggio 2018, n. 12957, in *Foro it.*, 2018, I, 2364 con nota di CASABURI.

In senso favorevole alla posizione del resistente

Cass. 11 gennaio 2006, n. 395, in *Foro it.*, 2006, I, 2356.
App. Palermo, 14 giugno 2017, n. 1143, in *ilfamiliarista*, 5 aprile 2018 con nota di COSMAI.

Altri precedenti rilevanti per il caso

Cass. 2 giugno 1983, n. 3776, in *Giur. it*, I, 1351.
Corte cost. 30 gennaio 2002, n. 1, in *Foro it.*, 2003, I, 423 con nota di SERGIO.
Cass. 27 luglio 2007, n. 16752, in *Dir. famiglia*, 2008, 60, con nota di VALENTE.
Cass. 27 luglio 2007, n. 16753, in *Nuova giuri. civ. comm.*, 2008, I, 373 con nota di PAZÈ.
Cass., Sez. Un., 21 ottobre 2009, n. 22238, in *Famiglia, persone e successioni*, 2010, 254, con nota di FANTETTI.
Cass. 26 marzo 2010, n. 7282, in *Famiglia e diritto*, 2011, 268, con nota di QUERZOLA.
Cass. 26 gennaio 2011, n. 1838, in *Giust. civ.*, 2011, I, 1483.
App. Milano 21 febbraio 2011, in *Foro it.*, 2012, I, 919.
Cass. 14 maggio 2012, n. 7452, in *Giust. civ.*, 2012, I, 2333.
Cass. 17 maggio 2012, n. 7773, in *Foro it.*, 2013, I, 1839.
Cass. 4 dicembre 2012, n. 21662, in *Dir. e giustizia online*, 2012, 5 dicembre.
Cass. 2 agosto 2013, n. 18538, in *Giust. civ. mass.*, 2013.
Cass. 10 settembre 2014, n. 19007, in *Foro it.*, 2014, I, 3077.
Cass. 7 ottobre 2014, n. 21101, in *Foro it.*, 2014, I, 3077.
Cass. 19 gennaio 2015, n. 752, in *ilfamiliarista.it*, 23 novembre 2015, con nota di GALLI.
Cass. 26 settembre 2016, n. 18846, in *Foro it.*, 2016, I, 3855.
Cass. 7 marzo 2017, n. 5676, in *Foro it.* 2017, I, 1211, con nota di CASABURI.

Bibliografia essenziale

ARCERI A., *Dello scioglimento del matrimonio e della separazione dei coniugi*, in SESTA M. (cur.), *Codice della famiglia*, Tomo I, II ed., Milano, 2009.

AUTORINO G., ZAMBRANO V., *Affidamenti familiari*, Milano, 2002.

BALLARANI G., *Il diritto del minore a non essere ascoltato*, in *Il dir. della famiglia e delle persone*, 2010, II, 1807.

BALLARANI G., *Contenuto e limiti del diritto all'ascolto nel nuovo art. 336-bis c.c.: il legislatore riconosce il diritto del minore a non essere ascoltato*, in *Il dir. della famiglia e delle persone*, 2014, II, 841.

BITONTI I., *Perenne attualità dell'istituto dell'ascolto del minore*, in *Riv. trim. dir. e proc. civ.*, 2017, 1069.

COSMAI L.M., *Il difficile equilibrio tra il diritto e il dovere di ascoltare il minore nel processo*, in *ilfamilarista.it*, 16 aprile 2015.

DANOVI F., *L'ascolto del minore nel processo civile*, in *Il dir. della famiglia e delle persone*, 2014, II, 1592.

DE FILIPPIS B., *La separazione personale dei coniugi ed il divorzio*, Cedam, 2012.

NASCOSI A., *Nuove direttive sull'ascolto del minore infradodicenne*, in *Famiglia e diritto*, 2018, 354.

QUERZOLA L., *La Cassazione prosegue nel comporre il mosaico del processo minorile*, in *Famiglia e diritto*, 2011, 272.

RUSSO R., *I mezzi di prova e l'audizione del minore*, in SESTA M., ARCERI A. (curr.), *L'affidamento dei figli nella crisi della famiglia*, Torino, 2012, 813.

SESTA M., *Manuale di diritto di famiglia*, VIII ed., Padova, 2019.

TOMMASEO F., *Le nuove norme sull'affidamento condiviso: profili processuali*, in *Famiglia e diritto*, 2006, 388.

VIRGADAMO P., *L'ascolto del minore in famiglia e nelle procedure che lo riguardano*, in *Il dir. della famiglia e delle persone*, 2014, II, 1656.

Commenti alla sentenza in epigrafe

Il dir. della famiglia e delle persone, 2018, I, 853 con nota anonima.

La natura dell'assegno divorzile alla luce dei più recenti sviluppi giurisprudenziali

Corte di Cassazione, Sezioni Unite, 11 luglio 2018, n. 18287

Fatti e svolgimento del processo

Tizio e Caia, sposatisi con rito concordatario nel 1978, addivenivano ad una separazione consensuale nel 2007. Nel 2012 il Tribunale di Reggio Emilia pronunciava sentenza di cessazione degli effetti civili del matrimonio, ponendo a carico dell'ex marito l'obbligo di versare la somma di € 4.000,00 mensili a titolo di assegno divorzile a favore di Caia, affinché quest'ultima potesse mantenere un tenore di vita analogo a quello goduto in costanza di matrimonio.

Tuttavia, nel 2017, la Corte d'Appello di Bologna ribaltava la sentenza di primo grado. Sulla base dei più recenti sviluppi giurisprudenziali in materia – e segnatamente dell'orientamento espresso nella sent. n. 11504/2017 dalla sez. I della Corte di Cassazione – negava alla ex moglie il diritto al riconoscimento di un assegno divorzile, condannandola alla ripetizione delle somme nel frattempo ricevute a tale titolo. Caia infatti, pur trovandosi in condizioni economico-patrimoniali decisamente deteriori rispetto a quelle del marito, risultava economicamente autosufficiente.

Contro tale pronuncia Caia proponeva ricorso per Cassazione, formulando due motivi di impugnazione.

Stante il contrasto giurisprudenziale venutosi a creare in materia, la decisione veniva rimessa alle Sezioni Unite affinché, adempiendo alla loro funzione nomofilattica, risolvessero la *querelle* giuridica, pronunciando il corretto principio di diritto.

La questione di diritto posta al vaglio delle Sezioni Unite della Corte di Cassazione

Oggetto di indagine della sentenza sono la controversa natura da accordare all'assegno divorzile e le corrette modalità con cui il giudice è tenuto a svolgere il procedimento di attribuzione dello stesso. Si tratta di questioni che, fin dall'introduzione dell'istituto del divorzio in Italia (1970), sono sempre state al centro di dibattiti, in dottrina come in giurisprudenza. Le Sezioni Unite sono chiamate innanzitutto a stabilire se l'assegno divorzile abbia natura esclusivamente assistenziale, in quanto dovrebbe essere disposto solo qualora il beneficiario sia privo di mezzi adeguati e impossibilitato a procurarseli, oppure se presenti una natura mista assistenziale/compensativa/risarcitoria. Inoltre, qualora si ritenga che abbia natura solo assistenziale, al Supremo Consesso viene chiesto quale sia l'esatto significato di "mezzi adeguati" e a quali parametri agganciarsi per stabilirlo. Devono inoltre chiarire se il procedimento di attribuzione dell'assegno sia bifasico, in quanto scisso in una preliminare fase concernente la debenza dell'assegno (fase dell'*an*) e una successiva fase riguardante la quantificazione dello stesso (fase del *quantum*), oppure se si tratti di un procedimento unitario, non scindibile in due separate fasi.

Premessa. L'istituto dell'assegno divorzile

Lo scioglimento del matrimonio – o cessazione degli effetti civili dello stesso, in caso sia stato celebrato con rito concordatario – è stato introdotto in Italia dalla legge 1° dicembre 1970, n. 898. Prima di allora, l'unico rimedio a disposizione delle coppie il cui rapporto era entrato in crisi consisteva nella separazione legale: rimedio che, lungi dal permettere agli sposi di riacquistare lo *status* di "*single*" e di far cessare tra loro il rapporto di coniugio, si limitava a porre quest'ultimo in uno stato di quiescenza.

La legge n. 898/1970, come modificata dalla legge 6 marzo 1987, n. 74, all'art. 5, comma 6 prevede che il giudice che pronuncia la sentenza di divorzio possa obbligare uno dei due coniugi alla somministrazione, a favore dell'altro, di un assegno periodico, in presenza di determinate condizioni. Tale assegno deve essere tenuto distinto da quello di mantenimento che, al ricorrere dei requisiti di legge, viene disposto in una diversa e antecedente fase, ossia a seguito di separazione personale dei coniugi. L'assegno divorzile, che – al pari della perdita dello *status* di erede – costituisce una delle principali conseguenze di carattere patrimoniale dello scioglimento del matrimonio, viene disposto dal Tribunale adito, il quale deve tener conto di una serie di requisiti: delle condizioni dei coniugi, delle ragioni poste alla base della decisione, del contributo personale ed economico fornito da ciascun coniuge alla conduzione familiare ed alla formazione del patrimonio di ciascuno o di quello comune e del reddito di entrambi, valutando tutti i suddetti elementi anche in rapporto alla durata del matrimonio. E dispone l'obbligo per il coniuge economicamente più forte di somministrare periodicamente a favore dell'altro un assegno quando quest'ultimo non abbia mezzi adeguati o comunque non possa procurarseli per ragioni oggettive.

È prevista inoltre la possibilità che il Tribunale, su accordo dei coniugi, imponga il versamento in un'unica soluzione (c.d. soluzione *una tantum*), al fine di tacitare qualsiasi possibile successiva questione patrimoniale tra gli stessi.

Segue: il contrasto giurisprudenziale in tema di assegno divorzile

Il fulcro della questione è dato dalla corretta interpretazione dell'art. 5, comma 6 della legge n. 898/1970. Invero, la norma in questione in un primo momento afferma che "con la sentenza che pronuncia lo scioglimento o la cessazione degli effetti civili del matrimonio, il Tribunale, tenuto conto delle condizioni dei coniugi, delle ragioni della decisione, del contributo personale ed economico dato da ciascuno alla conduzione familiare ed alla formazione del patrimonio di ciascuno o di quello comune, del reddito di entrambi, e valutati tutti i suddetti elementi anche in rapporto alla durata del matrimonio"; in un secondo momento precisa che il Tribunale "dispone l'obbligo per un coniuge di somministrare periodicamente a favore dell'altro un assegno quando quest'ultimo non ha mezzi adeguati o comunque non può procurarseli per ragioni oggettive". La formulazione legislativa, che secondo alcune tesi tiene distinti un momento relativo all'attribuzione dell'assegno e un momento relativo alla sua quantificazione, ha dettato il sorgere di più orientamenti:

A) secondo gli orientamenti dottrinali e giurisprudenziali dominanti negli anni '70 e '80 del novecento – cc.dd. "dell'equiordinazione" – l'assegno divorzile presentava una natura mista (o composita), riconducibile a tre funzioni: assistenziale, compensativa e risarcitoria. I tre profili in questioni venivano in rilievo sia nella valutazione circa la debenza dell'assegno, sia sia in quella riguardante la quantificazione dello stesso: caratterizzavano, in altre parole, sia l'*an debeatur* che il *quantum debeatur*, da valutarsi contestualmente, in un'unica fase. Tali teorie si fondavano sul postulato nella non sussistenza di alcuna graduazione o diversificazione, sul piano astratto, tra i criteri determinativi e attributivi, proprio in forza della natura mista dell'assegno;

B) nel 1990 le Sezioni Unite della Corte di Cassazione, con la pronuncia n. 11490, inaugurarono un orientamento giurisprudenziale, c.d. "del tenore di vita", destinato a consolidarsi e a sopravvivere per quasi un trentennio, fino al 2017. La Suprema Corte negò la natura mista o composita dell'assegno divorzile, affermandone il carattere unicamente assistenziale. I tratti compensativo-perequativi e risarcitori non dovevano svolgere alcun ruolo nella fase di attribuzione dell'assegno, dovendo piuttosto essere presi in considerazione nella seconda – ed eventuale – fase di quantificazione: l'unico presupposto di attribuzione consisteva nell'assenza di mezzi per il coniuge istante; assenza di mezzi da intendersi – e qui risiede l'aspetto saliente dell'orientamento – come insufficienza dei medesimi, comprensivi di redditi, cespiti patrimoniali ed altre utilità, a conservare all'ex coniuge un tenore di vita analogo a quello goduto in costanza di matrimonio, senza cioè che fosse necessario uno stato di bisogno. Il giudizio sull'assegno divorzile doveva quindi essere bifasico: fase dell'*an debeatur*, dove si valutava la sussistenza del presupposto per la debenza, ossia l'assenza di mezzi adeguati a garantire un tenore di vita analogo a quello goduto durante il coniugio (criterio assistenziale); in caso di esito positivo, fase del *quantum debeatur*, consistente nell'analisi dei vari fattori (compensativi e risarcitori) idonei ad incidere sull'esatta misura dell'assegno. Come detto, l'interpretazione inaugurata dalle Sezioni Unite rimase ferma per oltre 5 lustri, impassibile di fronte alle rilevanti trasformazioni *medio tempore* succedutesi nella società italiana, alle significative modifiche del diritto di famiglia intervenute nel medesimo periodo e alla distanza rispetto al panorama giuridico europeo. Ai fini dell'indagine del giudice, non rilevava un eventuale stato di bisogno del coniuge istante, cui doveva spettare l'assegno perché, anche se economicamente autosufficiente, non poteva godere di uno stile di vita analogo a quello mantenuto, o che perlomeno avrebbe potuto mantenere, in costanza di matrimonio;

C) il 10 maggio 2017 il granitico orientamento del tenore di vita cadde, ripudiato dalla sez. I della Suprema Corte con la sent. n. 11504, con la quale, proprio sul presupposto dell'evoluzione del costume sociale e dell'inattualità della precedente interpretazione, si diede all'assegno divorzile una nuova connotazione, ridisegnandone i presupposti (ROMA). In realtà, la Suprema Corte continuò ad attribuire all'assegno una natura solo assistenziale e ad individuarne la condizione esclusiva di attribuzione nell'assenza di mezzi per il richiedente; cambiò però il concetto di assenza di mezzi, da intendersi non più quale insufficienza dei medesimi a conservare un tenore di vita analogo a quello avuto in costanza di matrimonio, bensì quale mancanza di indipendenza o autosufficienza economica, ricavabile da fattori quali il possesso di redditi di qualunque specie e/o di cespiti patrimoniali mobiliari ed immobiliari; le capacità e possibilità effettive di lavoro personale, da valutare con riferimento al mercato del lavoro, all'età, alla salute e al sesso; la stabile disponibilità di una casa di abitazione. Assenza di mezzi non più nel senso di impossibilità a mantenere un tenore di vita analogo a quello matrimoniale, ma nel senso di non autosufficienza, di non indipendenza economica. Il giudizio sull'assegno divorzile è ancora bifasico, ma, con una netta soluzione di continuità rispetto all'orientamento assolutamente dominante, la Suprema Corte ha affermato come nella fase attributiva dell'assegno il concetto di tenore di vita non vada in alcun modo preso in considerazione, esplicando valenza unicamente il criterio dell'autosufficienza economica; solo ricorrendo tale presupposto il giudice potrà poi procedere alla relativa quantificazione, avvalendosi di tutti gli indici di cui all'art. 5, comma 6 della legge n. 898/1970. In breve, secondo il nuovo indirizzo all'assegno divorzile continua ad essere conferita natura giuridica esclusivamente assistenziale, legata tuttavia alla mancanza di indipendenza economica del coniuge istante (C.M. BIANCA). Il nuovo principio di diritto, benché affermato da una sezione semplice, ha modificato radicalmente la concezione dell'assegno divorzile, superando il contrapposto orientamento tralatizio; ma ha al contempo sovvertito l'immagine dello stesso istituto del divorzio, rappresentato come estintivo di tutti i rapporti – anche patrimoniali – tra gli ex coniugi, destinati a perdere lo *status* derivante dal matrimonio e riacquisendo quello di "persone singole", alla luce del principio di autoresponsabilità economica. Invero, la premessa fondamentale alla base del *revirement* è costituita proprio dal carattere "estintivo" del divorzio: a seguito di esso, la coppia cessa di esistere e gli ex coniugi proseguono le rispettive vite *uti singuli*, non solo dal punto di vista dello *status* personale, ma anche da quello economico patrimoniale, stante il venir meno dell'obbligo di reciproca assistenza morale e materiale. L'orientamento del "tenore di vita" non risulta più adeguato, a parere della sez. I, proprio perché idoneo a mantenere in vita, anche se soltanto da un punto di vista economico, il matrimonio. Quello fissato nella sent. n. 11504/2017, al contrario, esalta l'efficacia terminativa del divorzio ed il ruolo di netta cesura tra la fase di vita anteriore e quella successiva che esso riveste. Tenendo ferma la struttura bifasica del giudizio di attribuzione dell'assegno, la sez. I della S.C. ha affermato come il giudice debba, al fine di evitare ingiuste locupletazioni da parte del beneficiario: nella fase dell'*an debeatur*, valutare se il coniuge richiedente sia privo di mezzi adeguati e versi nella condizione di oggettiva impossibilità di procurarseli, avendo esclusivo riguardo all'indipendenza o autosufficienza economica dello stesso; nell'eventuale fase del *quantum debeatur*, qualora il coniuge istante non risulti economicamente autosufficiente, tenere conto delle condizioni dei coniugi, delle ragioni della decisione, del contributo personale ed economico dato da ciascuno dei coniugi alla conduzione familiare ed alla formazione del patrimonio di ciascuno o di quello comune, nonché del reddito di entrambi valutando tutti i suddetti elementi anche in rapporto alla durata del matrimonio: insomma, delle componenti compensativo-perequativa e risarcitoria, relegate nella seconda eventuale fase. Secondo la sez. I l'interpretazione accolta, figlia del principio di autoresponsabilità, sarebbe inoltre in linea con le legislazioni della gran parte dei paesi europei.

Le tesi contrapposte di parte ricorrente e resistente

La tesi della ricorrente

La difesa di Caia si incentra sulla critica dell'indirizzo espresso nella sent. n. 11504/2017: esso risulterebbe privo di qualsiasi riscontro testuale, sostanziandosi in una vera e propria creazione giurisprudenziale, non risultando tra l'altro chiaro circa i parametri cui ancorare la nozione di autosufficienza economica. Una lettura logico-sistematica dell'art. 5, comma 6, legge n. 898/1970 non potrebbe che portare alla riaffermazione del principio del tenore di vita.

Inoltre, l'applicazione del principio di autosufficienza economica risulterebbe foriero di gravi ingiustizie sostanziali, soprattutto in caso di matrimoni di lunga durata, in cui uno dei coniugi abbia rinunciato alle proprie aspirazioni professionali per dedicarsi alla cura della famiglia; con conseguente lesione del principio di solidarietà post-coniugale, di cui all'art. 2 Cost.

La difesa del controricorrente

Dalla lettura della sentenza non è dato sapere con precisione quali siano le argomentazioni sostenute da Tizio; esse sono tuttavia facilmente immaginabili. L'ex marito avrà certamente sottolineato come la Corte d'Appello di Bologna abbia pronunciato una sentenza giusta, in quanto a tesa a negare a Caia il diritto all'assegno. Una soluzione che apparirebbe encomiabile, in quanto in linea con i più recenti arresti giurisprudenziali, inaugurati dalla sent. n. 11504/2017.

Decisione della Corte

La massima

"Ai sensi dell'art. 5, comma 6, della legge n. 898/1970, dopo le modifiche di cui alla legge n. 74/1987, il riconoscimento dell'assegno di divorzio, cui deve attribuirsi una funzione assistenziale ed in pari misura compensativa e perequativa, richiede l'accertamento dell'inadeguatezza dei mezzi o comunque dell'impossibilita di procurarseli per ragioni oggettive, attraverso l'applicazione dei criteri di cui alla prima parte della norma i quali costituiscono il parametro di cui si deve tenere conto per la relativa attribuzione e determinazione, ed in particolare, alla luce della valutazione comparativa delle condizioni economico-patrimoniali delle parti, in considerazione del contributo fornito dal richiedente alla conduzione della vita familiare e alla formazione del patrimonio comune e personale di ciascuno degli ex coniugi, in relazione alla durata del matrimonio e all'età dell'avente diritto".

Le motivazioni

Le Sezioni Unite, dopo una digressione riguardante i principali mutamenti legislativi, giurisprudenziali e dottrinali intervenuti in materia di assegno divorzile dal 1970 ad oggi e prima di sancire il nuovo principio di diritto, mettono in evidenza le criticità di entrambi gli orientamenti sopracitati.

L'interpretazione inaugurata dalle stesse Sezioni Unite con sent. n. 11490/1990 (del tenore di vita), costantemente seguita in giurisprudenza fino al 2017, pecca per il rilievo assolutamente preminente, non desumibile dal dettato normativo, che dà alla comparazione delle condizioni economico-patrimoniali dei coniugi; trascurando così il principio di autoresponsabilità e creando forti rischi di ingiusta locupletazione in tutti i casi in cui l'ex coniuge istante goda di una posizione economica autonoma o, *a fortiori*, di una condizione di benessere economico, oltre ai casi in cui il suo apporto concreto alla formazione dello *status* economico-patrimoniale dell'altro coniuge sia stato nullo o comunque insignificante.

Inoltre, l'indirizzo del tenore di vita viene ripudiato per la parallela marginalizzazione dei criteri determinativi, soprattutto di quello compensativo-perequativo riguardante l'apporto concretamente fornito dall'ex coniuge alla conduzione e allo svolgimento dell'attività endofamiliare; criterio quest'ultimo cui il Supremo Consesso ritiene di dare primaria rilevanza.

L'appiattimento del giudizio sull'assegno al solo tenore di vita ha comportato la corresponsione di assegni non rispettosi del disposto della legge n. 898/1970, né della cornice costituzionale: si consideri come la sottovalutazione del principio di autoresponsabilità provochi nel coniuge economicamente più debole la tendenza ad "adagiarsi sugli allori", senza impegnarsi nella ricerca di una nuova professione che gli garantisca i mezzi adeguati, così mortificando, ancor prima del principio di autoresponsabilità, la propria dignità personale.

Il criterio compensativo merita maggior considerazione, non potendo, ad avviso della Corte, ricoprire un ruolo ancillare di mera quantificazione, ma dovendo anzi rivestire un ruolo di primaria importanza nel giudizio riguardante l'*an* dell'attribuzione.

Tuttavia, a parere delle Sezioni Unite, il criterio interpretativo seguito nella sent. n. 11504/2017 (dell'autosufficienza economica), lungi dal risolvere i problemi di sottovalutazione dei criteri determinativi, soprattutto di quello compensativo, rischia al contrario di provocarne un'esacerbazione (M. BIANCA). Esso naturalmente ha il pregio di aver tentato un ammodernamento dell'istituto dell'assegno divorzile, valorizzando la libertà di scelta di ogni persona circa il proprio percorso esistenziale e soprattutto esaltando i principi di autoresponsabilità e autodeterminazione, per troppo tempo ingiustamente negletti, in aperto contrasto – da un punto di vista comparatistico – con gli indirizzi seguiti nella maggior parte degli ordinamenti dell'Unione europea, ove il postulato dell'autoresponsabilità economica degli ex coniugi appare essere la regola, salvo limitate eccezioni, non potendo il matrimonio costituire una rendita da posizione (PATTI).

Ma l'affermazione di simili principi non è sufficiente. *In primis* non può non rilevarsi come, al pari del criterio del tenore di vita, anche quello dell'autosufficienza economica sia privo di riscontri testuali.

In secondo luogo, e soprattutto, la sez. I ha omesso di considerare come il principio di autodeterminazione, per quanto condivisibile, debba essere correttamente declinato: per essere effettivo non può non coordinarsi con gli ulteriori principi di rispetto della dignità personale e di eguaglianza dei coniugi. Il mero riscontro dell'autosufficienza economica, specie se applicato rigidamente, inaridirebbe lo spirito dell'art. 5 della legge n. 898 e si porrebbe in contrasto, in definitiva, con i principi sanciti dalla nostra Carta Costituzionale: invero, come affermano le Sezioni Unite, la libertà di scegliere come condurre l'esistenza e di determinarsi di conseguenza è intimamente ed eziologicamente collegata alla possibilità concreta di esercitare questo diritto. I principi di autoresponsabilità e autodeterminazione non si esauriscono nella scelta dei coniugi di unirsi in matrimonio e nella possibilità di sciogliersi anche unilateralmente dal vincolo, ma caratterizzano l'intera relazione e, precipuamente, la determinazione del modello familiare da adottare, con la definizione dei ruoli dei coniugi e dell'apporto di ciascuno. Ruoli che sono normalmente il frutto di decisioni comuni e che imprimono alle vite degli ex coniugi una traiettoria spesso non più modificabile una volta che questi siano tornati a condurre le proprie esistenze *uti singuli* (SIMEONE). La Suprema Corte rileva come l'affermazione della natura esclusivamente assistenziale dell'assegno divorzile, unitamente all'interpretazione dell'assenza di mezzi nel senso di non autosufficienza economica, comporti il rischio di decisioni fortemente ingiuste per il coniuge che abbia deciso di dedicare la propria vita in maniera prevalente alla cura della famiglia, mettendo in secondo piano le proprie ambizioni lavorative e di carriera. Concedere l'assegno al solo coniuge non economicamente sufficiente significa non compensare quanti, magari in età avanzata e perciò impossibilitati a reinserirsi nel mercato del lavoro (in particolare, in un mercato del lavoro come quello italiano), abbiano sacrificato la propria formazione e le proprie aspirazioni professionali per occuparsi in via prevalente della famiglia. In più, si consideri che lo stesso principio troverebbe applicazione anche qualora il rapporto matrimoniale si sia protratto per lungo tempo e laddove esista una sproporzione anche notevole nelle situazioni economico patrimoniali degli ex coniugi. In questo senso, il criterio dell'autosufficienza economica, al pari e forse ancor più di quello del tenore di vita, relega in secondo piano la componente perequativo-compensativa dell'assegno divorzile, svalutando e rendendo meramente eventuali tutti i fattori di cui all'art. 5, legge n. 878/1970, disapplicando in definitiva la norma. Una rigida applicazione del principio di autodeterminazione comporta che il giudicante, in presenza di un coniuge economicamente autosufficiente, trascuri di considerare gli eventuali sacrifici fatti da quest'ultimo durante il matrimonio, valorizzando il solo criterio assistenziale.

Non è quindi l'affermazione del principio di autoresponsabilità l'argomento criticato della pronuncia n. 11504; affermazione che anzi le Sezioni Unite dimostrano di voler condividere. È il principio di autoresponsabilità così come concretamente declinato nella medesima sentenza, slegato dal quadro costituzionale e dalle esigenze di giustizia sostanziale, ad essere oggetto di critiche. Il matrimonio è una formazione sociale (art. 2 Cost.) fondato sulla parità tra i coniugi (artt. 3 e 29 Cost.). I coniugi durante la vita matrimoniale compiono scelte condivise, in una posizione di libertà reciproca. Tali scelte, tuttavia, riverberano i propri effetti al momento dello scioglimento del matrimonio: il principio di autoresponsabilità non deve significare rivincita del singolo (M. BIANCA) e non va circoscritto in modo riduttivo e statico al solo momento del divorzio, ma va considerato diacronicamente alla luce dell'intero rapporto.

Brevi note esplicative

Le Sezioni Unite, dopo aver messo in luce i profili critici di ciascuno dei due indirizzi, enunciano infine il nuovo principio di diritto cui i tribunali sono destinati d'ora in avanti a conformarsi.

Come visto, i due orientamenti anzidetti, pur nettamente contrapposti, trovavano un punto di incontro nella considerazione che il giudizio sull'assegno divorzile dovesse essere rigorosamente bifasico. Nella prima fase – dell'*an* – il giudice doveva valutare l'adeguatezza o meno dei mezzi del coniuge economicamente più debole, rapportandola al tenore di vita goduto in costanza di matrimonio (secondo l'indirizzo del tenore di vita) o all'autosufficienza economica (secondo l'indirizzo dell'autodeterminazione) (SIMEONE); nella seconda fase – del *quantum* – il giudice era chiamato ad operare la corretta quantificazione dell'assegno, tramite l'applicazione dei criteri indicati nella prima parte del comma 6 dell'art. 5 (condizioni dei coniugi, ragioni della decisione, contributo personale ed economico dato da ciascuno alla conduzione familiare ed alla formazione del patrimonio di ciascuno o di quello comune, reddito di entrambi, valutando tutti i suddetti elementi anche in rapporto alla durata del matrimonio). Nel tentativo di trovare un difficile bilanciamento tra l'interesse a riequilibrare le posizioni economiche dei coniugi, posto alla base del criterio del tenore di vita, e l'esigenza di dare maggior rilievo al principio di autoresponsabilità, avvicinandosi agli *standard* degli altri paesi europei in punto di modernizzazione del diritto al riconoscimento dell'assegno, la Suprema Corte decide di abbandonare la rigida bipartizione tra criteri attributivi e determinativi, negando altresì la natura esclusivamente assistenziale dell'assegno, fornendo una lettura costituzionalmente orientata dell'art. 5, comma 6, in riferimento agli artt. 2, 3 e 29 Cost..

Il giudizio bifasico, lungi dall'essere escluso dall'art. 5, comma 6, c.c., non può nemmeno dirsi dallo stesso necessariamente previsto: si tratta di una lettura possibile ma certamente non ineluttabile. È vero che il comma 6 sancisce l'obbligo di somministrazione dell'assegno nell'ultima parte del suo primo periodo; ma è vero altresì che la norma principia con l'esortazione al giudice di tenere in considerazione tutti i criteri, in relazione poi alla durata del matrimonio. Tali criteri non possono essere relegati ad una fase successiva del giudizio, ma debbono caratterizzare l'intero processo logico, senza che il criterio assistenziale goda di una posizione privilegiata rispetto agli altri, a meno di non voler fornire un'interpretazione che si scontri con il dato testuale e con lo stesso spirito della legge sul divorzio e della riforma del 1987.

Per le Sezioni Unite della Suprema Corte, all'assegno divorzile non va attribuita una funzione esclusivamente assistenziale, ma anche – ed in pari misura – compensativo/perequativa: si ritorna a parlare, come accadeva prima della riforma del 1987, di valutazione del tutto equiordinata degli indici contenuti nella prima parte dell'art. 5, comma 6, fondata sui principi costituzionali della solidarietà e della parità sostanziale tra i coniugi, come declinate negli artt. 2, 3 e 29 Cost.. Princìpi il cui rispetto presuppone indefettibilmente la valorizzazione delle componenti perequativa e compensativa dell'assegno, che conducono all'attribuzione di un contributo che permetta al coniuge istante non tanto il raggiungimento dell'indipendenza economica valutata astrattamente, così come non funzionale alla ricostituzione del tenore di vita coniugale, quanto piuttosto di un reddito rispettoso del ruolo e del contributo fornito al *ménage* familiare, proporzionato ai sacrifici professionali fatti. L'assegno divorzile non deve basarsi esclusivamente sulla disparità economica tra i coniugi, così come non deve avere riguardo alle sole condizioni soggettive del richiedente: la nuova interpretazione, costituzionalmente orientata, gli garantisce una natura composita assistenziale e compensativa, con preminenza di quest'ultimo carattere.

Il dovere di solidarietà non viene meno con lo scioglimento del matrimonio, ma si protrae anche a seguito di tale avvenimento; scompare lo *status* di coniuge, ma non altrettanto può dirsi degli effetti delle decisioni prese in comune in costanza di matrimonio. Non è possibile abbandonare una persona che sul matrimonio abbia fatto l'affidamento della vita.

Precedenti giurisprudenziali

Cass., Sez. Un., 26 aprile 1974, n. 1194.
Cass., Sez. Un., 9 luglio 1974, n. 2008.
Cass., sez. I, 2 marzo 1990, n. 1652.
Cass., Sez. Un., 29 novembre 1990, nn. 11489, 11490, 11491 e 11492.
Cass., sez. I, 22 marzo 2013, n. 7295.
Trib. Firenze, ord. 22 maggio 2013, n. 239.
Corte cost., 9 febbraio 2015, n. 11.
Cass., sez. VI, ord. 26 marzo 2015, n. 6164.

Cass., sez. I, 3 aprile 2015, n. 6855.
Cass., sez. I, 9 giugno 2015, n. 11870.
Cass., sez. VI, ord. 8 febbraio 2016, n. 2466.
Trib. Bari, 21 marzo 2017, n. 1528.
Cass., sez. I, 10 maggio 2017, n. 11504.
Cass., sez. I, 11 maggio 2017, n. 11538.
Cass., sez. I, 16 maggio 2017, n. 12196.
Cass., sez. I, 22 giugno 2017, n. 15481.
Cass., sez. VI, ord. 21 luglio 2017, n. 18111.
Cass., sez. VI, ord. 8 agosto 2017, n. 19721.
Cass., sez. VI, ord. 9 ottobre 2017, n. 23602.
App. Genova, 12 ottobre 2017, n. 106.
Cass., sez. I, 26 gennaio 2018, n. 2042.
Cass., sez. I, 26 gennaio 2018, n. 2043.
App. Napoli, 22 febbraio 2018, n. 911.

Bibliografia essenziale

AL MUREDEN E., *L'assegno divorzile e l'assegno di mantenimento dopo la decisione delle Sezioni Unite*, in *Famiglia e diritto*, XI, 2018.

AL MUREDEN E., *Parità tra coniugi e funzione perequativa dell'assegno divorzile dopo la decisione delle Sezioni Unite*, in *giustiziacivile.com*, 2018.

ANDREOLA E., *I nuovi presupposti dell'assegno divorzile: la "distonia" dei giudici di merito*, in *Corr. giur.*, 2018.

BARBIERA L., *Il divorzio dopo la seconda riforma*, Bologna, Zanichelli, 1988.

BIANCA C.M., *L'ultima sentenza della Cassazione in tema di assegno divorzile: ciao Europa?*, in *giustiziacivile.com*, 2017.

BIANCA M., *Le Sezioni Unite e i corsi e ricorsi giuridici in tema di assegno divorzile: una storia compiuta?*, in *Foro it.*, 2018.

CASABURI G., *L'assegno divorzile secondo le Sezioni Unite della Cassazione: una problematica 'terza via'*, in *Foro it.*, 2018.

DANOVI F., *La Cassazione e l'assegno di divorzio:* en attendant Godot *(ovvero le Sezioni Unite)*, in *Famiglia e diritto*, I, 2018.

DANOVI F., *La meritevolezza dell'assegno di divorzio va valutata nel concreto svolgimento della vita coniugale*, in *Famiglia e diritto*, 2018.

DI LALLO A., *Non tutti i matrimoni sono uguali. Le Sezioni Unite sull'assegno divorzile: la rilevanza del contributo dell'ex coniuge alla famiglia*, in *dirittoegiustizia.it*, 2018.

PATTI S., *Assegno di divorzio: un passo verso l'Europa?*, in *Foro it.*, 2017.

PATTI S., *Assegno di divorzio: il "passo indietro" delle Sezioni Unite*, in *Corr. giur.*, 2018.

QUADRI E., *I coniugi e l'assegno di divorzio tra conservazione del "tenore di vita" e "autoresponsabilità": "persone singole" senza passato?*, in *Corr. giur.*, VII, 2017.

RIMINI C., *Il nuovo assegno di divorzio: la funzione perequativa e compensativa*, in *Giur. it.*, 2018.

ROMA U., *Assegno di divorzio: dal tenore di vita all'indipendenza economica*, in *Nuova giur. civ. comm.*, 2017.

SAVI G., *Riconoscimento e determinazione dell'assegno post-matrimoniale: il ritrovato equilibrio ermeneutico*, in *Dir. fam. pers.*, 2018.

SESTA M., *La solidarietà post-coniugale tra funzione assistenziale ed esigenze compensatorie*, in *Famiglia e diritto*, 2018.

SIMEONE A., *L'assegno di divorzio dopo le Sezioni Unite n.18287/2018*, Milano, Giuffrè, 2018.

L'illecito endofamiliare

Corte di Cassazione, sez. VI civ. – 1, ord. 24 febbraio-3 maggio 2017, n. 10741

Fatti e svolgimento del processo

La sentenza affronta il tanto dibattuto tema della risarcibilità del danno non patrimoniale all'interno delle relazioni familiari, in particolare la risarcibilità del c.d. illecito endofamiliare. Nel caso affrontato dalla pronuncia, il marito aveva abbandonato la moglie proprio durante una malattia che, degenerata, l'aveva portata alla morte alla giovane età di 37 anni. In sede di separazione la moglie aveva chiesto un risarcimento pari ad € 7.000. La Corte d'Appello, adita dagli eredi della donna, aveva infatti confermato la risarcibilità del danno patrimoniale e non patrimoniale (*sub specie* di danno morale) il cui disvalore consiste, a detta della Corte, proprio nell'avere abbandonato la moglie in un momento di "massimo" bisogno, oltre che nell'averla lasciata sola da un punto di vista psicologico, accordando un risarcimento pari ad € 37.000. Il marito, ponendo in essere tale condotta avrebbe infatti violato l'art. 143 c.c. ossia avrebbe contravvenuto l'obbligo di assistenza morale e materiale.

La questione di diritto posta al vaglio della Corte

La pronuncia offre l'occasione per comprendere in quali casi possa dirsi risarcibile *ex* art. 2043 c.c. il danno da c.d. illecito endofamiliare, posto che la sua risarcibilità ne è stata per lungo tempo discussa, principalmente per l'asserita esaustività dei rimedi tipici del diritto di famiglia, da soli sufficienti a coprire le ipotesi di condotte passibili di tutela risarcitoria.

Il problema che si pone è quindi se, stanti le previsioni speciali del diritto di famiglia, in ossequio al principio di specialità, possa o meno trovare applicazione il principio generale del *neminem laedere* sotteso alla previsione normativa di cui all'art. 2043 c.c. In altre parole, la violazione dei doveri familiari posti dall'art. 143 c.c. ha senz'altro conseguenze anche patrimoniali tra i coniugi, ma queste si riteneva fossero già strettamente individuate e sanzionate dai rimedi tipici del diritto di famiglia, ad esempio mediante l'addebito della separazione, *ex* art. 151, comma II, c.c., con conseguente esclusione della possibilità di ricorrere al principio aquiliano di cui al 2043 c.c.

Inoltre, per poter attivare l'art. 2043 c.c. è necessario ravvedere un danno ingiusto, che secondo alcuni, non potrebbe darsi in queste ipotesi, posto che il danno ingiusto presuppone la lesione di una situazione giuridica soggettiva attiva tutelata come diritto perfetto. Ne deriva che l'addebito della separazione (si ricorda sanzione prevista dalle norme speciali) per violazione dei doveri sanciti dall'art. 143 c.c. non potrebbe essere qualificata come danno ingiusto, posto che la separazione personale costituirebbe essa stessa un diritto che garantisce la libertà della persona.

A tale assunto, soprattutto in seguito alla privatizzazione del diritto di famiglia, si è obiettata l'asserita insufficienza dei rimedi tipici (e speciali) del diritto di famiglia che molto spesso risultavano inadeguati a fronte di condotte particolarmente gravi. Di qui la necessità di integrare la tutela risarcitoria *ex* art. 2043 c.c.

Gli orientamenti giurisprudenziali

È bene fin da subito chiarire che il dubbio che si pone non è relativo al caso in cui a ledere il diritto sia un soggetto terzo rispetto alla famiglia (illecito c.d. eso-familiare), per il quale è pacifica l'applicazione dell'art. 2043 c.c., bensì quando a farlo è un soggetto interno ad essa (illecito endo-familiare).

Ciò premesso al fine di inquadrare la problematica in esame, si evince che la configurabilità di una responsabilità da illecito endo-familiare è strettamente connessa all'evoluzione dei rapporti all'interno del nucleo familiare avvenuta a seguito dell'avvento della Costituzione e della Legge sul divorzio del 1970 e la successiva riforma del diritto di famiglia del 1975. La nuova disciplina comprova infatti che i rapporti di famiglia si sono definitivamente affrancati dalla dimensione pubblicistica per inserirsi in una dimensione strettamente privata. La famiglia, venuto meno il *pater familias* e con esso la sua autorità, non deve essere vista come un luogo di mortificazione e di sottomissione del singolo, bensì una sede di autorealizzazione e di crescita, nell'ambito della quale il soggetto viene (e deve essere) garantito ancora prima che come coniuge, come persona, *ex* art. 2 Cost. Di qui il dubbio se la violazione di tali diritti possa o meno configurare una responsabilità *ex* art. 2043 c.c.

In un primo momento si è infatti negata la sua risarcibilità. Nonostante l'inarrestabile *vis espansiva* del filone giurisprudenziale formatosi a partire dagli anni '80 e cristallizzatosi con le celebri "sentenze gemelle" (n. 8827-8828 del 2003), all'interno della famiglia, la violazione dei doveri coniugali, in particolare gli artt. 143 e 147 c.c., è risultata per molto tempo frustrata. La circostanza era dovuta, per un verso alla necessità di preservare l'integrità del nucleo familiare che poteva essere intaccata da una domanda risarcitoria nei confronti di un membro della stessa, per altro verso si riteneva che la condotta non potesse essere sussunta nell'art. 2043 c.c. in quanto già sanzionata dalle *norme speciali*, quali quelle sull'assegno di mantenimento, l'addebito della separazione e del divorzio, e l'art. 570 c.p., che avrebbero per così dire esaurito le risposte sanzionatorie innanzi a determinate condotte "familiari".

Per alcuni infatti, le norme speciali avrebbero dovuto prevalere sulla norma generale di cui al 2043 c.c. impedendone la possibilità di invocarla per giustificare il risarcimento nei termini aquiliani. Tuttavia, a ben vedere, tale tesi non potrebbe essere accolta, stante la differente funzione della responsabilità sottesa alle *norme speciali*. Esse infatti avrebbero una finalità eminentemente sanzionatoria, mentre l'art. 2043 c.c. sarebbe connotato da una finalità schiettamente riparatoria. Inoltre, al fine di negare la tutela risarcitoria aquiliana, alcuni sostenevano l'assenza di doveri giuridici all'interno della famiglia, caratterizzata da meri doveri morali, oltre che l'assenza di un danno ingiusto.

A partire dalla storica sentenza della Suprema Corte del 2005 (Cass. civ., sez. III, 10 maggio 2005, n. 9801, in *Giur. it.*, (2006), 4, 691), poi confermata anche da una pronuncia del 2011 (Cass. civ., sez. III, 4 maggio 2011, n. 18853, in *Dir. fam. pers.*, (2012), 1, 174), si è osservato che l'obbligo di fedeltà, ma anche tutti gli obblighi riflessi nell'art. 143 c.c., non sono doveri solo morali o a giuridicità limitata, tanto da comportare l'attivarsi delle sole sanzioni tipiche del diritto di famiglia poc'anzi menzionate, bensì sono doveri giuridici inderogabili, in quanto ad essi potrebbero corrispondere diritti fondamentali della persona *ex* artt. 2 e 29 Cost.

Pertanto, anche l'abbandonare la moglie in uno stato di salute psico-fisica precario, non può dirsi "coperto" dalle norme del diritto di famiglia, e negarne il risarcimento solo perché autore della condotta illecita è il marito, o più in generale un membro della famiglia, potrebbe creare un vuoto di tutela innanzi ad illeciti che invece integrerebbero *in toto* gli elementi costitutivi del 2043: condotta antigiuridica, danno ingiusto, dolo/colpa, nesso causale. Inoltre, si consideri che la lesione di un diritto fondamentale della persona deve necessariamente trovare ristoro, al sussistere di tutti gli elementi costitutivi della responsabilità di cui all'art. 2043 c.c., considerando la famiglia un luogo di realizzazione dei diritti irrinunciabili, nonché crescita e realizzazione della persona umana.

Per ammetterne la risarcibilità è inoltre necessario che la condotta illecita violativa di un obbligo coniugale cagioni ad esempio un danno alla salute del coniuge, con conseguente netta distinzione tra danno *ingiusto* (riferito alla condotta illecita) e danno anche *risarcibile* (riferito alle conseguenze sulla salute). Di talché la mera violazione dei doveri coniugali (danno evento) non potrebbero comportare, di per sé stessi, una responsabilità risarcitoria, dovendo invece ricercare un danno conseguenza sulla salute del soggetto leso, per potersi dire risarcibile.

La decisione della Corte

La Corte rigetta il ricorso, e conferma la condanna al risarcimento dell'illecito endo familiare, proprio alla luce della circostanza che il marito "*aveva abbandonato la Z. proprio nella fase più difficile della sua vita, allorché aveva dovuto combattere contro la malattia che, a soli 37 anni, l'aveva portata alla morte*", riconoscendo un danno non patrimoniale pari ad € 37.000.

Brevi note esplicative

Lo schema risulta dunque semplice: se il coniuge viola uno dei doveri (giuridici) di cui all'art. 143 c.c., qualora ciò cagioni una lesione ad un diritto costituzionalmente garantito, ed al di fuori delle ipotesi di reato, questi può essere responsabile civilmente dei danni cagionati *ex* art. 2059 c.c. (riletto nella sua maggiore apertura grazie al combinato disposto con l'art. 2 Cost.) ed *ex* art. 2043 c.c.

Ciò significa che non vi può essere alcun automatismo tra violazione dei doveri coniugali e possibilità di ottenere un risarcimento *ex* art. 2043 c.c.

Infatti, per il tramite della clausola di ingiustizia sottesa all'art. 2043 c.c. (che richiede appunto un danno ingiusto), è necessario porre in essere un bilanciamento di interessi, tipicamente attivato dalla solidarietà sociale di cui all'art. 2 Cost. sottesa al concetto stesso di ingiustizia, al fine di valutare se debba prevalere la sfera del danneggiato ovvero la libertà e l'autonomia dell'autore della condotta, nel determinarsi a lasciare sola la moglie.

Si deve quindi porre un bilanciamento tra la libertà della persona ed i doveri di solidarietà all'interno della famiglia, al fine di verificare se la violazione dei doveri familiari sia o meno un danno che l'ordinamento non può tollerare che rimanga a carico della vittima, ma che va trasferito sull'autore del fatto, in quanto lesivo di interessi giuridicamente rilevanti, quale che sia la loro qualificazione formale.

Invero, a ben vedere, al fine di accordare una tutela risarcitoria non sarebbe necessario o meglio – imprescindibile – richiamare la violazione dell'art. 143 c.c. posto che, se ad essere lesi sono diritti fondamentali della persona, la loro semplice violazione dovrebbe per ciò solo trovare adeguato ristoro a prescindere dalle norme del codice civile, proprio in virtù dell'art. 2 Cost. quale norma immediatamente precettiva e non solo programmatica, sempre che, ovviamente, vi sia un danno conseguenza. Sarebbe in altri termini sufficiente, in questi casi, richiamare anche solo l'art. 2 Cost., il quale potrebbe da sé solo giustificare, se leso, una tutela risarcitoria.

Inoltre, in senso critico, si rileva come non parrebbe un assurdo riconoscere in tali casi una responsabilità contrattuale *ex* art. 1218 c.c. in luogo di quella extracontrattuale. Se infatti i doveri assunti con il matrimonio sono pienamente giuridicizzati, la violazione di un pregresso obbligo giuridico derivante da un'obbligazione nascente dalla legge dovrebbe comportare, *ex* art. 1173 c.c., una responsabilità di natura secondaria, derivante appunto da un obbligo precedentemente assunto, non già una responsabilità primaria tra soggetti "estranei" tra loro quale quella sottesa all'art. 2043 c.c.

Precedenti giurisprudenziali

Cass. civ., sez. II, 10 maggio 2005, n. 9801.
Cass. 15 settembre 2011, n. 18853, in *Foro it.*, Rep. 2011, voce *Danni civili*, n. 239.
Cass. civ., sez. III, 17 gennaio 2012, n. 610.
Cass. civ., sez. III, 15 marzo 2012, n. 4148, *Dir. fam. pers.* (2012), 696.
Cass. 10 aprile 2012, n. 5652, in *Foro it.*, Rep. 2012, voce *Resp. civ.*, n. 223.

Bibliografia essenziale

BASINI G.F., *Infedeltà matrimoniale e risarcimento. Il danno "endofamiliare" tra coniugi*, in *Fam. pers. succ.*, 2012, 92 ss.
FERRANDO G., *Manuale di diritto di famiglia*, Roma-Bari, 2005, 118 ss.
GIACOBBE G., *La famiglia nell'ordinamento giuridico italiano. Materiali per una ricerca*, Torino, 2011.
NASSETTI C., *L'illecito endofamiliare fa ingresso nella famiglia di fatto*, in *Resp. civ. e prev.*, 2013, 6, 1882.
PALADINI M., *Responsabilità civile nella famiglia: verso i danni punitivi?*, in *Resp. civ. e prev.*, 2007, 2005 ss.
PATTI S., *Famiglia e responsabilità civile*, Milano, 1984, 51.
PATTI S., *Famiglia e responsabilità civile, un lungo itinerario*, in M. SESTA (a cura di), *La responsabilità nelle relazioni familiari*, in *Nuova giur. dir. civ. comm.*, Torino, 2011.
VIRGADAMO P., *Rapporti familiari e danno non patrimoniale: la tutela dell'individuo tra diritti personali a inviolabilità strutturale e interessi familiari a inviolabilità dinamica*, in *Dir. fam. pers.*, 2006, 1894 ss.

Successioni *mortis causa*

Patti successori e compatibilità con la disciplina del contratto a favore di terzi

Corte di Cassazione, sez. II, 21 novembre 2017, n. 27624

Fatti e svolgimento del processo

La Commissione Amministrativa Regionale di Disciplina (COREDI) della Regione Toscana irroga una sanzione disciplinare ai sensi dell'art. 138,2 legge notarile nei confronti del notaio Romolo Romani (sospendendolo quindi per sei mesi dall'esercizio della professione) per averlo ritenuto responsabile della violazione dell'art. 28,1 della legge notarile (il quale stabilisce che il notaio non può ricevere atti "se essi sono espressamente proibiti dalla legge, o manifestamente contrari all'ordine pubblico e al buon costume"), avendo questi ricevuto un atto in cui sarebbe contenuto un patto successorio (nullo ai sensi dell'art. 458 c.c.).

In particolare, l'atto ricevuto dal notaio conteneva un patto in forza del quale i coniugi Tizio e Tizia stabilivano che, in caso di morte pressoché contemporanea degli stessi, "il 50% degli utili derivanti dall'attività d'impresa esercitata da Tizio sarebbero stati trasmessi ad entrambi i rispettivi figli in egual misura del 50%", prevedendo espressamente altresì che il detto accordo non potesse essere modificato senza il consenso di entrambi i coniugi contraenti.

Il notaio propone reclamo alla Corte d'Appello di Firenze che, tuttavia, rigetta; così propone ricorso in Cassazione sostenendo la validità della clausola, che costituirebbe un contratto a favore del terzo da eseguirsi dopo la morte dello stipulante. Resiste con controricorso l'Archivio Notarile Distrettuale di Firenze sostenendo la nullità della clausola per contrasto con l'art. 458 c.c.

La Cassazione rigetta il ricorso del notaio sostenendo che il patto *de qua* costituisca un patto successorio nullo e non un contratto a favore del terzo da eseguirsi dopo la morte dello stipulante consentito dall'art. 1412 c.c., dunque confermando la sanzione di cui al combinato disposto degli artt. 138, 58 e 28 della legge notarile nei confronti del notaio.

La questione di diritto posta al vaglio della Corte di Cassazione

La principale questione di diritto posta all'attenzione della Corte riguarda il rapporto fra i patti successori (nulli ai sensi dell'art. 458 c.c.) e il contratto a favore del terzo con prestazione da eseguirsi dopo la morte dello stipulante (valido ai sensi dell'art. 1412 c.c.). In particolare si tratta di comprendere quale sia il criterio per distinguere le due figure, al fine di capire poi in che termini possa essere inquadrato il patto *de qua*.

Premessa esplicativa: le tre figure di patti successori

L'art. 458 del codice civile dispone che, fatte salve le disposizioni in tema di patto di famiglia (artt. 768-*bis* ss.), "è nulla ogni convenzione con cui taluno dispone della propria successione. È del pari nullo ogni atto col quale taluno dispone dei diritti che gli possono spettare su una successione non ancora aperta o rinunzia ai medesimi".

La norma contiene il divieto dei patti successori, disciplinando unitariamente (la sanzione è sempre quella della nullità) le tre diverse possibili tipologie conosciute nel nostro ordinamento. Prima di procedere all'inquadramento della disposizione all'interno della sistematica del Libro II, occorre brevemente tratteggiare le tre diverse figure tipizzate, giacché l'inquadramento in termini di finalità e giustificazioni non è del tutto univoco.

L'art. 458 c.c. distingue fra:

1) "*Patto con cui taluno dispone della propria successione*": è questo il patto successorio c.d. istitutivo, sostanzialmente un vero e proprio "*contratto successorio*" (o "*mortis causa*", se si preferisce) col quale un soggetto – a titolo oneroso o gratuito poco importa, il divieto vale sempre – produce contrattualmente gli stessi effetti che si realizzerebbero col negozio testamentario, non potendo però più revocare quanto pattuito (data, appunto, la natura contrattuale del vincolo, *cfr*. art. 1372 c.c.).

In altre parole il (futuro) *de cuius* stipula un contratto (si ripete: dunque irrevocabile) con cui istituisce erede la propria controparte contrattuale o, comunque, le trasferisce un diritto in considerazione della propria morte. Se tali accordi fossero validi produrrebbero, in sostanza, gli stessi effetti di una disposizione testamentaria a titolo universale (erede) o particolare (legato).

2) "*Ogni atto con cui taluno dispone dei diritti che gli possono spettare su una successione non ancora aperta*", c.d. patto successorio dispositivo.

In questo caso non ci troviamo di fronte ad un negozio a causa di morte, cioè i cui effetti sono proiettati da un determinato soggetto, in considerazione della propria morte, successivamente alla stessa; ma ad un *atto tra vivi*, col quale le parti dispongono di diritti relativi ad una successione di un terzo non ancora apertasi. La norma in questo caso non parla di *convenzioni*, ma di *atti*, lasciando intendere di come sia del pari nulla anche la fattispecie a struttura unilaterale.

Esemplificando banalmente: Tizio dispone a favore di Caio – anche qui a titolo oneroso o gratuito – di alcuni diritti che dovrebbero pervenirgli dalla successione non ancora aperta del padre (ad es. vende o dona la piena proprietà di un bene nella convinzione che il padre glielo trasferirà col proprio testamento). Oggetto dell'atto *de qua* è dunque un insieme di diritti (o anche un solo diritto) considerati come parte della futura successione di un terzo.

È bene precisare che nel nostro ordinamento non è in alcun modo vietato disporre a titolo oneroso tra vivi di beni altrui (*cfr.* art. 1478 sulla "vendita di cosa altrui" che ha effetti reali differiti), ciò che è vietato è disporre di quei beni considerandoli come parte di una successione (non ancora aperta) di un altro soggetto.

3) "*[...] o rinunzia ai medesimi*", c.d. patto successorio rinunziativo.

Medesime considerazioni valgono per il patto rinunziativo, il quale, come quello dispositivo, ha natura giuridica *inter vivos* ed è vietato a prescindere dalla sua causa onerosa o gratuita. La struttura dell'atto può essere sia unilaterale (Tizio rinuncia all'eredità del padre ancora in vita volendo favorire coloro ai quali l'eredita spetterebbe qualora lui mancasse) sia bilaterale (Tizio stipula un contratto con Caio, al quale spetterebbe l'eredità di Terzo nel caso in cui il primo mancasse, con cui rinuncia all'eredità di Terzo ancora in vita a fronte di un corrispettivo in denaro o anche gratuitamente). Ancora una volta l'attenzione va posta sul fatto che la successione rispetto alla cui devoluzione si vuole rinunziare non sia ancora aperta, mentre ovviamente non vi sarebbero problemi nel caso in cui lo fosse (sarebbe infatti una semplice rinuncia all'eredità *ex* art. 519 c.c. o una rinuncia che importa accettazione *ex* art. 478 c.c.).

Delineata così, in prima approssimazione, la struttura dei patti successori possiamo iniziare a comprendere come la stipulazione oggetto della sentenza in commento presenti profili problematici, rischiando di impingere sia nel divieto di patti istitutivi sia in quello di patti rinunziativi.

In primo luogo il patto stipulato dai coniugi potrebbe integrare un patto successorio istitutivo nella misura in cui vincola il marito a destinare a favore di determinati beneficiari per il tempo in cui avrà cessato di vivere una porzione del proprio patrimonio senza poter più revocare la propria volontà. La convenzione che abbia per oggetto anche solo "la costituzione, lo scioglimento o l'estinzione di diritti relativi ad una successione non ancora aperta, facendo così sorgere [per il disponente] un *vinculum iuris* sicuramente costituisce un illecito patto successorio istitutivo" (Cass. civ., sez. II, n. 14566/2016).

Allo stesso tempo l'accordo, se guardato dalla prospettiva della moglie, può costituire un patto successorio rinunziativo: il coniuge, infatti, rientra nella categoria dei legittimari, ossia quei particolari soggetti a cui, in considerazione dello stretto legame di parentela col *de cuius*, l'ordinamento attribuisce "una quota di eredità o altri diritti" (art. 536 c.c.). La moglie, prestando il proprio consenso a che quella determinata porzione di beni del marito venga attribuita dopo la morte dello stesso ai rispettivi figli, rinuncia ad un proprio diritto afferente ad una successione non ancora aperta, integrando così un patto successorio rinunziativo. Il coniuge potrebbe disporre di propri diritti successori a favore di altri legittimari solo attraverso l'istituto del patto di famiglia, contemplato dall'art. 458. c.c. come unica deroga espressa al divieto di patti successori.

Segue: *ratio* del divieto e inquadramento sistematico

Per poter meglio comprendere le ragioni sottostanti alle problematiche sottese al rapporto fra la disciplina dei patti successori e quella del contratto a favore del terzo (artt. 1411 ss. c.c.) è indispensabile maturare consapevolezza circa il fondamento dell'istituto di cui all'art. 458 c.c., caposaldo del nostro diritto delle successioni.

Occorre muovere dall'assunto per cui il legislatore ha espresso una precisa scelta di preferenza per la successione testamentaria rispetto a quella legittima, come emerge dall'art. 457,2 c.c., per cui "non si fa luogo alla successione legittima se non quando manca, in tutto o in parte, quella testamentaria" (c.d. sussidiarietà della successione legittima). Il codice detta cioè un criterio di prevalenza e preminenza assoluta dell'interesse del testatore, il quale (al netto delle disposizioni dettate a tutela dei legittimari) potrà "indirizzare" la propria delazione come meglio crede: il testamento è, infatti, lo strumento privilegiato (*recte*: l'unico) per consentire al testatore la sistemazione complessiva del proprio patrimonio per il tempo in cui avrà cessato di vivere.

Atteso che la volontà del testatore campeggia sovrana nel nostro ordinamento successorio, occorre chiedersi quali requisiti questa debba avere, e per farlo occorre leggere la definizione che il codice civile dà del testamento: "un atto revocabile con il quale taluno dispone, per il tempo in cui avrà cessato di vivere, di tutte le proprie sostanze o di parte di esse" (art. 587 c.c.).

La prima caratteristica fisiognomica del testamento è dunque quella della costante revocabilità: l'interesse del testatore alla sistemazione complessiva delle proprie sostanze è meglio soddisfatto se questi è posto nelle condizioni di poter cambiare idea in qualsiasi momento, poiché ben potrebbero mutare la composizione del patrimonio, i rapporti affettivi ed i suoi interessi (*ambulatoria est voluntas testantis usque ad vitae supremum exitum*). La natura sempre revocabile del testamento è confermata da un coordinamento sistematico della definizione dell'art. 587 c.c. con altre disposizioni del Libro II, fra cui l'art. 589 c.c. sul divieto di testamento congiuntivo e di testamento reciproco (es. testamento congiuntivo: Noi Tizio e Tizia istituiamo erede Caio, es. testamento reciproco: Tizio istituisce erede Tizia e Tizia, nello stesso atto, nomina erede Tizio); l'art. 635 c.c. il quale commina la nullità per la disposizione testamentaria sottoposta a "condizione di reciprocità" (ossia la disposizione testamentaria condizionato al fatto che il beneficiario della stessa avvantaggi a sua volta il testatore, es. Io Tizio istituisco erede Caio sotto la condizione che questi a sua volta mi costituisca erede nel suo testamento); l'art. 679 c.c. il quale dispone che "non si può in alcun modo rinunziare alla facoltà di revocare o mutare le disposizioni testamentarie". La volontà del testatore è considerata dal legislatore così importante da spingerlo a disciplinare una eccezionale ipotesi di "sanatoria" di nullità, con cui anche disposizioni contenute in un testamento nullo possono essere oggetto di una (speciale) "conferma" (art. 590 c.c.).

In questa prospettiva dev'essere letta la norma che vieta il patto successorio istitutivo: se al testatore fosse consentito di stipulare un contratto, per definizione bilaterale ed irrevocabile se non col mutuo consenso (art. 1372 c.c.), questi priverebbe la proiezione della propria volontà per il tempo successivo alla morte del suo principale requisito, cioè quello della costante e piena revocabilità. La "*causa mortis*" non può trovare attuazione in un negozio a struttura contrattuale perché si comprometterebbe la (necessaria) natura costantemente revocabile della volontà testamentaria. Il divieto di patti successori istitutivi trova dunque la propria prima giustificazione nella preservazione della libertà testamentaria del *de cuius,* il quale dev'essere tutelato financo da sé stesso.

Vie più: la volontà tesa a realizzare l'interesse *mortis causa* non soltanto deve essere sempre revocabile, ma deve anche porre il testatore in una situazione di totale irresponsabilità per il caso in cui voglia cambiare idea. Il divieto dell'art. 458 c.c. pone cioè una regola generale di validità di tutto il sistema della circolazione della ricchezza a causa di morte: nel momento in cui il *de cuius* dispone delle proprie sostanze per il tempo successivo alla morte questi non deve trovare alcun limite nella tutela dell'altrui affidamento. A garantire tale risultato non basta la sola revocabilità, poiché anche un contratto revocabile, in cui ad es. il testatore si riserva il diritto di recesso, in caso di abuso nell'esercizio del diritto stesso, genererebbe obblighi (risarcitori) per violazione della buona fede (art. 1375 c.c.) verso la controparte, mentre ciò non può accadere nel caso in cui la ricchezza circola a causa di morte. Insomma, dal divieto di patti successori discende sistematicamente la generale inidoneità del testamento, unico veicolo per la volontà a causa di morte, a creare un qualsiasi affidamento per i terzi (PUTORTÌ, 2001).

La dottrina, poi, individua nel divieto del patto istitutivo quanto meno un'altra giustificazione di ordine tecnico-giuridico: nel nostro ordinamento sono contemplate soltanto due fonti della delazione, quella testamentaria e quella legittima (art. 457,1 c.c.: "L'eredità si devolve per legge o per testamento") mentre non è accordata alcuna cittadinanza al *tertium genus* contrattuale. Si aggiungono infine, secondo altri, ulteriori ragioni come la tutela del "principio di unità della successione" (il divieto argina la parcellizzazione del patrimonio ereditario) e il ruolo che assume la volontà del testatore non solo in quanto revocabile, ma anche come unica a dover essere interpretata una volta aperta la successione, mentre in caso di contratto quantomeno vi sarebbe un'influenza se non proprio un condizionamento della stessa.

A ben vedere, quanto detto finora vale però soltanto per i patti successori istitutivi, mentre, almeno sotto il profilo della revocabilità e della inderogabilità delle forme di delazione, nessun problema si profila per i patti successori dispositivi e rinunziativi.

La dottrina, infatti, individua una diversa ragione giustificativa per le figure di patti in parola, ritenendo che il divieto si riconnetta alla volontà di evitare il "desiderio di morte del *de cuius*" (c.d. *votum captandae mortis*) e/o a ragioni paternalistiche di disincentivo alla prodigalità. Secondo la manualistica la norma farebbe il paio con l'art. 771 c.c. in tema di donazione di beni futuri e sarebbe destinata ad evitare che un soggetto sperperi sostanze non proprie (troppo facile essere generosi con ciò che non è nostro) o non rifletta adeguatamente sulle conseguenze di atti che abbiano per oggetto beni non di sua titolarità.

***Segue*: il contratto a favore del terzo e il suo rapporto con l'art. 458 c.c.**

Di regola nel nostro ordinamento i contratti hanno forza di legge esclusivamente fra le parti e non producono alcun effetto nella sfera giuridica dei terzi (principio di relatività del contratto, art. 1372 c.c.). Il principio però soffre alcune deroghe, tant'è che il secondo comma della stessa disposizione consente che eccezionalmente, "nei casi previsti dalla legge", un negozio possa produrre direttamente effetti nella sfera giuridica di un terzo. Una prospettiva sistematica mostra di come il legislatore consenta la produzione di effetti diretti nella sfera del terzo solo quando venga soddisfatta una doppia condizione: gli effetti devono essere necessariamente favorevoli e il beneficiario deve in ogni caso potervi rinunciare (*invito beneficium non datur*). Gli esempi sistematici sono forniti dal meccanismo di acquisto automatico del legato, salva la facoltà di rinunziarvi (art. 649 c.c.), dalla disciplina della remissione del debito (art. 1236 c.c.) che consente al debitore di dichiarare di non volerne profittare, dalla disciplina del contratto con obbligazioni a carico del solo proponente in forza del quale il destinatario può rifiutare la proposta nel termine richiesto dalla natura dell'affare o degli usi ma, in mancanza, il contratto è concluso (art. 1333 c.c.) e, appunto, dalla disciplina del contratto a favore del terzo (art. 1411 c.c.).

L'eccezione più importante al principio di relatività è data dal contratto a favore di terzi (art. 1411 c.c.), con cui un soggetto (stipulante), se vi ha interesse, può deviare gli effetti favorevoli che derivano dal contratto da lui stipulato a favore di un altro soggetto.

Es. Tizio (acquirente) stipula con Caio (venditore) un contratto di vendita con clausola a favore del terzo Sempronio: il prezzo sarà corrisposto e versato da Tizio, ma gli effetti favorevoli (il trasferimento della proprietà del bene) si produrranno direttamente nella sfera giuridica di Sempronio, che così acquisterà la proprietà per effetto della stipulazione a suo favore.

Il contratto così delineato è ovviamente un contratto tra vivi, i cui effetti traslativi si producono immediatamente (direttamente nella sfera del terzo) e non pone alcun problema con riferimento alla disciplina dei patti successori. Qualche dubbio potrebbe sorgere però con riferimento alla fattispecie più particolare del "contratto a favore del terzo con prestazione da eseguirsi dopo la morte dello stipulante" (art. 1412 c.c.), per cui "se la prestazione deve essere fatta al terzo dopo la morte dello stipulante, questi può revocare il beneficio anche con una disposizione testamentaria e quantunque il terzo abbia dichiarato di volerne profittare, salvo che in quest'ultimo caso, lo stipulante abbia rinunciato per iscritto al potere di revoca.

La prestazione deve essere eseguita a favore degli eredi del terzo se questi premuore allo stipulante purché il beneficio non sia stato revocato o lo stipulante non abbia disposto diversamente".

In questo caso ci troviamo di fronte ad un identico schema di deviazione, nel senso che allo stesso modo le sole parti necessarie del contratto sono sempre lo stipulante ed il promissario, tuttavia gli effetti nella sfera del terzo non si producono immediatamente, ma solo al momento della morte dello stipulante.

La fattispecie di cui all'art. 1412 c.c. (al di là dell'ammissibilità che deriva dalla tipizzazione legislativa) secondo la dottrina prevalente non collide in alcun modo con la disciplina dei patti successori, questo perché nella fattispecie dell'art. 1412 c.c. la morte dello stipulante non assume in alcun modo rilevanza causale, ma semplicemente costituisce termine iniziale per l'esecuzione della prestazione. In altre parole, la differenza che sussiste tra il patto successorio istitutivo e il contratto a favore del terzo con prestazione da eseguirsi dopo la morte dello stipulante è data dalla diversa rilevanza che l'evento morte assume nelle due fattispecie: nel primo caso la morte del disponente assume piena rilevanza causale (in un contratto "*mortis causa*" il futuro *de cuius* trasferisce il bene in considerazione della propria morte), mentre nel secondo funge semplicemente da termine iniziale per l'esecuzione di una prestazione che non trova la propria ragione giustificativa nella morte del soggetto. Nel patto successorio la prestazione sorge proprio in dipendenza della morte di una parte, mentre nel contratto *ex* art. 1412 c.c. la morte è solo termine per l'esecuzione di ciò che è ormai già trasferito nella sfera del terzo.

L'atto *mortis causa* è quell'atto "che ha per funzione sua propria di regolare rapporti e situazioni che vengono a formarsi in via originaria con la morte del soggetto o che dalla sua morte traggono comunque una sua autonoma qualificazione" (GIAMPICCOLO, 1954), mentre questo non accade nel caso del contratto a favore del terzo con prestazione da eseguirsi dopo la morte dello stipulante, dove la prestazione principale è immediatamente "deviata", ma semplicemente verrà eseguita dopo la morte dello stipulante. La cartina di tornasole è data dal comma 2 dell'art. 1412 c.c., il quale stabilisce che in caso di premorienza del terzo (beneficiario) la prestazione deve essere eseguita in favore dei suoi eredi: dalla disposizione in esame si evince che l'acquisto del diritto non dipende dalla morte dello stipulante, ma si è anzi già prodotto (altrimenti non potrebbero succedervi gli eredi); semplicemente la sua esecuzione è "sospesa" fino al momento della morte dello stipulante.

La regola vale a tracciare il confine fra tutti i negozi fra vivi (ammissibili) con effetti posticipati alla morte di una parte e i patti successori istitutivi (nulli): in tutti i casi in cui la morte non assume centralità funzionale ma è semplicemente termine di esecuzione della prestazione, il negozio deve ritenersi valido, così ad esempio la dottrina prevalente reputa ammissibili la donazione *cum moriar* (cioè sottoposta a termine iniziale della morte del donante) e la donazione *si premoriar* (ossia sottoposta alla condizione della premorienza del donante) poiché entrambe sono caratterizzate dell'attualità dello spoglio (il donatario infatti acquista subito, seppure a termine iniziale).

Le tesi contrapposte di parte ricorrente e resistente

La tesi del ricorrente

Con un unico motivo di ricorso la parte ricorrente deduce (*ex* art. 360, n. 3, c.p.c.) la violazione e la falsa applicazione degli artt. 1411, 1412, per aver la Corte d'Appello di Firenze qualificato la convenzione come un patto successorio escludendo che fosse, piuttosto, un valido contratto a favore del terzo con prestazione da eseguirsi dopo la morte dello stipulante (art. 1412 c.c.). Secondo il ricorrente, infatti, la morte pressoché contemporanea dei coniugi dovrebbe rilevare semplicemente come profilo temporale relativo all'esecuzione della prestazione senza assumere rilevanza causale, con la conseguenza che ci si troverebbe di fronte ad un normale contratto a favore di terzo con effetti differiti dopo la morte dello stipulante.

La tesi del resistente

La Commissione Regionale di disciplina sostiene che il patto contenuto nell'atto notarile con cui i coniugi stabiliscono irrevocabilmente di destinare in caso di morte pressoché contemporanea degli stessi una percentuale di utili ai loro figli costituisca un patto successorio nullo. L'evento morte entrerebbe infatti nel profilo dinamico-funzionale della pattuizione, determinando il sorgere della prestazione proprio (e solo) in sua dipendenza. La nullità del patto, comporterebbe per il notaio l'applicazione delle sanzioni previste per la violazione dell'art. 28 della legge notarile (cfr. art. 58, 138, 2 l.n.)

La decisione della Corte

La massima

"Deve ritenersi che la convenzione con la quale due coniugi dispongono dei loro beni (o di una parte di essi), in favore dei loro rispettivi figli per il tempo in cui avranno cessato di vivere, stabilendo che l'accordo non potrà essere modificato senza consenso scritto manifestato da entrambi, limitando la possibilità per le parti di disporre dei loro beni mediante testamento, dà luogo ad un patto successorio, come tale vietato dall'art. 458 c.c., e perciò nullo, essendo per ciò stesso esclusa la valida configurabilità di un contratto a favore di terzi ai sensi dell'art. 1412 c.c.

Il divieto per il notaio di ricevere atti 'espressamente proibiti dalla legge', ai sensi della legge 16 febbraio 1913, n. 89, art. 28, comprende senz'altro gli atti affetti da nullità assoluta, quali quelli che includono patti successori, espressamente vietati dalla legge".

Motivazioni della Corte e brevi considerazioni esplicative

Alla luce di quanto esposto risulta più agevole comprendere la decisione della Cassazione, a cui si ritiene di aderire. Nel momento in cui i coniugi pattuiscono contrattualmente la devoluzione ai figli degli utili dell'impresa di uno di questi stanno evidentemente producendo con un contratto i tipici effetti del negozio testamentario, nonché rinunziando a diritti derivanti da una successione futura. L'attribuzione ai figli si produce proprio in funzione della morte di Tizio, la quale assume piena centralità causale: il negozio è, ad ogni effetto, "a causa di morte" ma caratterizzato da una incompatibile struttura contrattuale che ne determina la irrevocabilità. Confermando un proprio orientamento costante la Cassazione stabilisce che una convenzione che produce il medesimo effetto di un negozio testamentario attraverso la forma del contratto è da ritenersi un patto successorio vietato dall'ordinamento.

Correttamente dunque la Corte argomenta come segue: "*Secondo la giurisprudenza di questa Corte, dalla quale non v'è ragione di discostarsi, configurano un patto successorio sia le convenzioni aventi ad oggetto una vera e propria istituzione di erede rivestita della forma contrattuale, sia quelle che abbiano ad oggetto la costituzione, trasmissione o estinzione di diritti relativi ad una succes-*

*sione non ancora aperta, tali da far sorgere un '*vinculum iuris*' di cui la disposizione ereditaria rappresenti l'adempimento. Sussiste, pertanto, patto successorio [...] allorquando il promittente abbia inteso provvedere in tutto o in parte alla propria successione, accettando di sottoporsi ad un vincolo giuridico che lo ha privato dello* jus poenitendi.

Nella specie, con la convenzione ricevuta dal notaio, i coniugi hanno convenuto che 'in caso di morte pressoché contemporanea i proventi predetti passeranno ad entrambi i rispettivi figli in egual misura del 50%'.

Si tratta di una pattuizione con la quale le parti hanno chiaramente inteso regolare le rispettive successioni, con effetti vincolanti tra loro. Di ciò si trova conferma nella clausola che stabilisce che 'Il presente accordo non potrà essere modificato in alcuna parte senza consenso e firme di entrambi'; clausola – questa – che priva le parti della loro facoltà di disporre diversamente per testamento, sottraendo al de cuius *quella libertà di disporre della propria eredità che costituisce principio inderogabile dell'ordinamento*".

Precedenti conformi

Cass. civ., sez. II, n. 8335/1990.
Cass. civ., sez. II, n. 24450/2009.
Cass. civ., sez. II, n. 14566/2016.

Bibliografia essenziale

BOERO M.C., *Ancora incerti confini tra patto successorio e contratto a favore di terzo, in Rivista del Notariato*, 2018, 643 ss.

CAPOZZI G., *Successioni e Donazioni*, I, IV ed., Milano, 2015.

DIENER M.C., *Il contratto in generale*, 3ª ed., Milano, 2015.

GIAMPICCOLO G., *Il contenuto atipico del testamento. Contributo ad una teoria dell'atto di ultima volontà*, Milano, 1954, ristampa ESI, Napoli, 2010.

IEVA M., *Appunti per un'ipotesi di revisione del divieto dei patti successori*, in *Riv. not.*, 2018, 1 ss.

LA PORTA U., *Lezioni – Successioni a causa di morte*, Milano, 2016.

MAGLIULO F., *Il divieto del patto successorio istitutivo nella pratica negoziale*, in *Riv. not.*, 1992, 1418 ss.

MATTERA A., *La stipulazione a favore del terzo quale strumento alternativo alla devoluzione successoria*, in *Notariato*, 2017, 552 ss.

PUTORTÌ V., *Morte del disponente e autonomia negoziale*, Milano, 2001.

L'accettazione tacita dell'eredità (art. 476 c.c.)

Corte di Cassazione, sez. II, ord. 22 febbraio 2018, n. 4320

Fatti e svolgimento del processo

L'ordinanza in commento emessa dalla Suprema Corte di Cassazione si sofferma in ordine all'istituto dell'accettazione tacita dell'eredità.

La causa di merito è stata oggetto di cognizione in primo grado dal Tribunale di Varese e successivamente, in secondo grado, dalla Corte d'Appello di Milano: le Corti territoriali hanno dovuto dirimere una controversia insistente tra una società a responsabilità limitata (la Elipso Finance s.r.l.) e una privata cittadina (tale F.M.), in lite per questioni connesse a una procedura esecutiva immobiliare.

In particolare, nell'atto introduttivo, la società attrice ha ritenuto che la convenuta, in qualità di vedova e pertanto erede universale di P.P., avesse tacitamente accettato l'eredità coniuge compiendo uno specifico atto di natura patrimoniale consistito nell'effettuazione di prelievi di denaro sul conto corrente cointestato con il defunto marito.

La ricorrenza e la consistenza dei prelievi di denaro erano stati tali da ridurre il saldo contabile e disponibile del conto dapprima in negativo e successivamente a zero: le operazioni, come accertato giudizialmente, erano state finalizzate all'estinzione delle rate di un finanziamento fondiario concesso a entrambi i coniugi.

In primo grado la domanda attorea veniva rigettata e in sede di appello la statuizione sfavorevole trovava un'ulteriore conferma.

Ritenutasi lesa nei propri diritti, la società attrice ricorreva per Cassazione, articolando il proprio ricorso in tre specifici motivi.

La tesi del ricorrente

Per la società ricorrente, oltre alle doglianze di carattere processuale prospettate in sede di giudizio nomofilattico (ovvero innanzi alla Suprema Corte), la convenuta prelevando del denaro contante dal conto cointestato con l'obiettivo di estinguere un debito anche del defunto marito (si è osservato come il finanziamento fondiario fosse stato concesso a entrambi i coniugi), avrebbe così manifestato in maniera tacita e inequivocabile l'intenzione di accettare l'eredità di costui.

L'asserzione si fondava sulla digressione logica per cui il prelievo di denaro contante dal conto cointestato per estinguere un debito (anche) del *de cuius* si doveva giocoforza risolvere in un atto che presupponesse necessariamente la sua volontà di accettare e quindi lei non avrebbe avuto il diritto di compiere ciò se non nella qualità di erede, integrando di tal guisa il paradigma normativo dell'accettazione tacita come delineato dall'art. 476 c.c.

Decisione della Corte

Le massime

In tema di successioni per causa di morte, un pagamento del debito del *de cuius* a opera del chiamato all'eredità (con denaro dell'eredità) configura un'accettazione tacita, mentre nel caso in cui il chiamato adempia al debito ereditario con denaro proprio, quest'ultimo non può ritenersi per ciò stesso che abbia accettato l'eredità.

Nel conto corrente bancario intestato a più persone, i rapporti interni tra correntisti, anche aventi facoltà di compiere operazioni disgiuntamente, sono regolati dal comma 2 dell'art. 1298 c.c., in virtù del quale debito e credito solidale si dividono in quote uguali solo se non risulti diversamente. Ne consegue che, ove il saldo attivo risulti discendere dal versamento di somme di pertinenza di uno solo dei correntisti, si deve escludere che l'altro possa, nel rapporto interno, avanzare diritti sul saldo medesimo. Il prelevamento anche dell'intera giacenza del conto corrente a firma disgiunta, da parte del cointestatario del *de cuius*, non può costituire accettazione tacita dell'eredità, potendo essere esercitato in qualità di mero cointestatario e non necessariamente nella qualità di erede. A meno che, chi agisce in giudizio contro il cointestatario per vedere riconosciuta l'accettazione tacita dell'eredità da parte di quest'ultimo, non dimostri che il saldo attivo del conto corrente debba ritenersi discendere anche dal versamento di somme di pertinenza del defunto, ossia facenti parte dell'asse ereditario.

Le motivazioni

La Corte di Cassazione disattendeva tutti i motivi di doglianza prospettati dal ricorrente.

Per quel che qui interessa, le motivazioni dell'ordinanza ben rimarcavano il fatto che il pagamento di un debito del *de cuius* a opera del chiamato all'eredità, a differenza di un mero adempimento dallo stesso eseguito con denaro proprio, configura un'accettazione tacita, non potendosi estinguere un debito ereditario se non da colui che agisce quale erede.

Al riguardo, però, è necessario che sia fornita la prova che il pagamento sia stato effettuato con danaro prelevato dall'asse ereditario, mentre nel caso in cui il chiamato adempia al debito ereditario con denaro proprio, quest'ultimo non può ritenersi per ciò stesso che abbia accettato l'eredità.

Il principio di diritto espresso si poneva come prosieguo di principi analoghi già espressi in precedenza.

Per tralatizia giurisprudenza di legittimità in tema di successioni per causa di morte, un pagamento transattivo del debito del *de cuius* ad opera del chiamato all'eredità, a differenza di un mero adempimento dallo stesso eseguito con denaro proprio, configura un'accettazione tacita dell'eredità, non potendosi transigere un debito ereditario se non da colui che agisce quale erede (Cass. 27 agosto 2012, n. 14666).

Sulla scorta anche della direttrice interpretativa, peraltro richiamata nella ordinanza in commento, la Cassazione, dichiarando inammissibile il ricorso, specificava che nella vicenda di merito la Corte d'Appello avesse ritenuto che i prelevamenti anche dell'intera giacenza non potessero ritenersi effettuati dalla convenuta "*se non nella qualità di erede*", potendo effettuarsi anche quale mero cointestatario, titolare di poteri disgiunti verso la banca del tutto avulsi rispetto al contesto dell'apertura della successione.

Dirimenti allora le argomentazioni in merito all'onore della prova non assolto dalla società attrice come statuito nelle sentenze di merito.

Nel caso in esame, non era stata fornita alcuna prova che il pagamento fosse stato effettuato dalla convenuta con danaro prelevato dall'asse ereditario.

Brevi note esplicative: l'accettazione dell'eredità

L'ordinanza fornisce degli spunti di pregio che attengono, oltre a questioni prettamente processuali, all'istituto dell'accettazione tacita dell'eredità e al contratto di conto corrente bancario: in questa sede ci si limiterà a evidenziare le argomentazioni che hanno dissipato dei dubbi interpretativi in relazione al solo tema dell'accettazione tacita dell'eredità.

Come noto, la successione a causa di morte identifica il fenomeno in base al quale un soggetto subentra nei rapporti giuridici facenti capo a un altro soggetto alla morte di quest'ultimo e, in ossequio all'art. 457 c.c., ciò avviene per legge o per testamento.

La successione si apre al momento della morte nel luogo dell'ultimo domicilio del defunto individuato ai sensi dell'art. 43 c.c. e la fase che ne segue immediatamente è la vocazione – ovvero la chiamata ereditaria – che consiste nell'individuazione del soggetto chiamato a succedere.

Segue poi la delazione che investe l'aspetto oggettivo della successione e attiene al complesso di beni, diritti e posizioni soggettive che vengono offerte al chiamato.

Vi è da rammentare che all'apertura della successione non si verifica automaticamente il subentro degli eredi nella posizione giuridica del defunto, atteso che sia indispensabile che costoro accettino.

L'istituto è regolato dagli artt. 459 c.c. ss. e può assumere forme differenti.

L'accettazione espressa è una dichiarazione, contenuta in un atto pubblico o in una scrittura privata, mediante cui il chiamato accetta l'eredità e assume la qualità di erede: dottrina e giurisprudenza sono concordi nell'affermare che si tratti di un negozio giuridico unilaterale non recettizio assimilabile ai negozi per adesione (e pertanto non ammette termini o condizioni, né può essere parziale).

Una volta emessa, l'accettazione è irrevocabile e immodificabile.

L'accettazione tacita, disciplinata dall'art. 476 c.c., è integrata attraverso il compimento di un atto che presuppone la volontà di accettare e che può essere compiuto esclusivamente da colui che possiede la qualità di erede; per il profilo soggettivo, il chiamato deve essere consapevole di compiere un atto relativo a beni che gli sono pervenuti per successione e persegua (cioè voglia) gli effetti dell'atto che compie.

In dottrina si è osservato che "*a seconda del peso che si dà all'elemento soggettivo, muta anche la natura giuridica attribuita all'accettazione tacita. Quanti ne sottolineano l'importanza riconducono la volontà del* delato *ai negozi giuridici e, precisamente, ai negozi di attuazione o a un comportamento concludente. Al contrario, quanti evidenziano il profilo oggettivo la riconducono ai meri atti giuridici*" (Fratini).

In conclusione, si può dire che, secondo la posizione maggioritaria, nella fattispecie dell'accettazione tacita l'elemento soggettivo è rilevante solo per due aspetti: da un lato, è necessaria l'effettiva volontarietà degli effetti propri dell'atto a diverso contenuto (es. vendita), dall'altro lato occorre la consapevolezza che l'atto incida su beni ereditari di cui si è a conoscenza che sono a sé devoluti (es. vendita di bene ereditario), ma non anche quella degli effetti derivanti da esso (accettazione tacita dell'eredità: l'acquisto dell'eredità è effetto di legge) (Saporito).

L'assenza dei primi due aspetti soggettivi comporta un'imperfezione della fattispecie dell'accettazione tacita, che, quindi, non può ritenersi compiuta: è dunque consentita la prova diretta ad accertare la presenza o meno di essi (CAPOZZI).

Un recente caso concreto può fornire un valido ausilio per comprendere il ragionamento qui tracciato: la Cassazione, nel febbraio 2019, ha affermato che ai fini dell'accettazione tacita dell'eredità sono privi di rilevanza tutti quegli atti che, attese la loro natura e finalità, non sono idonei a esprimere in modo certo l'intenzione univoca di assunzione della qualità di erede come, ad esempio, la denuncia di successione, il pagamento delle relative imposte, la richiesta di registrazione del testamento e la sua trascrizione: infatti, trattandosi di adempimenti di prevalente contenuto fiscale, caratterizzati da scopi conservativi, il giudice del merito, a cui compete il relativo accertamento, può legittimamente escludere, con riferimento ad essi, il proposito di accettare l'eredità; peraltro, siffatto accertamento non può limitarsi all'esecuzione di tali incombenze, ma deve estendersi al complessivo comportamento dell'erede potenziale e all'eventuale possesso e gestione anche solo parziale dell'eredità (Cass. 19 febbraio 2019, n. 4843).

Infine l'accettazione presunta regolata *ex* artt. 477 e 478 c.c. che si configura laddove il chiamato compia delle fattispecie legali tipiche predeterminate: per la prima disposizione normativa, invero, "*la donazione, la vendita o la cessione, che il chiamato all'eredità faccia dei suoi diritti di successione a un estraneo o a tutti gli altri chiamati o ad alcuno di questi, importa accettazione dell'eredità*"; parimenti, l'art. 478 c.c. prevede che "*la rinunzia ai diritti di successione, qualora sia fatta verso corrispettivo o a favore di alcuni soltanto dei chiamati, importa accettazione*".

Precedenti giurisprudenziali

Cass. 27 agosto 2012, n. 14666.
Cass. 9 luglio 2018, n. 17970.
Cass. 6 giugno 2018, n. 14499.
App. Palermo 7 febbraio 2019.
Cass. 19 febbraio 2019, n. 4843.

Bibliografia essenziale

CAPOZZI G., *Successioni e donazioni*, Milano, 2002.
FRATINI M., *Compendio di diritto civile*, Molfetta, 2018.
GAZZONI F., *Manuale di diritto privato*, XV, Napoli, 2017.
SAPORITO L., *L'accettazione dell'eredità*, in P. RESCIGNO (a cura di), *Successioni e donazioni*, I, Padova, 1994.
TORRENTE A., SCHLESINGER P., *Manuale di diritto privato*, Milano, 2017.

La clausola di diseredazione e i rapporti con la rappresentazione

Corte di Cassazione, sez. II, sent. 17 ottobre 2018, n. 26062

Fatti e svolgimento del processo

Tizio, coniugato con Tizia, matrimonio da cui sono nati quattro figli, si riunisce in seconde nozze con Caia; da questa seconda unione nasce Caietta, che decede in data ... con il seguente testamento:

"[...] nelle piene mie facoltà mentali, dispongo che in caso di decesso, i miei beni vengano ripartiti fra le persone a me care, escludendo del tutto i miei fratelli e nipoti perché immeritevoli. 1) l'appartamento da me abitato ad una ragazza, orfana di entrambi i genitori, di accertata bontà d'animo e onestà di sentimenti. Ne sarà tutrice ed esecutrice testamentaria mia cugina [...]; 2) i mobili dello studio salotto e tutti i gioielli a ... quale mio regalo di nozze. 3) il pianoforte, le obbligazioni e il denaro sul mio conto corrente di [...] a [...]. 4) Usufruttuaria ed esecutrice testamentaria sarà mia cugina [...], la quale sceglierà l'orfanella che erediterà uno dei mei beni più preziosi".

A seguito di una complessa vicenda giudiziaria iniziata dai fratelli, nipoti e pronipoti di Caietta (cioè i figli e i successivi discendenti del matrimonio fra Tizio e Tizia) nei confronti delle cugine (beneficiarie di alcune disposizioni a titolo particolare), la Corte d'Appello di Messina qualifica tutte le disposizioni testamentarie come legati, dichiarando nulle quelle relativa all'appartamento (1) e all'usufrutto (4), rispettivamente perché lesive del principio di personalità testamentaria (art. 631 c.c.) e per indeterminatezza dell'oggetto, riconosce la validità della disposizione di esclusione dei fratelli e nipoti dalla successione, adeguandosi al nuovo orientamento della giurisprudenza di legittimità sulla clausola di diseredazione; dichiara quindi l'apertura della successione legittima su tutti i beni non compresi nel testamento a favore di tutti i parenti, esclusi i diseredati; così rigettando le domande degli attori.

Propongono ricorso per Cassazione gli eredi della beneficiaria di usufrutto e gli eredi degli altri beneficiari di lasciti testamentari, mentre resistono con controricorso i nipoti e i pronipoti della testatrice.

La Corte di Cassazione: a) conferma il recente orientamento circa l'ammissibilità di una clausola diseredativa (senza tuttavia affrontare direttamente il problema dell'ammissibilità della diseredazione del legittimario), b) affronta il tema dei rapporti della suddetta clausola con l'istituto della rappresentazione stabilendo che, di per sé, la clausola di diseredazione ha effetto soltanto nei riguardi del diseredato e non dei suoi discendenti salvo che non risulti una diversa volontà del testatore, spostando così la questione sul piano dell'interpretazione del testamento e c) stabilisce che a seguito della clausola diseredativa si apre la successione legittima e non testamentaria, avendo la clausola di diseredazione contenuto autonomo e sortendo quale proprio effetto la modificazione delle regole di concorso della successione legittima attraverso la sola esclusione dei diseredati.

La questione di diritto posta al vaglio della Corte di Cassazione

La Corte di Cassazione è chiamata a confermare l'ammissibilità di una clausola di diseredazione, cioè quella clausola volta ad escludere uno o più successibili legittimi dalla propria successione, a chiarire se la clausola diseredativa operi anche nei confronti dei discendenti del diseredato e a stabilire se a seguito di una clausola di diseredazione, quando le altre disposizioni non coprono l'intero asse ereditario, la successione sia regolata dalle norme sulla successione legittima o sulla successione testamentaria.

Premessa: nozione e percorso giurisprudenziale della clausola di diseredazione

La clausola di diseredazione è una disposizione testamentaria di contenuto negativo con cui il testatore esclude uno o più successibili dalla propria successione *ex lege*.

La dottrina più risalente, confortata dal formante giurisprudenziale (*cfr.* Trib. Reggio Emilia, 27 settembre 2000; App. Catania, 28 maggio 2003, Cass. civ. n. 1458/1967), ha tradizionalmente escluso la validità o l'efficacia della predetta disposizione, ritenendola ontologicamente incompatibile con la stessa nozione di disposizione testamentaria: secondo il combinato disposto degli artt. 587-588 c.c., i quali fanno riferimento alla disposizione di "sostanze" (art. 587 c.c.), di "universalità o quota di beni" (art. 588,1 c.c.) e di "beni determinati" (art. 588,2 c.c.), la disposizione testamentaria dovrebbe caratterizzarsi necessariamente per un contenuto positivo, cioè attributivo. Col testamento il testatore potrebbe cioè soltanto attribuire beni in vista del tempo in cui avrà cessato di vivere e non destituire un soggetto. Secondo l'impostazione "disporre negativamente" non equivarrebbe a "disporre" e, dunque, la disposizione testamentaria di diseredazione sarebbe affetta da nullità, salvo non si possa ravvisare implicitamente nella stessa una volontà istitutiva del testatore.

In un secondo momento la giurisprudenza, pur condividendo in linea di massima la tesi dell'invalidità della disposizione diseredativa, al fine di "salvare" la volontà espressa in alcuni testamenti olografi, ha fatto salvi gli effetti di alcune clausole di diseredazione ravvisando, nell'interpretazione concreta del testamento, una implicita volontà attributiva: si è sostenuto cioè che il testatore, escludendo uno o più successibili dalla propria successione, volesse con la predetta disposizione in realtà istituire gli eredi non destituiti, rispettando così la struttura necessariamente attributiva del testamento (Cass. civ. n. 6339/1982, Cass. civ. n. 5895/1994). Entro questi stretti limiti – e con un certo grado di aleatorietà dato dalla sensibilità del caso concreto – veniva quindi considerata valida la clausola di diseredazione. I dubbi, tuttavia, si ponevano specialmente per i casi in cui il testamento si esaurisse in una sola disposizione diseredativa, senza che si provvedesse nella scheda testamentaria ad istituire contestualmente altri soggetti coprendo l'intero asse ereditario. Specialmente in questi casi, infatti, era piuttosto arduo ravvisare una implicita volontà istitutiva.

Esemplificando: se il testamento recita semplicemente "Diseredo (o 'Escludo dalla mia successione') mio fratello Tizio", difficilmente può desumersi una implicita volontà istitutiva degli eventuali altri eredi legittimi. Se invece la clausola di diseredazione si accompagna ad altre istituzioni è più semplice ravvisare tale volontà ("Escludo dalla mia successione mio fratello Tizio e istituisco eredi universali del mio intero patrimonio nelle quote di ... i miei fratelli Caio e Sempronio").

Già in tale periodo storico parte della dottrina avvertiva un certo senso di insoddisfazione nei confronti dell'orientamento espresso dal formante giurisprudenziale, ritenendo che, in realtà, diverse potessero essere le argomentazioni per sostenere la validità di una clausola diseredativa.

L'argomento principale riguarda(va) la stessa causa del testamento: il negozio testamentario non è funzionale alla sola distribuzione di beni, ma è in grado di dare assetto anche ad interessi di natura non patrimoniale; la *causa mortis* non sarebbe cioè meramente attributiva, ma sarebbe quella della sistemazione complessiva del proprio patrimonio e più in generale dei propri interessi, non solo di natura strettamente patrimoniale. Il principio del *favor testamenti* consentirebbe all'autonomia privata di esprimersi a trecentosessanta gradi, senza essere vincolata alla natura meramente patrimoniale dell'attribuzione, potendo sostanziarsi anche nello sradicamento di un soggetto dalla propria successione.

In uno storico precedente (Cass. civ. n. 8352/2012) la Corte di Cassazione fa proprie le argomentazioni della dottrina e riconosce la validità della disposizione diseredativa, per più ragioni.

In primo luogo si riconosce la compatibilità della disposizione testamentaria con un qualsiasi tipo di assetto, attributivo o meno, patrimoniale o non patrimoniale, prefigurato dal *de cuius*. Nella lettura dell'art. 587 c.c. si sposta l'attenzione dalle "sostanze" e si valorizza il significato del termine "disporre", che non significa soltanto attribuire, ma più generalmente "regolare". La disposizione testamentaria può quindi avere anche contenuto destitutivo, in quanto finalizzata alla regolazione dei futuri rapporti del *de cuius* per quando questi avrà cessato di vivere. Anche attraverso la destituzione si indirizza la delazione e non avrebbe senso disconoscere tale facoltà all'autonomia testamentaria.

L'emancipazione della disposizione testamentaria dal contenuto schiettamente attributivo di beni e sostanze, del resto, avverrebbe già per mano del legislatore, il quale ha disciplinato numerose diposizioni di contenuto non strettamente patrimoniale fra cui la dispensa da collazione (art. 737 c.c.), l'onere testamentario (art. 647 c.c.), l'assegno divisionale semplice (art. 733 c.c.), le norme sulla ripartizione dei debiti ereditari (art. 752 c.c.), i divieti alla divisione ereditaria (art. 713 c.c.), le disposizioni a suffragio dell'anima (art. 629 c.c.), la disposizione contraria alla costituzione della servitù per destinazione del padre di famiglia (art. 1062 c.c.).

Infine, la clausola sarebbe ammissibile per un argomento di ordine logico: poiché il testatore ben potrebbe realizzare un effetto equivalente a quello destitutivo attribuendo l'intero proprio patrimonio a favore di soggetti diversi da quelli che ha intenzione di escludere, non si capisce perché il medesimo risultato non possa essere raggiunto direttamente dal testatore mediante una diposizione espressa. Così come il testatore può pretermettere un soggetto, allo stesso modo deve essergli consentito escluderlo espressamente, data l'identità di risultato.

Con questo precedente così la Corte di Cassazione sdoganava definitivamente la clausola di diseredazione, peraltro pronunciandosi su una scheda testamentaria che conteneva soltanto una disposizione diseredativa non accompagnata da altre disposizioni istitutive, riconoscendo la validità autonoma della disposizione di diseredazione.

Tuttavia la sentenza ha lasciato alcune questioni irrisolte, fra cui l'ammissibilità della diseredazione del legittimario, i rapporti con l'istituto della rappresentazione e la natura testamentaria ovvero legittima della successione apertasi a seguito della non integrale copertura dell'asse col testamento che prevede una disposizione di diseredazione.

Con riferimento al coordinamento con l'istituto della rappresentazione (artt. 467 ss. c.c.), in forza del quale i discendenti dei figli e dei fratelli del *de cuius* subentrano "nel luogo e nel grado" dell'ascendente (c.d. rappresentato) per il caso in cui questi non "voglia" o non "possa" (*sub specie* perché escluso a mezzo della diseredazione) accettare l'eredità, in particolare residuava il dubbio circa la natura personale della clausola diseredativa ovvero la sua estensibilità anche ai discendenti rappresentanti. La questione era cioè comprendere se la disposizione valesse esclusivamente nei confronti del soggetto diseredato oppure se la destituzione colpisse in automatico anche i suoi discendenti, sradicando quindi l'intera stirpe.

Le tesi contrapposte di parte ricorrente e ricorrente incidentale

La tesi del ricorrente incidentale (i pronipoti)

I pronipoti della testatrice sostengono che la clausola di diseredazione, al pari dell'indegnità, abbia natura esclusivamente personale e dunque produca effetti solamente nei confronti del diseredato. I discendenti del diseredato, pertanto, ben possono succedere per rappresentazione, non venendo personalmente esclusi a seguito della diseredazione dell'ascendente.

Poiché la scheda testamentaria faceva riferimento alla sola esclusione di "fratelli e nipoti" sarebbe errato ritenere l'operatività della clausola diseredativa anche nei confronti dei pronipoti, che dunque sono chiamati *ex lege* e hanno titolo per succedere. La testatrice, del resto, nemmeno conosceva i pronipoti e dunque non poteva avere nei confronti dei medesimi alcuna ragione di avversione che giustificasse la loro esclusione.

L'estensione anche ai pronipoti comporterebbe la violazione dell'art. 572 c.c. che regola la successione dei parenti e in forza del quale i pronipoti avrebbero un diritto di successione autonomo rispetto a quello dei propri ascendenti.

La tesi del ricorrente principale (discendenti delle cugine)

I ricorrenti principali fondano il proprio ricorso su una questione di carattere processuale: la corte di Messina avrebbe errato nel dichiarare la nullità delle disposizioni attributive a favore delle cugine in quanto questione subordinata rispetto a quella della validità della clausola di diseredazione e della sua efficacia anche nei confronti dei ricorrenti incidentali (i pronipoti).

Una volta ammessa l'efficacia della diseredazione anche nei confronti dei pronipoti e che dunque questi, in quanto esclusi, non sono successibili *ex lege*, la corte avrebbe dovuto fermarsi a questa statuizione, senza pronunciarsi sulla validità delle disposizioni testamentarie attributive (i legati a favore delle cugine) perché l'esclusione dalla successione determina la carenza di un qualsiasi interesse ad agire dei diseredati rispetto alle altre disposizioni.

La Corte d'Appello avrebbe anche errato nel dichiarare l'apertura della successione legittima nei confronti di tutti gli altri parenti (non diseredati), i quali non hanno formulato alcuna domanda in tal senso, non essendosi nemmeno costituiti.

La decisione della Corte

La massima

"La diposizione testamentaria negativa impedisce la vocazione dell'escluso, ma non può eliminare l'astratta designazione contenuta nella legge, creando una fattispecie identica rispetto ad altre ipotesi di rappresentazione, in particolare rispetto a quella dell'indegnità a succedere. Va quindi affermata la regola dell'efficacia meramente personale della diseredazione e della sua non estensione *ipso iure* all'intera stirpe dell'escluso. Ma è ovvio che rimane salva la possibilità che il testatore disponga in modo diverso, escludendo dalla successione anche tutti i discendenti della persona contemplata. In altre parole, il rapporto fra diseredazione e rappresentazione non pone un problema di validità, ma di ermeneutica negoziale".

"L'effetto della clausola di diseredazione, riconosciuta valida in sé per sé, è quello di modificare autonomamente la successione legittima, valendo a impedire la vocazione *ex lege* dell'escluso e lasciando ferma per il resto la normale operatività della successione legittima. Ciò sia quando la clausola di diseredazione sia l'unico contenuto del testamento, sia quando ad essa si accompagnino autonome disposizione positive. Salvo il caso in cui si desuma dal testamento la volontà di istituire quali propri eredi i non destituiti per mezzo della clausola di rappresentazione (il che determinerebbe l'apertura della successione testamentaria), la successione che si apre su quanto non disposto dal testatore è legittima e modificata nel suo operare soltanto per l'esclusione del diseredato dal concorso".

Motivazioni della Corte e brevi considerazioni esplicative

La Cassazione conferma, ove ve ne fosse stato bisogno, l'ammissibilità della clausola diseredativa e ne afferma la natura personale, cioè idonea ad escludere solo il soggetto espressamente contemplato, senza che vi sia un'automatica estensione anche nei confronti dei discendenti dell'escluso.

Ciò nondimeno si stabilisce che naturalmente, in astratto, nulla vieta al testatore di escludere l'intera stirpe, sicché la questione riguarda esclusivamente l'interpretazione della volontà testamentaria, dovendosi capire se è intenzione del testatore limitare la destituzione ad un solo soggetto oppure sradicare dalla propria successione anche i suoi discendenti, questione afferente al merito e dunque sottratta al giudizio di legittimità.

Nel caso concreto la Corte d'Appello di Messina aveva correttamente ritenuto che la testatrice volesse escludere non soltanto i fratelli e i nipoti, ma anche i pronipoti, ciò perché nel linguaggio comune il termine "nipoti" comprende anche quello di pronipoti. In primo luogo quindi già il significato letterale dell'espressione utilizzata dalla testatrice sarebbe stato idoneo a comprendere anche i discendenti. Peraltro, l'analisi ermeneutica complessiva della scheda testamentaria suggerisce una chiara volontà della testatrice di contrapporre al ramo (materno) delle cugine quello (paterno) dei fratelli, avendo la stessa disposto di beni a favore delle cugine e affidato a una di queste l'incarico di esecutrice testamentaria. A nulla varrebbe, si aggiunge, sostenere che la testatrice non aveva mai conosciuto i pronipoti, in quanto i dissapori che la avrebbero indotta ad escludere l'intera stirpe fraterna deriverebbero pur sempre da attriti nei confronti dei fratelli stessi. Il ricorso incidentale dei pronipoti viene dunque rigettato.

L'esclusione dalla successione dei pronipoti determina, conseguentemente, la loro carenza di interesse ad agire rispetto alla validità delle altre disposizioni testamentarie, poiché per poter vantare un interesse ad agire per far accertare l'invalidità della disposizione occorre vantare un diritto successorio che si conseguirebbe in dipendenza della predetta invalidità, ciò che non può valere per il diseredato (che è escluso definitivamente dalla successione). La Corte d'Appello ha dunque errato nell'accertare la nullità delle disposizioni a titolo particolare a favore delle cugine.

La Cassazione, infine, accoglie completamente il ricorso delle cugine stabilendo anche che, nel caso in cui il testamento non abbia coperto l'intero asse ereditario, la successione che si apre sui beni di cui il testatore non ha disposto è una successione legittima e non testamentaria. La clausola di diseredazione in se per sé non ha alcun effetto istitutivo nei confronti dei successibili legittimi non diseredati, ma semplicemente, da un punto di vista tecnico, si limita a restringere la chiamata *ex lege*: di conseguenza la successione che si apre su quanto non positivamente attribuito non è testamentaria con una istituzione implicita di tutti i successori *ex lege* non diseredati (in quote uguali fra loro); ma è una normale successione legittima, che dunque opera secondo le regole di prossimità del concorso degli artt. 566 ss. (*sub specie* art. 572 c.c. "successione degli altri parenti"), caratterizzata dalla sola differenza dell'esclusione dei diseredati.

Il passaggio è delicato, ma un esempio pratico può aiutare a chiarirlo, tenendo a mente che le regole della successione legittima operano secondo il principio del grado, per cui all'interno della medesima classe (nel nostro caso quella dei parenti) il parente più prossimo esclude tutte gli altri.

Si immagini che il testatore "Primo" muoia lasciando a sé superstiti solo quattro parenti, di cui tre di quarto grado (i cugini, cioè i figli della sorella della madre, "Tizio, Caio e Sempronio") e uno di quinto (il figlio del cugino del padre, "Mevio") e nel proprio testamento si limiti a diseredare il cugino Tizio. Se dalla diseredazione discendesse un'istituzione implicita e quindi si aprisse la successione testamentaria l'eredità si devolverebbe a Caio, Sempronio e Mevio nelle quote di 1/3 ciascuno; se invece si accede alla tesi della Cassazione per cui si apre la successione legittima, allora valgono le regole di prossimità e l'eredità si devolve solo a Caio e Sempronio nelle quote di 1/2 ciascuno, venendo Mevio escluso per la minor prossimità di grado.

In buona sostanza viene definitivamente chiarito che la diseredazione è pienamente valida anche come disposizione autonoma: quando si verifica un concorso fra successione legittima e testamentaria in forza della mancata copertura totale dell'asse ereditario (art. 457 c.c.), o in forza dell'invalidità di alcune disposizioni, l'effetto della clausola diseredativa resta soltanto quello di alterare l'ordine dei successibili *ex lege*, senza che tuttavia cambi necessariamente la fonte della delazione che resta, pertanto, legittima. L'effetto tipico della clausola diseredativa in tali casi è solo quello di impedire la successione dell'escluso, senza alcuna altra alterazione delle regole della delazione.

Quanto esposto non esclude che, in astratto, il testatore voglia per mezzo della clausola di diseredazione istituire i parenti non diseredati, con conseguente chiamata testamentaria in loro favore, ma ciò deve risultare dal contenuto del testamento.

La corte non poteva perciò devolvere l'eredità ai parenti fino al sesto grado, collettivamente e indipendentemente dal grado di parentela di ciascuno sia perché la clausola di diseredazione non determina di per sé l'apertura della successione testamentaria sia perché, al di là dei cugini, la cui esclusione è stata accertata nessun altro parente è intervenuto nel giudizio o ha proposto domanda.

Una questione irrisolta: la diseredazione del legittimario

Resta aperta infine un'ultima questione, assai più problematica, che ancora divide la dottrina (e di cui la Cassazione non poteva occuparsi perché non direttamente oggetto del caso concreto), cioè la validità della clausola di diseredazione nei confronti del successibile legittimario. Per meri fini di completezza si riportano brevemente le ragioni a sostegno della tesi favorevole e contraria all'ammissibilità della predetta disposizione.

Gli autori che ritengono invalida la diseredazione quando destinatario ne sia un legittimario fondano il proprio convincimento sull'inderogabilità delle norme sulla successione legittima (art. 457,3 c.c.) e sull'incompatibilità di una clausola di contenuto negativo con il sistema dell'azione di riduzione. L'intero sistema dell'azione di riduzione (art. 553 ss. c.c.), il cui effetto è quello dell'inefficacia relativa (cioè nei confronti del legittimario che agisce in riduzione) della disposizione lesiva della quota di riserva, si impernia sul presupposto che la disposizione lesiva abbia contenuto attributivo. L'azione di riduzione è infatti un'azione personale, diretta contro il beneficiario della disposizione lesiva della quota di legittima e con questa mal si concilia la disposizione di contenuto negativo, sicché il rimedio dovrebbe essere quello della nullità (secondo altri perché cade nel divieto dell'art. 549 c.c.).

Altra parte della dottrina (BARBA, 2012), ritiene invece valida la diseredazione del legittimario, ciò in quanto come al testatore è consentito escludere il legittimario indirettamente attribuendo tutto il proprio patrimonio a soggetti terzi, allo stesso modo deve essergli consentito escluderlo direttamente attraverso un'espressa diseredazione. Il legittimario diseredato ovviamente potrebbe comunque agire in riduzione e il rimedio sarebbe senz'altro compatibile con la clausola di contenuto negativo, anzi a ben vedere sarebbe più coerente.

Infatti se si considerasse la clausola radicalmente nulla paradossalmente si priverebbe il legittimario del diritto di rinunciare all'azione di riduzione dopo la morte del testatore (art. 557,2 c.c.), imponendogli, nel caso in cui questi voglia rispettare la volontà testamentaria (o per altre ragioni non voglia succedere), una ben più onerosa rinuncia all'eredità (se la clausola fosse nulla, nel caso di apertura della successione legittima sarebbe chiamato come erede). Tutto il sistema delle lesioni quantitative della quota di legittima sarebbe imperniato sul rimedio (successivo e rinunciabile) dell'azione di riduzione e se si ritenesse la clausola di diseredazione del legittimario nulla si avrebbe, paradossalmente, la conseguenza per cui la volontà del testatore è meno rispettata nel caso in cui sia stata espressa esplicitamente, senza che vi sia possibilità di conservarla.

Un ulteriore indizio sistematico circa l'ammissibilità della diseredazione del legittimario sarebbe poi data con l'introduzione (legge n. 219/2012) dell'art. 448-*bis* c.c. con cui, seppure nella particolare ipotesi del genitore decaduto dalla responsabilità genitoriale, viene consentito di escludere un (potenziale) legittimario dalla successione.

Nonostante la questione non sia stata affrontata direttamente dalla pronuncia in commento, in un *obiter* la Cassazione sembra esprimere una preferenza per la tesi negativa ("Preme solo sottolineare che nella fattispecie decisa da Cass. n. 8352/2012 la diseredazione era stata disposta nei confronti dei discendenti di un fratello premorto del testatore, che non sono legittimari, come non lo sono i fratelli 'rappresentati'").

Precedenti conformi

Cass. civ. n. 8352/2012.

Precedenti difformi

Cass. civ. n. 1458/1967.
Cass. civ. n. 6339/1982.
Cass. civ. n. 5895/1994.

Bibliografia essenziale

BARBA V., *La disposizione testamentaria di diseredazione*, in *Famiglia, persone, successioni*, 11, 2012, 767.

BARBA V., *Ragionevolezza e proporzionalità nel diritto delle successioni*, in *Riv. dir. priv.*, 4, 2018, 515.

BIN M., *La diseredazione. Contributo allo studio del contenuto del testamento*, Torino, 1966.

CAPOZZI G., *Successioni e donazioni*, I, Milano, 2015, 4ª ed.

CATALANO R., *La diseredazione: profili storici e questioni attuali*, in *Riv. not.*, 4, 2017, 741.

IEVA M., *Manuale di tecnica testamentaria*, Padova, 1996.

PERLINGIERI G., *La diseredazione e il pensiero di Alberto Trabucchi*, in *Famiglia, persone, successioni*, 1, 2017, 341.

TORRENTE A., (voce) *Diseredazione (diritto vigente)*, in *Enc. dir.*, XIII, Milano, 1964, 102.

TRABUCCHI A., *L'autonomia testamentaria e le disposizioni negative*, in *Riv. dir. civ.*, 1970, 1, I, 39.

Proprietà e possesso

"Contro i mulini a vento": possesso in buona fede e acquisto di diritti d'autore

Corte di Cassazione, sez. I, sent. 3 gennaio 2017, n. 39

Fatti e svolgimento del processo

La signora K e la società ESP convenivano in giudizio il sig. B perché fosse accertata la proprietà di K sulla pellicola cinematografica da lui posseduta, quale spezzone del lungometraggio *Don Chisciotte*, e fosse altresì accertata la titolarità dei diritti economici di sfruttamento dell'opera in capo alla società ESP, chiedendo il contestuale sequestro giudiziario della pellicola e il risarcimento del danno. In via riconvenzionale, il sig. B chiedeva di accertare la sua legittima proprietà a norma dell'art. 1153 c.c. e, in via subordinata, a norma dell'art. 1161 c.c.

In primo grado, il Tribunale adito accoglieva le domande di parte attrice rigettando la domanda riconvenzionale del convenuto.

La decisione veniva confermata in sede di gravame, dove la Corte d'Appello di Roma (13 giugno 2012) chiariva come il titolare esclusivo del diritto d'autore sull'opera dell'ingegno fosse originariamente il regista W, il quale aveva legittimamente ceduto la proprietà del materiale cinematografico e i diritti di utilizzazione economica alla signora K, la quale a sua volta li aveva ceduti alla società ESP.

La Corte riteneva infondate le domande del sig. B, negando l'applicabilità del principio del possesso vale titolo, tanto più in difetto di buona fede; chiarendo come il sig. B, collaboratore del regista W, non avesse mai avuto un autonomo potere di fatto sul bene, bensì una mera detenzione, in quanto semplice custode, senza che si palesasse alcun atto di interversione nel possesso. La Corte quindi precisava come il possesso della pellicola cinematografica (quale opera immateriale) non fosse assimilabile al possesso di beni mobili, in ragione della speciale natura delle opere dell'ingegno, caratterizzate dall'esistenza di un supporto materiale in sé contenente l'opera immateriale, quest'ultima oggetto di tutela autoriale, ritenendo così infondata la domanda di usucapione.

Vistosi rigettare ogni sua pretesa, il sig. B proponeva ricorso per Cassazione, articolandolo in cinque motivi.

La questione di diritto posta al vaglio della Corte di Cassazione

Il problema giuridico che si riassume nelle doglianze del ricorrente è chiarire se si possa ammettere l'applicabilità, ai beni immateriali protetti dal diritto d'autore, del principio del "possesso vale titolo", secondo cui il possesso in buona fede e la sussistenza di un titolo astrattamente idoneo al trasferimento del diritto legittimano – ai sensi dell'art. 1153 c.c. – l'acquisto a non domino del bene mobile ricevuto in consegna.

Le tesi contrapposte di parte ricorrente e resistente

Le pretese del ricorrente

In somma sintesi, la tesi di parte ricorrente si sostanzia nella pretesa a che sia riconosciuta la titolarità dei diritti d'autore sulla pellicola cinematografica, asseritamente acquisiti grazie all'operatività della norma di cui all'art. 1153 c.c. A parere del ricorrente, la Corte d'Appello avrebbe difatti dovuto accertare il suo acquisto a titolo originario dell'opera immateriale cinematografica, per effetto del possesso in buona fede esercitato sulla pellicola, per costui del tutto assimilabile a un qualsiasi altro bene mobile. In subordine, in mancanza di un titolo idoneo, per il ricorrente il giudice di merito avrebbe quantomeno potuto accertare l'usucapione ai sensi dell'art. 1161 c.c., in ragione del suo possesso continuato e in buona fede. Negando che egli fosse un semplice custode, quindi mero detentore, il giudice del merito avrebbe dovuto – secondo il ricorrente – accogliere il ricorso anche sulla base delle testimonianze prodotte in giudizio delle prove documentali che, a rigore, confermavano come egli avesse acquistato a tutti gli effetti il bene.

Con il primo motivo di gravame, il ricorrente denuncia contraddittorietà della motivazione, in ragione dell'erronea valutazione di prove testimoniali relativamente all'acquisto dei diritti sul materiale cinematografico.

Nel secondo motivo, si denuncia contraddittorietà di motivazione relativamente alle testimonianze, erroneamente interpretate nel senso di confermare la consapevolezza di B che la società V. non fosse proprietaria e che pertanto non potesse effettuare alcun atto di cessione rispetto alla pellicola presso di sé depositata.

Con il terzo motivo, il ricorrente evince omessa motivazione, avendo la Corte di merito escluso il possesso continuato e in buona fede richiesto ai fini dell'usucapione che, secondo il ricorrente, si potrebbe desumere anche dalla presenza di un atto traslativo della proprietà nullo e idoneo a dimostrare l'esistenza di *animus sibi habendi.*

Nel quarto motivo di doglianza, connesso al terzo, il ricorrente deduce omessa motivazione per non aver assimilato il possesso delle pellicole cinematografiche al possesso di beni mobili, violando gli artt. 89 e 109, legge 22 aprile 1941, n. 633.

Il quinto motivo deduce violazione dei precetti di cui agli artt. 1153 e 1376 c.c. e contraddittorietà della motivazione, avendo erroneamente la corte ritenuto che la somma pagata alla società V presso la quale la pellicola era stata inizialmente depositata e che al ricorrente l'aveva successivamente consegnata, non fosse da imputare al prezzo della compravendita, bensì alle spese di una mera custodia.

La difesa delle resistenti

Pur non essendo esplicitata nella pronuncia alcuna particolare difesa di parte resistente, è ragionevole supporre che essa abbia inteso contestare interamente le pretese del ricorrente assumendo l'inapplicabilità del principio del possesso vale titolo ai fini dell'acquisto dei diritti d'autore. Ciò in ragione della peculiare natura del bene immateriale, qui rappresentato dall'opera dell'ingegno cinematografica.

Tale confutazione, in larga misura confortata dalla dottrina e dalle limitate pronunce giurisprudenziali sul tema, valorizzerebbe la natura speciale dei diritti d'autore, il cui acquisto – a titolo originario – sorge per l'effetto della semplice creazione dell'opera e non è assoggettato ad alcuna particolare formalità. Al tempo stesso, tale difesa verrebbe rafforzata da un ulteriore principio cardine del diritto d'autore, che impone di distinguere e tenere su due piani distinti, da una parte, il supporto materiale che racchiude l'opera, dall'altra, l'opera immateriale in sé protetta.

Premessa. Il possesso in buona fede e l'acquisto dei diritti d'autore sull'opera dell'ingegno (in particolare: l'opera cinematografica)

La pronuncia in commento, incentrata sulla configurabilità della regola del "possesso vale titolo" nell'ambito del diritto d'autore, consente di riflettere su un principio di assoluta centralità nel sistema dei diritti reali e della proprietà, ma che trova al contrario un limitato e contrastato spazio nell'ambito della proprietà c.d. intellettuale e, in particolare, del diritto d'autore, acquistando un interesse e un rilievo interpretativo ancor più meritevole di attenzione.

Ai sensi dell'art. 1153, comma 1, c.c., precetto che introduce una delle ipotesi di acquisto a non domino, la buona fede del possessore e l'esistenza di un titolo astrattamente idoneo a trasferire la proprietà consentono di acquistare il bene anche dal non proprietario. La norma, disciplinante gli effetti dell'acquisto del possesso, prevede letteralmente che "colui al quale sono alienati beni mobili da parte di chi non ne è proprietario, ne acquista la proprietà mediante il possesso, purché sia in buona fede al momento della consegna e sussista un titolo idoneo al trasferimento della proprietà".

Un'attenta lettura della disposizione in questione consente di individuare i quattro requisiti essenziali perché si possa applicare il principio. In primo luogo, l'acquisto dovrà concernere beni mobili per loro natura suscettibili di possesso. In secondo luogo, dovrà sussistere un titolo di acquisto che sia in modo astratto idoneo a consentire il trasferimento della proprietà, benché a non domina. In terzo luogo, colui che acquisisce il bene dovrà aver conseguito l'effettivo possesso dello stesso mediante consegna o *traditio*, senza la quale non si potrebbe ritenere realizzata la situazione possessoria. Da ultimo, l'acquirente dovrà essere in buona fede al momento della consegna, quindi nel momento in cui entra in possesso del bene, così ignorando di ledere un diritto altrui.

La *ratio* sottesa alla norma di cui si tratta è evidente: legittimando tali ipotesi di acquisto, si intende tutelare la peculiare situazione in cui un soggetto, pur non essendo proprietario in virtù di un espresso titolo, sia riconosciuto dall'ordinamento quale legittimo acquirente del bene in ragione del potere di fatto esercitato sul bene medesimo.

La norma, a ben vedere, riferisce unicamente di beni mobili e, letta in combinato disposto con l'art. 1156 c.c., esclude l'applicabilità a universalità di mobili e beni mobili registrati. Nulla dice, del resto, in merito ai beni immateriali quali, per esempio, le opere cinematografiche, con la conseguenza che la sua applicabilità a tale particolare categoria di beni è rimessa essenzialmente al giudizio dell'interprete, il quale deve tuttavia tener conto delle peculiarità della normativa autoriale.

Nell'ambito del diritto d'autore, i beni oggetto di tutela autoriale sono rappresentati dalle opere dell'ingegno. Si tratta di beni evidentemente immateriali, rispetto ai quali la dimensione materiale può essere riferita unicamente al *corpus mechanicum* (che racchiude l'opera dell'ingegno) e non anche al *corpus mysticum* (in cui si estrinseca effettivamente l'opera). Le due dimensioni, l'una materiale e l'altra immateriale, sono tendenzialmente ben distinte e, salvo eccezioni, chi ha la disponibilità del supporto materiale non è altresì titolare dei diritti esclusivi sull'opera immateriale.

Peraltro, tali diritti sorgono in virtù della semplice creazione dell'opera immateriale, giacché ai sensi dell'art. 2576 del codice civile e dell'art. 6 della legge sul diritto d'autore, la sola creazione dell'opera, quale particolare espressione del lavoro intellettuale, costituisce titolo originario d'acquisto del diritto d'autore. Da ciò la difficoltà di applicare *tout court* la regola dell'art. 1153, comma 1, c.c.

È d'obbligo anticipare che la possibilità di configurare il possesso di beni immateriali non è in via assoluta esclusa. Gli orientamenti interpretativi sono essenzialmente due. Il primo orientamento ammette in via teorica l'applicabilità dell'art. 1153, comma 1, c.c. tanto ai beni materiali quanto ai beni immateriali, ravvisando evidenti similitudini tra i diritti reali e i diritti di sfruttamento tipici del diritto d'autore, enfatizzando in particolare la natura esclusiva, reale e assoluta di tali privative.

Il secondo orientamento, fatto proprio dalla Cassazione nella sentenza in esame, esclude tale applicabilità evidenziando come l'istituto possa operare in rapporto a una relazione propriamente materiale con il bene e non possa essere riferito a un esercizio di fatto di un apparente diritto. Ritenere inapplicabile la regola del "possesso vale titolo" ai fini dell'acquisto dei diritti d'autore significa evidenziare la natura evidentemente reale del possesso e al contempo la peculiare natura non esclusiva delle opere dell'ingegno, quantomeno in termini reali, con ciò escludendo la sua configurabilità nell'ipotesi in cui il bene non sia materialmente apprensibile.

Eppure, l'interpretazione favorevole alla configurabilità del possesso in buona fede ai fini dell'acquisto di diritti d'autore sulle opere dell'ingegno fa leva su una possibile apertura della legge sul diritto d'autore (legge n. 633/1941, da qui in poi l.d.a.), espressa dall'art. 167, comma 1, lett. a), della legge, secondo cui "i diritti di utilizzazione economica riconosciuti da questa legge possono anche essere fatti valere giudizialmente [...] da chi si trovi nel possesso legittimo dei diritti stessi".

Determinare se si possa ritenere configurabile la regola del "possesso vale titolo" ai fini dell'acquisto di diritti d'autore in ragione di un simile riferimento al possesso legittimo di diritti dipende dunque dall'esatta esegesi di tale disposizione. Da un lato, si ritiene che non vi sia nulla che possa escludere a priori l'applicabilità del possesso *de quo* anche alle opere dell'ingegno, quindi ai beni immateriali. Dall'altro lato, si sottolinea come la norma parli espressamente di possesso di diritti e non di beni, così escludendo l'assimilazione delle opere dell'ingegno ai beni mobili e piuttosto suggerendo una rilettura della norma quale precetto inteso a consentire a chi si trovi nella posizione corrispondente a quella del possessore in buona fede di far valere in giudizio i propri diritti.

Decisione della Corte

La massima

"Non è configurabile l'acquisto a titolo originario di un'opera immateriale dell'ingegno, nella specie opera cinematografica, in base a titolo astrattamente idoneo per effetto del possesso di buona fede, ai sensi dell'art. 1153 c.c., a ciò ostando il carattere particolare del diritto d'autore, che trova fondamento unicamente nell'atto creativo e realizzativo dell'idea, per il trasferimento del quale non si richiede una consegna, perché questa, anche ove ricorra, si riferisce all'oggetto materiale in cui l'opera si estrinseca, senza però mai immedesimarsi in essa; inoltre, seppure l'art. 167, legge n. 633/1941, abbia voluto assicurare, a chi si trovi in una posizione corrispondente a quella del possessore di buona fede, la possibilità di far valere i suoi diritti nei confronti di eventuali contraffattori, non ha tuttavia inteso innovare i principi che attengono alla natura immateriale dell'opera dell'ingegno ed ai modi di acquisto dei diritti ad essa inerenti".

Le motivazioni

La Corte di Cassazione rigetta in toto le pretese di parte ricorrente.

Il primo e il secondo motivo di gravame sono ritenuti dalla Corte inammissibili, in quanto implicanti una valutazione di merito, quindi un apprezzamento della fattispecie in concreto che è riservato al giudice di merito, insindacabile in sede di legittimità. Il terzo e il quarto motivo di ricorso sono ritenuti infondati, avendo la Corte d'Appello correttamente inteso la non ascrivibilità del possesso dell'opera cinematografica al possesso del bene mobile, in ragione della peculiare natura del bene immateriale in questione.

Il principio enucleato dalla Corte d'Appello, secondo i giudici di legittimità, sarebbe stato correttamente applicato non potendo configurarsi l'acquisto a titolo originario di opere dell'ingegno in base a un titolo astrattamente idoneo per effetto del possesso di buona fede, *ex* art. 1153 c.c.

Il diritto d'autore, spiega la Cassazione, trova fondamento nel solo atto di creazione che non necessita di consegna, che, qualora vi fosse, sarebbe riferibile al solo supporto materiale.

Il principio, di cui all'art. 167 l.d.a., precisano gli ermellini, laddove prospetta che chi si trovi in una posizione corrispondente al possessore in buona fede abbia la facoltà di far valere i suoi diritti nei confronti di eventuali contraffattori, non implica alcuna innovazione rispetto ai principi che regolano la natura immateriale dell'opera dell'ingegno ovvero i modi di acquisto dei relativi diritti. Allo stesso modo, la Corte stringatamente nega che possa operare l'art. 109 l.d.a. in quanto, nel caso di specie, la facoltà di riproduzione, che la norma in questione concede eccezionalmente al cessionario a fronte della cessione di uno stampo, di un rame inciso o di altro simile mezzo usato per riprodurre un'opera d'arte, purché tale facoltà spetti al cedente, non sarebbe comunque spettata alla società V.

Rispetto al quinto motivo di ricorso, secondo la Corte, il motivo in questione non coglierebbe la *ratio decidendi* che la società V non era legittimata a cedere alcun diritto di cui non era titolare, implicherebbe in ogni caso una valutazione di merito, ossia il riesame del rapporto contrattuale tra le parti, che è insindacabile in sede di legittimità.

Brevi note esplicative

La metafora dei mulini a vento affrontati temerariamente da *Don Chisciotte*, volutamente segnalata nel titolo di questo breve commento per il suo riferimento all'opera cinematografica di cui si discute la titolarità, a parere di chi scrive ben raffigura il tentativo di forzare l'applicazione di un tipico principio di matrice proprietaria al diritto d'autore, in ragione di una sua inesatta riconducibilità alla dimensione autoriale.

Giurisprudenza, dottrina, non escludono a priori l'applicabilità delle regole possessorie al diritto d'autore, ma laddove si è ammesso che possano rilevare si è altresì rimarcato come debbano essere necessariamente ancorate al *corpus mechanicum* che racchiude l'opera dell'ingegno (così, ad esempio, Cass. 14 marzo 1968, n. 815, in *Giust. civ.*, 1968, I, 765 e Cass. 13 novembre 1973, n. 3005, in *Giust. civ.*, 1974, I, 446).

L'eventuale accostamento dell'istituto del possesso ai diritti d'autore sulle opere dell'ingegno non sarebbe dunque rifiutato, ma a priori a ciò non conseguirebbe la configurabilità di qualsiasi norma possessoria che invece sarebbe ammessa se giustificata, per esempio, dall'opportunità di utilizzare gli strumenti possessori a favore di chi si trovi ad esercitare i diritti d'autore sull'opera dell'ingegno. Sarebbe invece incontrovertibilmente esclusa dalla Suprema Corte l'usucapione dell'opera dell'ingegno (così Cass. 24 febbraio 1977, n. 826, in *Dir. Autore*, 1977, 192, con nota di M. FABIANI, *Usucapione e prescrizione del diritto d'autore*, in *Giur. it.*, 1977, I, 1, 1320).

Nella pronuncia che si commenta, la Cassazione chiarisce senza mezzi toni che il possesso delle pellicole cinematografiche non possa essere assimilabile al possesso di beni mobili. Tale negazione appare in primo luogo giustificata dalla peculiare natura delle opere dell'ingegno, nella specie cinematografiche. Le opere immateriali, evidenzia la Corte, sono acquisite a titolo originario in ragione della semplice creazione delle stesse. L'atto creativo in cui si manifesta l'espressione originale dell'idea, che da solo giustifica l'acquisto dei diritti d'autore sull'opera dell'ingegno, qualunque sia il modo o la forma di espressione, non richiede alcuna formalità né una necessaria apprensione materiale del bene. Se anche vi fosse una consegna del bene, infatti, sarebbe unicamente riferita al *corpus mechanicum* che ospita l'opera intellettuale (*corpus mysticum*). Tali principi rappresentano dei punti fermi per il diritto d'autore, la cui centralità è da sempre stata asserita sia in dottrina che in giurisprudenza.

Un tanto sarebbe ulteriormente rafforzato dalla lettura degli artt. 89 e 109 l.d.a., laddove rispettivamente escludono che "la cessione del negativo o di analogo mezzo di riproduzione della fotografia comprenda, salvo patto contrario, la cessione dei diritti previsti all'articolo precedente, sempreché tali diritti spettino al cedente" e che "la cessione di uno o più esemplari dell'opera non importa, salvo patto contrario, la trasmissione dei diritti di utilizzazione, regolati da questa legge", fatta eccezione per i limitati casi in cui ciò sia ammesso dalla legge, che tuttavia non si ritengono applicabili al caso di specie.

La Cassazione, al tempo stesso, contesta espressamente che l'art. 167 l.d.a. possa validamente giustificare la configurabilità del principio del "possesso vale titolo", ma piuttosto sia finalizzato a consentire, a chi si trovi in una posizione corrispondente a quella del possessore di buona fede, di far valere i suoi diritti nei confronti di eventuali contraffattori, come altresì esplicitamente richiamato anche in due suoi precedenti arresti (Cass. 5 marzo 2010, n. 5359, Cass. 29 dicembre 2011, n. 30082).

Si tratta, dunque, di una norma di natura essenzialmente processuale, finalizzata a garantire la legittimazione ad agire a tutela dei diritti d'autore estendendola a chi si trovi nel "possesso legittimo" di tali diritti.

In conclusione, quand'anche fosse ammesso in termini generali l'accostamento dell'istituto possessorio al diritto d'autore, non dovrebbe essere automaticamente dedotta un'asettica applicazione di qualsiasi principio civilistico relativo al possesso, stante la chiara singolarità della disciplina autoriale, né tantomeno sarebbe ammissibile uno scardinamento dei principi fondamentali di diritto d'autore qui enucleati. Diversamente, si rischierebbe di forzare troppo l'interpretazione delle norme e, fuori di metafora, lottare, come sembra fare del resto il ricorrente, contro i mulini a vento narrati nell'opera cinematografica oggetto di contesa.

Precedenti giurisprudenziali

Conforme

Corte Cass. civ., sez. I, 5 marzo 2010, n. 5359.
Corte Cass. civ., sez. I, 29 dicembre 2011, n. 30082.

Bibliografia essenziale

AMMENDOLA M., voce *Diritto d'autore: diritto materiale*, in *Dig. comm.*, vol. IV, Torino, 1989, 372.

ARGIROFFI C., *Del possesso di buona fede dei beni mobili*, in *Cod. civ. comm.* Schlesinger, Milano, 1988, 130.

ASCARELLI T., *Teoria della concorrenza e dei beni immateriali*, Milano, 1960, 264.

AUTERI P., *Il diritto d'autore nella circolazione giuridica*, in AUTERI et al. (curr.), *Diritto industriale, proprietà intellettuale e concorrenza*, Torino, 2012.

CENINI M., *Gli acquisti a non domino*, Milano, 2009.

CERVALE M. C., *La regola del possesso vale titolo*, in *Rass. dir. civ.* 2012, IV, 1045.

FABIANI M., *Sul possesso delle opere dell'ingegno*, in *Giur. mer.*, 1970, 63.

GITTI G., *Il possesso di beni immateriali e la riversione dei frutti*, in *Annali italiani del diritto d'autore*, 2000, 152.

GRECO P., VERCELLONE P., *I diritti sulle opere dell'ingegno*, Torino, 1974.

OPPO G., *Creazioni intellettuali, creazioni industriali e diritti di utilizzazione economica*, in *Riv. dir. civ.*, 1969, I, 41.

RICOLFI M., *Diritto diautore*, in *Trattato di dir. comm.*, diretto da Cottino, vol. II, Diritto industriale, Padova, 2001, 335.

SACCO R., *Il possesso*, in *Trattato di diritto civile e commerciale*, diretto da Cicu e Messineo, Milano, 1988, 55.

TENELLA SILLANI C., voce *Possesso e detenzione*, in *Digesto civ.*, XIV, Torino, 1996, 8.

UBERTAZZI L.C., MARCHETTI P.G., *Commentario Breve alla proprietà intellettuale e concorrenza*, art. 167, legge n. 633/1941, Padova, 2016.

Commenti alla sentenza in epigrafe

Dir. ind., 2018, I, 59, con nota di G. BRASCHI.

Accessione e comunione

Corte di Cassazione, Sezioni Unite, sent. 16 febbraio 2018, n. 3873

Fatti e svolgimento del processo

Tizio conviene, dinanzi al Tribunale di Belluno, la società Alfa. Premette di essere comproprietario, con la società convenuta, di un terreno sito in Cortina d'Ampezzo, adiacente al fabbricato condominiale delle parti, e chiede lo scioglimento della comunione delle unità immobiliari edificate dalla società sul suolo comune (costituite, in particolare, da un corpo edilizio interrato composto da due piani sovrapposti), con conseguente attribuzione delle quote di spettanza di ciascuno e con determinazione degli eventuali conguagli.

La società convenuta, costituendosi e resistendo alle domande attoree, chiede che si accerti la proprietà esclusiva del corpo edilizio interrato, in quanto dalla stessa realizzato.

Il Tribunale dichiara che la società Alfa è esclusiva proprietaria del corpo di fabbrica interrato edificato nel terreno comune.

Decidendo sul gravame proposto dal Pizzolotto, la Corte d'Appello di Venezia conferma la pronuncia di primo grado.

Tizio ricorre quindi per Cassazione.

La questione di diritto posta all'attenzione della Corte di Cassazione

La Corte deve occuparsi della questione vertente sulla proprietà della costruzione realizzata da uno dei comproprietari sul suolo comune. Il collegio deve risolvere, in particolare, il contrasto tra due orientamenti: quello per il quale in forza del principio dell'accessione (art. 934 c.c.), la costruzione su suolo comune diventa anch'essa comune, mano a mano che si innalza, salvo contrario accordo scritto *ad substantiam* (art. 1350 c.c.); quello, contrapposto, per il quale la disciplina sull'accessione, contenuta nell'art. 934 c.c., si riferisce solo alle costruzioni su terreno altrui, mentre alle costruzioni eseguite da uno dei comproprietari su terreno comune non si applica tale disciplina, ma quella in materia di comunione, con la conseguenza che la comproprietà della nuova opera sorge a favore dei condomini non costruttori solo se essa sia realizzata in conformità a detta disciplina, ossia con il rispetto delle norme che dettano i limiti che ciascun comproprietario deve osservare nell'uso della cosa comune, mentre le opere abusivamente realizzate non possono considerarsi beni condominiali per accessione, ma vanno considerate appartenenti al comproprietario costruttore e rientranti nella sua esclusiva sfera giuridica.

Premessa. L'accessione e la comunione

Tra i modi di acquisto a titolo originario della proprietà si annovera l'accessione. Quando due beni, dei quali uno possa dirsi principale e l'altro accessorio, appartenenti a diversi proprietari, vengono uniti in modo da non poter essere divisi senza grave pregiudizio, sorge il problema di regolarne l'appartenenza. Il legislatore prevede, come principio, che il proprietario della cosa principale acquisti la proprietà della cosa accessoria e che a fronte di tale acquisto sia tenuto al pagamento di un indennizzo, variamente delineato. L'accessione, così strutturata, si articola in più fattispecie. Per quanto qui interessa, il legislatore delinea anche ipotesi di accessione di beni mobili a beni immobili. Tra queste ipotesi è compreso il caso (art. 936 c.c.) di opere fatte da un terzo sul fondo con materiali propri. Per la norma codicistica in tali casi il proprietario del fondo può obbligare colui che ha fatto le opere a rimuoverle o, in alternativa, può ritenerle pagando un indennizzo. All'immobile realizzato dal comproprietario con materiali propri sul fondo comune sembrerebbe di poter applicare tale disciplina. Ne deriverebbe la facoltà per i condomini, in caso di costruzione da parte di un comproprietario sul fondo comune, di optare tra la tutela ripristinatoria e la ritenzione con indennizzo.

L'applicabilità di questa specifica ipotesi di accessione al caso dell'immobile realizzato dal comproprietario sul fondo comune dà però adito a più di un dubbio. L'art. 936 c.c. si riferisce letteralmente ai casi in cui le opere siano fatte da "un terzo", si direbbe diverso dal proprietario del fondo. Nel caso in cui il fondo sul quale viene realizzata l'opera sia in comunione, il comproprietario costruttore non è propriamente "terzo" rispetto agli altri comproprietari del suolo. Ma se l'art. 936 c.c. non può operare, viene a mancare una disciplina della pretesa accessione, considerando che le altre norme dedicate al modo d'acquisto a titolo originario non risultano, già sul piano letterale, applicabili. Non potendo operare l'accessione, ci si deve richiamare alle norme codicistiche sulla comunione (art. 1100 ss. c.c.). Nel caso in cui la costruzione sia stata realizzata nel rispetto di tali norme (quindi, di norma, con i dovuti consensi degli altri comproprietari), diverrà comune. In caso di realizzazione da parte di un comproprietario di un'opera sul fondo comune in violazione delle norme sulla comunione, agli altri comproprietari sarà invece data solo l'ordinaria tutela ripristinatoria (artt. 948, 1168, 1170 o 2058 c.c.).

Tesi a sostegno della posizione del ricorrente e della resistente

La posizione del ricorrente

Secondo il ricorrente la Corte territoriale non avrebbe potuto escludere, nella specie, l'applicabilità del principio dell'accessione, tanto più che i comproprietari del suolo non avevano concluso alcuna pattuizione che legittimasse l'appropriazione dell'area comune da parte della società, pattuizione che, trattandosi di beni immobili, avrebbe dovuto comunque rivestire la forma scritta *ad substantiam*. I giudici del merito avrebbero quindi dovuto riconoscere che le unità immobiliari realizzate nel sottosuolo erano di proprietà comune dei comproprietari del suolo in rapporto alle rispettive quote, salva la ripartizione tra di essi delle spese sostenute per la costruzione.

Tesi in difesa dei resistenti

Dalla motivazione della sentenza emerge solo un'eccezione in rito da parte del resistente, eccezione sulla quale non ci si sofferma perché oltrepassa i limiti della nostra materia.

Decisione della Corte

Le massime

La costruzione realizzata dal comproprietario sul suolo comune diviene, per il principio di accessione, di proprietà comune agli altri comproprietari del suolo, salvo contrario accordo, traslativo della proprietà del suolo o costitutivo di un diritto reale su di esso, che deve rivestire la forma scritta *ad substantiam*.

Laddove il comproprietario realizzi una costruzione sul suolo comune in difetto di un accordo traslativo della proprietà del suolo o costitutivo di un diritto reale su di esso, gli altri comproprietari potranno esercitare lo *ius tollendi*, salvo abbiano prestato un consenso esplicito o implicito all'edificazione, o salvo abbiano mostrato tolleranza verso la costruzione, non reagendo per un congruo periodo di tempo all'abuso e così facendo sorgere l'affidamento del costruttore sul sopravvenuto consenso implicito del compartecipe alla comunione.

Laddove il comproprietario realizzi una costruzione sul suolo comune in difetto di un accordo traslativo della proprietà del suolo o costitutivo di un diritto reale su di esso e lo *ius tollendi* non venga o non possa venir esercitato dagli altri comproprietari, questi sono tenuti a rimborsare al comproprietario costruttore, in proporzione alle rispettive quote di proprietà, le spese sopportate per l'edificazione dell'opera.

Le motivazioni

Le sezioni unite concludono per l'operatività dell'accessione.

Questa, sottolinea il collegio, ha un campo d'applicazione generale.

L'assunto per il quale l'istituto non potrebbe operare nel nostro caso non essendo il comproprietario costruttore "terzo" rispetto agli altri comproprietari del suolo trova smentita nel fatto che l'ordinamento non richiede la "alterità" del costruttore: l'art. 934 c.c. non fa riferimento alla qualità soggettiva del costruttore; a fronte della norma generale dettata dall'art. 934 c.c. le ipotesi nelle quali il costruttore sia terzo sono specificamente regolate dai diversi artt. 936 e 937 c.c.; l'art. 935 c.c. espressamente regola un'ipotesi nella quale a edificare l'opera è il proprietario del suolo (che certo non è "terzo"); l'accessione per giurisprudenza costante opera anche in relazione alla comunione legale tra i coniugi nel caso in cui la costruzione venga edificata da entrambi (e anche in tali casi i coniugi non sono "terzi" l'uno rispetto all'altro).

L'assunto, che pure è stato da qualcuno invocato, per il quale l'art. 934 c.c. sarebbe derogato dalla disciplina della comunione è privo di riscontri positivi.

D'altra parte, continuano le sezioni unite, a ritenere che la costruzione divenga comune se realizzata in conformità alle norme sulla comunione (in particolare all'art. 1102 c.c.), rimanendo del costruttore se realizzata in spregio di tali norme, si finisce col costruire in via pretoria un modo di acquisto della proprietà, contro la relativa riserva di legge e ci si pone in contrasto con evidenti ragioni d'equità.

Ammesso l'acquisto per accessione, continuano i giudici di legittimità, occorre delineare il regime dei rapporti tra costruttore e altri proprietari, considerando che l'art. 934 c.c. nulla dispone sul punto e che l'art. 936 c.c. non è applicabile perché il comunista costruttore non è propriamente "terzo" rispetto al proprietario.

Reputano quindi le sezioni unite che tale regime possa essere tratto dalle norme sulla comunione. Dove le opere non siano state regolarmente deliberate (art. 1108, 1120, 1121 c.c.) agli altri comproprietari saranno date le ordinarie azioni possessorie e petitorie e quindi la tutela ripristinatoria. Lo *ius tollendi*, si continua, va però coniugato con i principi di tolleranza, affidamento e buona fede che innervano tutto l'ordinamento. Sicché non potrà essere esercitato quando gli altri comproprietari abbiano prestato un consenso esplicito o implicito all'edificazione o abbiano mostrato tolleranza verso la costruzione, non reagendo per un congruo periodo di tempo all'abuso e così facendo sorgere l'affidamento del costruttore su un loro sopravvenuto consenso implicito. Laddove lo *ius tollendi* non venga o non possa venir esercitato dagli altri comproprietari, questi saranno tenuti a rimborsare al comproprietario costruttore, in proporzione alle rispettive quote di proprietà, le spese sopportate per l'edificazione dell'opera "secondo le norme che regolano la comunione e gli altri istituti di volta in volta applicabili (mandato, *negotiorum gestio*, arricchimento senza causa, ecc.)".

Brevi note esplicative

Le sezioni unite definiscono la questione optando per l'accessione. In tal modo nel caso in cui un comproprietario edifichi sul suolo comune si concede agli altri comproprietari la scelta tra l'esercizio dello *ius tollendi* e la ritenzione (con indennizzo). Si tratta della soluzione che appare più lineare da un punto di vista strettamente dogmatico.

Un passo della motivazione apre però a scenari che vanno ben oltre la semplice soluzione della questione. Nel tentativo di delineare una disciplina della nostra accessione (ritenendo la corte inapplicabile l'art. 936 c.c.) il collegio pone, come visto, un limite allo *ius tollendi* del condominio. Gli altri condomini non potranno agire per il ripristino quando abbiano prestato un consenso, esplicito o implicito, all'edificazione o quando abbiano mostrato tolleranza verso la costruzione, non reagendo per un congruo periodo di tempo all'abuso e così facendo sorgere l'affidamento del costruttore su un loro sopravvenuto consenso implicito. In tali casi potranno solo ritenere l'immobile, pagando l'indennizzo. Con ciò le sezioni unite sembrano richiamare l'istituto, di origine germanica, della *Verwirkung*, per il quale se il titolare di un diritto non lo esercita per un significativo periodo di tempo e se concorrono circostanze tali da far sorgere in capo alla controparte l'affidamento circa il fatto che il diritto non verrà esercitato, la successiva pretesa da parte del titolare di esercitare il diritto può essere paralizzata invocando la violazione del principio di buona fede. Un istituto, questo, finora visto con enorme diffidenza dalla giurisprudenza per le sue intuibili ricadute sistematiche.

Precedenti giurisprudenziali

In senso favorevole alla tesi del ricorrente

Cass. 12 maggio 1973, n. 1297, in *Foro it.*, Rep. 1973, voce *Comunione e condominio*, n. 20.
Cass. 11 luglio 1978, n. 3479, *id.*, Rep. 1978, voce *Proprietà*, n. 30.
Cass. 10 novembre 1980, n. 6034, *id.*, Rep. 1980, voce *Proprietà*, n. 20.

Cass. 13 febbraio 1993, n. 1844, *id.*, Rep. 1993, voce *Comunione e condominio*, n. 191.
Cass. 11 novembre 1997, n. 11120, *id.*, Rep. 1997, voce *Proprietà*, n. 35.
Cass. 23 febbraio 1999, n. 1543, *id.*, Rep. 1999, voce *Comunione e condominio*, n. 181.

In senso favorevole alla posizione della resistente

Cass. 21 ottobre 1981, n. 5511, *id.*, Rep. 1982, voce cit., n. 27.
Cass. 30 marzo 1993, n. 3853, *id.*, Rep. 1993, voce cit., n. 46.
Cass. 22 marzo 2001, n. 4120, *id.*, Rep. 2001, voce *Proprietà*, n. 46.
Cass. 19 novembre 2004, n. 21901, *id.*, Rep. 2006, voce *Comunione e condominio*, n. 154.
Cass. 27 marzo 2007, n. 7523, *id.*, Rep. 2008, voce *Proprietà*, n. 30.
Cass. 24 gennaio 2011, n. 1556, in *Foro it.*, Rep. 2011, voce *Comunione e condominio*, n. 192.

Bibliografia essenziale

Alpa G., *Accessione*, in *Digesto civ.*, Utet, I, Torino, 2004 (rist.), 31.
Alvino E., *Inapplicabilità delle norme sull'accessione ai rapporti condominiali e improponibilità dell'azione di garanzia in regime di liquidazione coatta amministrativa*, in *Giustizia civ.*, 1982, I, 58.
Basile M., *Osservazioni in tema di rapporti tra accessione e comunione*, in *Riv. trim. dir. proc. civ.*, 1968, 1307.
Bianca C.M., *Diritto civile. 6. La proprietà*, Giuffrè, Milano, 1999, 368.
Cimmino R., *Accessione e costruzione sul suolo comune*, in *Notariato*, 2011, 634.
Diana A.G., *La proprietà immobiliare urbana. Circolazione, locazione e* leasing *immobiliare*, I, Giuffrè, Milano, 2007, 413.
Scarpa A., *Chi prima scava meglio alloggia?*, in *Immobili e proprietà*, 2015, 637.
Trimarchi G.A.M., *Edificazione su suolo comune da parte del comunista senza il consenso degli altri*, Consiglio Nazionale del Notariato, studio n. 175-2008/C.

Commenti alla sentenza in epigrafe

Bona C., *Accessione, comunione e* Verwirkung, in *Foro it.*, 2018, I, 1214.
Cicero C., *L'accessione della costruzione eseguita dal comproprietario sul suolo comune*, in *Giur. it.*, 2018, 2351.
Cimmino N.A., *Immobile edificato su suolo comune da uno solo dei comproprietari*, in *Notariato*, 2018, 287.
Tormen L., *Accessione e alterità soggettiva tra proprietario e costruttore: il chiarimento delle sezioni unite*, in *Nuova giur. civ.*, 2018, 847.

La responsabilità del proprietario-locatore di un immobile per le immissioni intollerabili prodotte dal conduttore (art. 844 c.c.)

Corte di Cassazione, sez. VI, sottosez. III, ord. 1° marzo 2018, n. 4908

Fatti e svolgimento del processo

Il Tribunale e la Corte d'Appello di Milano, all'esito dei primi due gradi di giudizio, accolsero le pretese formulate da alcuni condomini, residenti in un palazzo nel capoluogo lombardo, che si erano lamentati delle immissioni sonore provocate da un bar che la società convenuta (Elmar s.r.l.) aveva contratto in locazione alla Monte s.r.l., anch'essa soccombente.

Nella specie, dall'esercizio commerciale provenivano immissioni sonore intollerabili derivanti dall'attività di intrattenimento musicale: gli attori chiedevano pertanto la condanna di ambedue le convenute a cessare le suddette immissioni, a insonorizzare il locale e a risarcire i danni patiti.

La domanda veniva accolta dal Tribunale di Milano che condannò la Elmar s.r.l. al pagamento in favore degli attori, complessivamente, di 309.600 euro; non solo, condannò altresì la Monte s.r.l. a rivalere la Elmar s.r.l. di quanto pagato agli attori.

Con sent. 11 dicembre 2015, n. 4745, la Corte d'Appello di Milano accoglieva parzialmente il gravame promosso dalle convenute, rigettando la domanda risarcitoria proposta da due condomini e per l'effetto riduceva la complessiva condanna a 232.200 euro.

Il titolo di responsabilità a fondamento della condanna veniva ravvisato, dalle Corti territoriali, nell'art. 2043 c.c. in relazione all'art. 844 c.c. sicché la società proprietaria dell'immobile lo aveva contratto in locazione non adottando gli interventi necessari a impedire il verificarsi del danno da immissioni: in particolare veniva censurata la condotta colposa per non avere vigilato sull'uso che della cosa locata facesse il conduttore in modo da evitare che provocasse dei danni agli altri condomini.

La sentenza di appello veniva allora impugnata per Cassazione dalla Elmar s.r.l.

La tesi del ricorrente

La società ricorrente accusa la sentenza della Corte d'Appello di Milano di violazione dell'art. 2043 c.c.

Invero, per tesi difensiva, il locatore di un immobile non è affatto tenuto a garantire che il conduttore non arrechi danni a terzi e non può rispondere verso questi ultimi dei fatti illeciti commessi dal conduttore medesimo poiché non ha alcun obbligo giuridico di prevenirli.

Decisione della Corte

La massima

Il proprietario dell'immobile concesso in locazione non risponde dei danni provocati dal conduttore in conseguenza di immissioni sonore intollerabili, a meno che non si accerti in concreto che, al momento della stipula del contratto di locazione, il proprietario avrebbe potuto prefigurarsi, impiegando la diligenza di cui all'art. 1176 c.c., che il conduttore avrebbe certamente recato danni a terzi con la propria attività.

Le motivazioni

In accoglimento del ricorso la Cassazione passava in rassegna l'istituto delle immissioni intollerabili prodotte da un immobile e i profili di responsabilità del relativo proprietario ancorché lo abbia contratto in locazione a un conduttore.

Richiamando dei pregressi principi espressi in altre controversie, la Corte rammentava che, per le immissioni intollerabili prodotte dal detentore di un immobile, l'eventuale sussistenza della legittimazione passiva del proprietario di questo non ne comporta l'automatica responsabilità per il risarcimento dei danni essendo, all'uopo, necessaria la sussistenza dell'elemento soggettivo della colpa e del nesso oggettivo di causalità (e non di mera occasionalità) fra la concessione dell'immobile al terzo e i danni subiti dal fondo contiguo (Cass., Sez. Un., 21 luglio 1969, n. 2711).

In applicazione del principio *de quo* era pertanto già stato appurato che proprio in materia di immissioni intollerabili, allorché le stesse fossero state generate da un immobile condotto in locazione, la responsabilità *ex* art. 2043 c.c. per i danni da esse derivanti poteva essere affermata nei confronti del proprietario, locatore dell'immobile, solo se il medesimo avesse concorso alla realizzazione del fatto dannoso, e non già per avere omesso di rivolgere al conduttore una formale diffida ad adottare gli interventi necessari a impedire pregiudizi a carico di terzi (Cass. 28 maggio 2015, n. 11125).

In sostanza, per poter rimproverare alla società convenuta una responsabilità in armonia con i crismi della colpa *ex* art. 2043 c.c., era necessario accertare: a) la violazione di specifici precetti giuridici (legge, regolamenti, contratti); b) la violazione di regole di comune prudenza.

Qualora non vi fossero regole di matrice legislativa o pattizia (come, appunto, un contratto), l'accertamento della colpa aquiliana – residuando nell'ipotesi di violazione di regole di comune prudenza – esigeva che fosse stabilito previamente quale avrebbe dovuto essere la condotta prudente da seguire, in funzione delle circostanze e della qualità soggettiva dell'agente.

Ne discende – dunque – che dall'uomo comune è esigibile la diligenza del *bonus pater familias* e dall'imprenditore commerciale quella dell'*homo eiusdem generis et condicionis*, secondo la regola generale dettata per qualsiasi tipo di obbligazione, ivi compresa quella da fatto illecito, dall'art. 1176 c.c. (Cass. 10 marzo 1998, n. 2639).

Tanto chiarito in via preliminare, nel caso di specie era stato precisato che non vi fosse alcun obbligo (derivante da norme positive o contrattuali) che vincolasse la Elmar s.r.l. a vigilare sulla condotta del locatore.

Vertendo nel secondo ambito di indagine – quello inerente alle regole della comune prudenza – la colpa si sarebbe potuta affermare qualora si fosse accertato che un astratto proprietario di immobili diligente, al posto dell'odierna ricorrente, avrebbe tenuto una condotta diversa (che sarebbe potuta consistere nel rifiuto della locazione o nel recesso dal contratto "*posto che sarebbe inesigibile dal locatore, obbligato a garantire il pacifico godimento della cosa locata, una* manus iniectio *sul conduttore volta ad impedirgli di far chiasso*").

Alla luce delle argomentazioni formulate, la Cassazione riscontrava un *vulnus* nelle motivazioni addotte dalla Corte d'Appello di Milano.

Invero "*la conclusione è che, per potere affermare la sussistenza d'una colpa aquiliana della Elmar, si sarebbe dovuto accertare in punto di fatto se, al momento in cui questa concesse in locazione il proprio immobile alla Monte s.r.l., potesse o non potesse prevedere con l'ordinaria diligenza, alla luce di tutte le circostanze del caso concreto, che la società conduttrice avrebbe con ragionevole certezza arrecato danni a terzi, provocando immissioni intollerabili; tale accertamento, tuttavia, nel nostro caso è mancato: la Corte d'appello si è limitata ad accertare che la Elma, due anni prima dell'introduzione del presente giudizio, fosse a conoscenza dell'esistenza di immissioni moleste, provocate però dal precedente conduttore dell'immobile (la società Queency s.r.l.); pertanto, affermando la sussistenza d'una colpa aquiliana senza avere previamente accertato in fatto la sussistenza d'una condotta imprevidente, la Corte d'appello ha falsamente applicato l'art. 2043 c.c.*".

Brevi note esplicative: la trasversale rilevanza dell'art. 844 c.c.

L'art. 844 c.c. prevede che "*il proprietario di un fondo non può impedire le immissioni di fumo o di calore, le esalazioni, i rumori, gli scuotimenti e simili propagazioni derivanti dal fondo del vicino, se non superano la normale tollera-*

bilità, avuto anche riguardo alla condizione dei luoghi. Nell'applicare questa norma l'autorità giudiziaria deve contemperare le esigenze della produzione con le ragioni della proprietà. Può tener conto della priorità di un determinato uso".

La disciplina che regola le immissioni stabilisce i criteri per dirimere eventuali conflitti tra usi incompatibili di fondi vicini, determinati dalla propagazione di fattori disturbanti causati dall'opera dell'uomo (Salvi).

Seppure chiara nel tenore letterale, la norma non indica in modo rigido il concetto di immissioni che superano la normale tollerabilità e tale indeterminatezza contribuisce a renderla una norma aperta e ontologicamente duttile.

Il concetto di normale tollerabilità delle immissioni non trova riscontro interpretativo nella mera normalità dell'attività che la origina, bensì è strettamente connesso agli effetti che questa produce nei vicini, in relazione alle specifiche condizioni ambientali di tempo e di luogo.

La conferma dell'assunto trova agile referente proprio nell'art. 844 c.c. laddove il Legislatore affida espressamente al prudente apprezzamento del giudice la valutazione dello stato del fondo che le subisce (De Martino; Gambaro; Scaliti).

L'esigenza di un prudente apprezzamento del giudice è ribadito in giurisprudenza, la quale àncora i parametri essenziali di valutazione alla condizione dei luoghi, alle attività normalmente svolte in un determinato contesto produttivo, e, quindi, al sistema di vita e alle correnti abitudini della popolazione del luogo definendo facoltativo e sussidiario il criterio connesso alla priorità di un determinato uso (sul tema, Cass. 18 aprile 2001, n. 5697; Cass. 11 ottobre 1995, n. 10588; Cass. 20 dicembre 1985, n. 6534).

Inoltre, gli orientamenti pretori, nel corso dell'evoluzione storico-giuridica dell'istituto, hanno più volte rimarcato l'esigenza che nel valutare lo stato dei luoghi non conta solo la destinazione topografica, naturalistica o urbanistica del singolo appezzamento, ma è necessario tener conto anche delle attività normalmente svolte nella zona in cui si trova il fondo, del sistema di vita, delle abitudini della popolazione che vi risiede e della destinazione della zona ove sono situati gli immobili (Cass. 12 febbraio 2010, n. 3438; Cass. 31 gennaio 2006, n. 2166; Cass. 1° aprile 1992, n. 3917; Cass. 14 agosto 1990, n. 8271).

In relazione al criterio dell'intollerabilità, ciò non è mai assoluto e va rapportato alla sensibilità di un uomo medio e alla specifica situazione ambientale (c.d. criterio comparativo) (Cass. 5 novembre 2018, n. 28201; Cass. 1° ottobre 2018, n. 23754).

Analizzati – seppur per sommi capi – gli elementi costitutivi delle immissioni di cui all'art. 844 c.c., l'ordinanza in commento consente di accorgersi, per colui che si accosta a studiare i fondamenti del diritto privato, come ogni norma possa comunque coinvolgere altre tipologie di rapporti giuridici anche eterogenei fra loro.

Come si è apprezzato, la questione in esame ha richiesto l'analisi congiunta di tre differenti rami del diritto privato: un primo connesso alle regole che informano il diritto di proprietà (art. 844 c.c. sulle immissioni), un secondo, invece, attinente ai rapporti tra locatore e conduttore (art. 1571 c.c. ss.) e infine è stata coinvolta pura la regola dell'illecito aquiliano (art. 2043 c.c. ss.).

Ciò è la prova che l'analisi trasversale di un istituto è una tecnica di studio che deve perseguire colui che si prefigga l'obiettivo di ben imparare – e applicare – il diritto (di qualsiasi ramo).

Precedenti giurisprudenziali

Cass., Sez. Un., 21 luglio 1969, n. 2711.
Cass. 20 dicembre 1985, n. 6534.
Cass. 14 agosto 1990, n. 8271.
Cass. 1° aprile 1992, n. 3917.
Cass. 11 ottobre 1995, n. 10588.
Cass. 10 marzo 1998, n. 2639.
Cass. 18 aprile 2001, n. 5697.
Cass. 31 gennaio 2006, n. 2166.
Cass. 12 febbraio 2010, n. 3438.
Cass. 1° ottobre 2018, n. 23754.
Cass. 5 novembre 2018, n. 28201.

Bibliografia essenziale

FRATINI M., *Compendio di diritto civile*, Molfetta, 2018.
GAMBARO A., *Il diritto di proprietà*, in *Trattato Cicu, Messineo*, Milano, 1995, 496.
GAZZONI F., *Manuale di diritto privato*, XV, Napoli, 2017.
SALVI C., *Immissioni*, in *Enc. giur.*, XV, Roma, 1989, 1.
TORRENTE A., SCHLESINGER P., *Manuale di diritto privato*, Milano, 2017.

Obbligazioni, contratto e responsabilità

La nozione di professionista al vaglio della Corte di Giustizia dell'Unione europea

Corte di Giustizia UE, sez. V, 4 ottobre 2018, C-105/17

Fatti e svolgimento del processo

Tizio, consumatore residente in Bulgaria, acquistava un orologio su un sito di e-commerce "peer-to-peer", i.e. una piattaforma che consente anche a utenti non professionisti di vendere beni. Una volta ricevuto l'orologio, Tizio rilevava che l'oggetto non corrispondeva alle caratteristiche descritte sul sito dalla venditrice Caia. Dopo aver contattato senza successo quest'ultima, Tizio denunciava quanto accaduto presso la Commissione per la tutela dei consumatori bulgara (la *Komisiya za zashtita na potrebitelite*, d'ora in avanti "KZP").

La KZP accertava che Caia era registrata sul sito di e-commerce con uno pseudonimo e che sotto tale *nick-name* aveva pubblicato otto annunci, tra cui quello concernente l'orologio di Tizio. Con decisione del 27 febbraio 2015, la KZP rilevava la violazione del *framework* giuridico bulgaro in materia di obblighi informativi a tutela del consumatore, condannando Caia con sanzione amministrativa.

Caia ricorreva così di fronte al Tribunale distrettuale di Varna per ottenere l'annullamento della decisione della KZP. Ritenendo che la venditrice non potesse essere qualificata come professionista ai sensi della normativa consumeristica, il giudice bulgaro affermava che la stessa non potesse essere di conseguenza destinataria dei doveri informativi imposti dalla normativa a carico del "contraente forte". Il Tribunale pertanto procedeva all'annullamento della decisione della KZP.

Avverso tale sentenza, la Commissione per la tutela dei consumatori presentava ricorso per Cassazione di fronte all'*Administrativen sad – Varna*. Quest'ultimo, rilevando come nel caso di specie si ponesse una questione relativa all'interpretazione della nozione di professionista ai sensi della normativa europea, sospendeva il giudizio nazionale e rinviava il quesito alla Corte di Giustizia dell'UE.

La questione di diritto posta all'attenzione della Corte di Giustizia

La questione di diritto sottoposta al vaglio della Corte riguarda l'interpretazione della nozione di professionista ai sensi della normativa europea e, in particolare, dell'art. 2, lett. b) e d) della direttiva 2005/29/EC in materia di pratiche commerciali scorrette.

Nota la Corte che la normativa richiamata dal giudice amministrativo bulgaro fa riferimento anche a norme di diritto interno (artt. 47 e 50 dello "Zakon za zashtita na potrebitelite") che recepiscono la direttiva 2011/83/UE sulla protezione dei diritti dei consumatori. Pertanto, esercitando il proprio potere di riqualificare la questione formulata nel rinvio pregiudiziale, possibilità riconosciuta allo scopo di fornire al giudice nazionale una risposta ermeneutica che lo possa guidare nel dirimere la controversia ad esso sottoposta, la Corte integra il quesito del giudice bulgaro.

A giudizio della Corte, la domanda riguarda: da un lato, la possibilità di qualificare Caia come professionista non solo ai sensi dell'art. 2, lett. b), della direttiva 2005/29/CE ma anche dell'art. 2, punto 2, della direttiva 2011/83/UE; e, dall'altro, se un'attività come quella posta in essere nel caso di specie costituisca una *pratica commerciale* ai sensi dell'art. 2, lett. d), della direttiva 2005/29/UE.

In altri termini: può l'attività di una persona fisica che abbia pubblicato otto annunci per la vendita di diversi prodotti su un sito di e-commerce essere condizione necessaria e sufficiente per qualificare Caia come professionista e la relativa attività come pratica commerciale diretta verso i consumatori (*business-to-consumer*, "B2C")?

Premessa. La nozione di professionista

Le nozioni di professionista e consumatore rivestono un'importanza cruciale ai fini di determinare l'applicazione alla fattispecie contrattuale delle norme a tutela del contraente debole. Queste ultime, di matrice europea, sono state sistematizzate nel nostro ordinamento con la promulgazione del d.lgs. 6 settembre 2005, n. 206, recante il Codice del consumo. Tale disciplina, in deroga alla tradizionale concezione del contratto quale luogo privilegiato dell'autonomia delle parti, introduce una serie di rimedi e tutele per riequilibrare l'asimmetria informativa che caratterizza i rapporti tra i professionisti e consumatori (IRTI 2013). Una situazione, quella di debolezza strutturale del consumatore di fronte alle pratiche commerciali, che ha trovato anche riconoscimento costituzionale con l'art. 38 della Carta dei diritti fondamentali dell'Unione europea, che stabilisce come le politiche dell'Unione debbano garantire un livello elevato di protezione dei consumatori.

Professionista e consumatore si pongono nella normativa europea e, per l'effetto in quella italiana, come due concetti speculari. Il consumatore è "qualsiasi persona fisica che, nelle pratiche commerciali oggetto della presente direttiva, agisca per fini che non rientrano nel quadro della sua attività commerciale, industriale, artigianale o professionale" (art. 2(a), direttiva 2005/29/EC, ripresa in art. 2(1) direttiva 2011/83/UE e implementata nella legislazione nazionale all'art. 3, comma 1, lett. a), Codice del consumo), mentre il professionista è definito come "qualsiasi persona fisica o giuridica che, nelle pratiche commerciali oggetto della presente direttiva, agisca nel quadro della sua attività commerciale, industriale, artigianale o professionale e chiunque agisca in nome o per conto di un professionista" (art. 2(b), direttiva 2005/29/EC; art. 2(2) direttiva 2011/83/UE; art. 3, comma 1, lett. c), Codice del consumo).

Si può fin da subito rilevare come vi siano due elementi che distinguono tali figure, uno di natura soggettiva e l'altro di natura oggettiva. Quanto al primo elemento, consumatore può essere soltanto una persona fisica, mentre nella nozione di professionista possono rientrare anche le persone giuridiche.

Quanto al secondo elemento, esso riguarda l'ambito operativo in cui l'attività viene esercitata. Il consumatore, infatti, è tale solo se agisce per la soddisfazione di esigenze della vita quotidiana estranee all'attività commerciale o professionale eventualmente esercitata. Il professionista, al contrario, è un soggetto che esercita un'attività lavorativa con un'organizzazione dei mezzi necessari allo scopo e che, in virtù delle proprie abilità e competenze è in grado di offrire una prestazione di beni e servizi in modo abituale e non occasionale (KIRSCHEN 2005). All'interno di tale definizione rientrerà, pertanto, non solo l'imprenditore, ma anche il prestatore d'opera intellettuale (Cass. civ., sez. VI, ord. 14 marzo 2017, n. 6634; Cass. civ., sez. VI, ord. 31 luglio 2014, n. 17466; Cass. civ., sez. VI, ord. 12 marzo 2014, n. 5705; Cass. civ., sez. III, sent. 15 maggio 2013, n. 11773; Cass. civ., sez. III, ord. 9 giugno 2011, n. 12685; Trib. Salerno, sez. II, sent. 10 aprile 2012) e la pubblica amministrazione che concluda contratti con i consumatori (Trib. Torre Annunziata, 31 maggio 2006).

Rientrano altresì nella definizione in questione coloro che agiscono in qualità di intermediari del professionista (ALPA e CATRICALÀ, 2016, 157). In dottrina si è sostenuto in particolare che, al fine di rendere operative le norme poste a tutela del ciclo di consumo, ricadrebbe nella nozione di cui all'art. 3, comma 1, lett. c) del Codice del consumo non solo il soggetto che agisce in nome e per conto del professionista, ma anche colui che agisce in nome proprio e per conto del professionista (KIRSCHEN, 2005, 74).

Non potrà invece parlarsi di professionista nel caso di soggetto agente in forza di un contratto di lavoro subordinato, in quanto le prestazioni dello stesso non sono rivolte al mercato ma sono dirette ad assolvere le direttive del datore di lavoro (Cass. civ., sez. VI, ord. 14 marzo 2017, n. 6634. In dottrina, vedi, DELOGU, 2018. La conclusione può essere anche dedotta dal considerando 10 della direttiva 93/33/CEE).

Le definizioni di professionista e consumatore, all'apparenza poli opposti destinati a non incontrarsi mai, hanno in realtà suscitato una serie di dubbi interpretativi. Caso emblematico dei possibili punti di contatto tra le due figure è rappresentato dai contratti conclusi per c.d. "uso promiscuo", fattispecie in cui un soggetto stipula un contratto per finalità contemporaneamente professionali e personali. Si pensi al contratto per l'attivazione della linea telefonica concluso dall'avvocato per effettuare chiamate ai clienti del proprio studio ma anche per navigare su Internet per motivi di svago o informazione. O, ancora, all'auto acquistata dal tassista sia per offrire servizi di trasporto ai clienti sia per l'uso quotidiano della famiglia. Il professionista intellettuale agirebbe in siffatte ipotesi come consumatore? Come tracciare la linea di confine in tali casi?

Dottrina e giurisprudenza si sono interrogate a lungo sulla questione assestandosi su diverse posizioni: ad una tesi che leggeva in maniera estensiva lo scopo della nozione di consumatore in linea con le finalità di tutela del contraente debole, tale da ricomprendere anche i contratti ad uso promiscuo, si è contrapposta un'interpretazione più restrittiva che ha enfatizzato lo "scopo obiettivo" dell'atto, rilevando come i beni con finalità promiscue siano in ogni caso utilizzati per scopi professionali (CHINÉ e ALPA, 1997). Una terza impostazione, per così dire mediana, ha utilizzato come scriminante definitoria un elemento di tipo quantitativo: in altri termini, nell'accertare la condizione di consumatore, il giudice dovrebbe valutare se il soggetto agisce *prevalentemente* per fini estranei alla propria attività commerciale (MINERVINI, 2014).

La giurisprudenza comunitaria, risolvendo la questione in un caso concernente l'applicazione della Convenzione di Bruxelles in materia di competenza giurisdizionale, ha rilevato come i contratti ad uso promiscuo non possano essere imputabili ad un consumatore, in quanto il soggetto che conclude un contratto per scopi connessi alla propria attività professionale si trova in una posizione paritaria rispetto alla propria controparte (CUFFARO, 2012, 23). Una conclusione diversa potrebbe essere giustificata solo nell'ipotesi in cui "il nesso fra il detto contratto e l'attività professionale dell'interessato fosse talmente modesto da divenire marginale ed avesse quindi solo un ruolo trascurabile nel contesto dell'operazione, considerata nel suo insieme, per cui il contratto è stato concluso" (Corte di Giustizia UE, sez. II, 20 gennaio 2005, C-464/01).

In senso analogo si è assestata la giurisprudenza di legittimità nostrana che ha sottolineato come ai fini della qualificazione giuridica di un individuo come professionista non è necessario "stipulare un contratto che costituisca di per sé esercizio dell'attività propria dell'impresa o della professione, ma è sufficiente che il contratto sia stipulato al fine di soddisfare interessi anche solo connessi od accessori rispetto allo svolgimento dell'attività imprenditoriale o professionale" (nel caso di specie, la Cassazione negava la qualifica di consumatore all'avvocato che aveva sottoscritto un contratto di utenza telefonica per il proprio studio legale. Cass. civ., sez. III, ord. 26 settembre 2018, n. 22810; *conformi* Cass. civ., sezz. VI-II, ord. 31 luglio 2014, n. 17466; Cass. civ., sezz. VI-I, ord. 23 settembre 2013, n. 21763; Cass. civ., sez. III, 23 febbraio 2007, n. 4208; Cass. civ., sez. III, ord. 9 novembre 2006, n. 23892; Cass. civ., sez. III, 13 giugno 2006, n. 13643; Cass. civ., 22 maggio 2006, n. 11933).

La giurisprudenza italiana, a differenza di quella tedesca (BGH, 4 dicembre 2008 – I ZR 3/06), non ha avuto occasione di pronunciarsi su una fattispecie simile a quella esaminata dalla Corte di Giustizia nel caso qui in commento. Si intende, però, rilevare come la Cassazione abbia criticato in più occasioni la retorica che spesso accompagna i rapporti B2C e che vede il contrapporsi di un soggetto forte (professionista) ad un contraente debole (consumatore). Pronunciandosi in tema di clausole vessatorie e interpretando la normativa europea sugli *Unfair Contract Terms*, la Corte ha ribadito come: "dal precetto normativo esula qualunque riferimento alle condizioni economiche delle parti, al loro potere commerciale, alla loro forza o capacità di imporre all'altra condizioni più o meno svantaggiose per l'aderente [...]. La direttiva 93/13/CEE fu voluta non già al fine di perseguire astratti princìpi egualitari o redistribuire ricchezze, ma al fine di evitare '*distorsioni di concorrenza*' nel mercato dei beni e dei servizi rivolti ai consumatori, distorsioni in precedenza derivanti dalle grandi differenze esistenti tra le legislazioni degli Stati membri in merito alla tutela del consumatore [...] Ne discende che le differenze economiche esistenti tra le parti di un contratto, da sole, non giustificano l'applicazione delle norme dettate per i contratti dei consumatori; né esiste nell'ordinamento una corrispondenza biunivoca tra la nozione di 'professionista' e quella di 'soggetto forte' del rapporto contrattuale" (Cass. civ., sez. III, ord. 26 settembre 2018, n. 22810. *Conforme*, Cass. civ., sez. VI, ord. 26 luglio 2016, n. 15391).

Tesi a sostegno delle posizioni di Caia e della KZP

Le argomentazioni delle parti coinvolte non sono riportate nel dettaglio nel testo della sentenza della Corte, tuttavia, ruotando essenzialmente intorno all'interpretazione della nozione di professionista, possono ricostruirsi schematicamente come segue: Caia (e il Tribunale di Varna che le dava ragione) riteneva che non potesse essere destinataria degli obblighi informativi gravanti sulle imprese, essendo la vendita del tutto occasionale e non correlata ad alcuna attività di tipo commerciale, industriale, artigianale o professionale. La KZP sposava l'interpretazione diametralmente opposta, considerando che Caia vendeva un numero relativamente elevato di articoli di non modico valore. L'*Administrativen sad-Varna*, infine, sollevava il dubbio circa la crescente evanescenza del confine concettuale tra professionista e consumatore nell'odierna realtà dell'Internet delle piattaforme. Considerata la mole di beni che giornalmente viene venduta tramite le piattaforme "*peer-to-peer*", quali sono i criteri per determinare quando l'attività è tale da qualificarsi come esercitata professionalmente?

Decisione della Corte

La massima

"L'art. 2, lett. b) e d), della direttiva 2005/29/EC e l'art. 2, punto 2, della direttiva 2011/83/UE devono essere interpretati nel senso che una persona fisica, che pubblica su un sito Internet, contemporaneamente, un certo numero di annunci per la vendita di beni nuovi e d'occasione può essere qualificata come *professionista*, e una siffatta attività può costituire una *pratica commerciale*, soltanto qualora tale persona agisca nel quadro della sua attività commerciale, industriale, artigianale o professionale, cosa che spetta al giudice del rinvio verificare, alla luce di tutte le circostanze rilevanti del caso di specie".

Le motivazioni

Nel fornire le linee guida interpretative che possano supportare il giudice del rinvio nel dirimere la controversia, la Corte procede innanzitutto con una succinta ricostruzione del quadro giuridico di riferimento e dell'evoluzione giurisprudenziale del medesimo.

La prima e fondamentale questione riguarda la nozione di professionista, definita in termini analoghi sia dall'art. 2, lett. b), della direttiva 2005/29/CE che dall'art. 2, co. 2, della direttiva 2011/83/UE. La Corte ritiene che la nozione di professionista presa in considerazione nelle due direttive sia particolarmente ampia e possa ricostruirsi *a contrario* dalla nozione di "consumatore".

Concordando con le conclusioni dell'avvocato generale, i giudici ritengono che la definizione di professionista debba essere accertata alla luce delle specifiche circostanze del caso concreto. Trattandosi di una valutazione nel merito, la Corte non può naturalmente pronunciarsi direttamente sulla qualificazione di Caia come professionista o meno. Tuttavia, enuncia una serie di parametri che il giudice nazionale può utilizzare per fondare il proprio convincimento.

In particolare, richiamando ancora una volta il parere dell'avvocato generale, possono tenersi in considerazione i seguenti elementi:

1) se la vendita sulla piattaforma è effettuata in modo organizzato;

2) se la vendita ha fini di lucro;

3) se nella relazione vi è un'asimmetria informativa con riferimento al prodotto offerto a vantaggio del venditore;

4) se il venditore ha uno status giuridico che gli consente di compiere atti di commercio e in quale misura la vendita online è collegata all'attività commerciale o professionale del venditore;

5) se il venditore è soggetto all'IVA;

6) se il venditore, agendo in nome o per conto di un professionista ovvero

tramite un terzo che agisce in nome o per conto dello stesso, percepisce un compenso o una provvigione;

7) se il venditore acquista beni nuovi o d'occasione al fine di rivenderli;

8) se i prodotti in vendita sono tutti del medesimo tipo o dello stesso valore e, in particolare, se l'offerta è concentrata su un numero limitato di prodotti.

La Corte precisa, tuttavia, che tali criteri hanno valore esemplificativo e la mera ricorrenza di uno di questi non vale automaticamente a significare che nel caso di specie ci si trovi di fronte ad un professionista. Così, la circostanza che Caia perseguisse uno scopo di lucro con la vendita o pubblicasse sulla piattaforma di e-commerce un certo numero di offerte relative a beni nuovi e usati non valgono di per sé stessi ad integrare gli estremi della figura del professionista (punto 40, sent. C-105/17).

Quanto alla seconda questione che la Corte è chiamata ad affrontare e, cioè, se l'attività di Caia costituisca una pratica commerciale, la Corte richiama la propria giurisprudenza sul punto, per cui rientra in tale definizione "qualsiasi azione, omissione, condotta o dichiarazione, comunicazione commerciale ivi compresi la pubblicità e il marketing, posta in essere da un professionista, direttamente connessa alla promozione, vendita o fornitura di un prodotto ai consumatori" (Mediaprint Zeitungs – und Zeitschriftenverlag, C-540/08 [2010], ECLI:EU:C:2010:660, punto 17; Plus Warenhandelsgesellschaft, C-304/08, [2010], ECLI:EU:C:2010:12, punto 36; VTB-VAB e Galatea, Cause riunite C-261/07 e C-299/07 [2009], ECLI:EU:C:2009:244, punto 49; CHS Tour Services, C-435/11 [2013], EU:C:2013:574, punto 27).

Due sono le condizioni che occorre verificare per accertare l'esistenza di una pratica commerciale ai sensi della direttiva: in primo luogo, se l'attività provenga da un professionista; in secondo luogo, se la stessa consista in un'azione od omissione "direttamente connessa alla promozione, vendita o fornitura di un prodotto ai consumatori" (RLvS, C-391/12 [2013], EU:C:2013:669, punto 37). La soluzione del quesito richiede, pertanto, ancora una volta il confronto con la questione interpretativa della nozione di professionista. Avendo appurato che il perseguimento di uno scopo di lucro con la vendita e la pubblicazione di un certo numero di annunci sulla piattaforma non bastano a qualificare la persona come professionista, l'attività di quest'ultima non potrà di conseguenza integrare una pratica commerciale.

Brevi note esplicative

La sentenza in commento affronta un tema civilistico che nel torno degli ultimi anni è stato notevolmente sollecitato dalle innovazioni registratesi nell'area del commercio elettronico e della c.d. economia delle piattaforme. La vendita di beni e servizi online non è più, infatti, appannaggio esclusivo dei tradizionali operatori economici (negozi online, aziende, commercianti): l'intermediazione operata dalle piattaforme ha permesso a chiunque con una connessione ad Internet la possibilità di operare online e concludere transazioni commerciali di varia entità e natura.

Questa evoluzione ha, però, sollevato alcune questioni interpretative, soprattutto con riferimento all'applicabilità della normativa consumeristica a tali nuovi fenomeni. Uno dei problemi salienti nell'economia delle piattaforme è, infatti, rappresentato dall'opacità che caratterizza le relazioni tra i soggetti coinvolti (venditore/fornitore del servizio – piattaforma – acquirente) e, di conseguenza, delle relative responsabilità (SMORTO, 2018). La dinamica dell'offerta sulla piattaforma è potenziale fonte di ambiguità per il consumatore che sovente ha l'impressione di concludere un contratto con un professionista (la piattaforma o il fornitore del bene o del servizio), quando in realtà la controparte è un "*peer*", i.e. un altro consumatore. Il consumatore, pertanto, può essere indotto a ritenere di essere protetto dalle regole consumeristiche, in una situazione in cui, alla luce dell'effettiva qualificazione giuridica delle parti, trovano applicazione le regole contrattuali *di default* previste dal codice civile.

La sentenza fornisce indubbiamente alcune chiavi interpretative per ricostruire la nozione funzionale di *professionista*, concordando con la ricostruzione fornita dall'avvocato generale Szpunar. I criteri enumerati nella sentenza in commento lasciano un certo margine discrezionale alle corti nazionali, per quanto la Corte di Giustizia appaia decisamente scettica all'idea di riconoscere la qualifica di *professionista* ad un soggetto quale quello preso in considerazione nel caso in esame.

Con riferimento alla protezione del consumatore digitale, una possibile soluzione potrebbe presto arrivare con l'implementazione della c.d. direttiva "Omnibus" (direttiva che modifica la direttiva 93/13/CEE del Consiglio del 5 aprile 1993, la direttiva 98/6/CE del Parlamento europeo e del Consiglio, la direttiva 2005/29/CE del Parlamento europeo e del Consiglio e la direttiva 2011/83/UE del Parlamento europeo e del Consiglio per una migliore applicazione e una modernizzazione delle norme dell'UE relative alla protezione dei consumatori), presentata nel pacchetto legislativo del "New Deal for Consumers". Tale direttiva introdurrà specifici doveri di trasparenza per i contratti conclusi su mercati online. Le piattaforme digitali dovranno, infatti, indicare se il fornitore del bene o del servizio sia un professionista o meno sulla base della dichiarazione del fornitore stesso effettuata sul mercato online. Ciò presuppone che le piattaforme dovranno organizzare la propria architettura web in modo tale da richiedere ed ottenere nel momento in cui un utente si registra ovvero pubblica un'offerta se sta agendo in qualità di professionista o meno.

Tale tipo di soluzione costituisce indubbiamente un vantaggio per il consumatore medio, che in questo modo può conoscere se il proprio "*host*" su Airbnb è un privato che concede in locazione un appartamento o un'agenzia specializzata, così da fare affidamento o meno sulla tutela consumeristica. Il problema, tuttavia, rimane in capo all'utente che deve effettuare la dichiarazione: se tale qualificazione sarà più semplice per quanti operano già sul mercato come professionisti (agenzie immobiliari, tassisti, ecc.), in mancanza di una normativa chiara sul punto, l'utente medio potrebbe non essere consapevole di agire in qualità di professionista e rilasciare una dichiarazione non veritiera in sede di registrazione sulla piattaforma online (BUSCH, 2019).

Precedenti giurisprudenziali

Non constano precedenti in termini o contrari.

Bibliografia essenziale

ALPA G., CATRICALÀ A., *Diritto dei consumatori*, Bologna, 2016.

ALPA G., CHINÉ G., *Consumatore (protezione del) nel diritto civile*, in *Dig. disc. priv., sez. civ.*, *15*, 1997, 541.

BUSCH C., *Self-Regulation and Regulatory Intermediation in the Platform Economy*, in M. CANTERO GAMITO, H. MICKLITZ (a cura di), *The Role of the EU in Transnational Legal Ordering: Standards, Contracts and Codes*, Edward Elgar, 2019.

CUFFARO V., *Codice del consumo*, Milano, 2012.

DELOGU L., Consumatore e professionista: il lavoratore dipendente dinanzi al suo difensore, in *Giurisprudenza Italiana*, (4), 2018, 855-859.

KIRSCHEN S., *Commento all'art. 3, comma 1, lett. c)*, in G. ALPA, L. ROSSI CARLEO (a cura di), *Il codice del consumo. I contratti*, XI, Napoli, 2005, 66-74.

MINERVINI E., *Dei contratti del consumatore in generale*, 3ª ed., vol. 6, Torino, 2014.

SMORTO G., Protecting the weaker parties in the platform economy, in N. DAVIDSON, M. FINCK, J. INFRANCA (a cura di), *Cambridge Handbook on Law and Regulation of the Sharing Economy*, Cambridge, 2018, 431-446.

Commenti alla sentenza in epigrafe

ESPOSITO F., HACKER P., *European Union Litigation*, in *European Review of Contract Law*, 15(1), 2019, 66-83.

JABŁONOWSKA A., *Becoming a 'trader' in the platform economy: CJEU rules in Kamenova*, in *http://recent-ecl.blogspot.com/2018/10/becoming-trader-in-platform-economy.html*, 2018.

Contratto monofirma e forma ad substantiam

Corte di Cassazione, Sezioni Unite civili, 16 gennaio 2018, n. 898

Fatti e svolgimento del processo

Alcuni clienti di una Banca sottoscrivono un documento denominato contratto-quadro in materia di investimenti, e il funzionario della Banca delegato non lo firma. Successivamente, sulla base di tale documento, i clienti e la Banca effettuano delle operazioni di investimento per l'acquisto di alcune obbligazioni. I clienti poi agiscono in giudizio, facendo valere la non vincolatività delle operazioni di investimento effettuate sulla base della nullità del contratto quadro in ragione della mancanza del requisito della forma scritta *ad substantiam,* previsto dall'art. 23, d.lgs. n. 58/1998 (d'ora in poi: TUF). Il vizio di forma fatto valere da parte attrice consiste nella mancanza della firma del funzionario della banca.

Nel giudizio di primo grado il Tribunale esclude la nullità del contratto quadro sulla base di un'argomentazione che muove dalla funzione della forma scritta *ad substantiam ex* art. 23 TUF individuata nella tutela dell'investitore; poiché la forma scritta è volta alla tutela di tale parte contrattuale, "analoghe ragioni di tutela non potrebbero ravvisarsi nella Banca, per cui l'investitore, che ha firmato, non avrebbe interesse a sollevare l'eccezione".

La Corte d'Appello di Milano, chiamata a decidere in ragione dell'appello proposto dai clienti, lo accoglie e dichiara la nullità, per mancanza di un valido contratto quadro, di alcune operazioni di investimento, condannando le parti alle restituzioni. In punto di motivazione la Corte d'Appello ritiene che la mancata firma da parte della Banca faccia venir meno la forma scritta dell'accordo, prescritta dall'art. 23 TUF, con conseguente nullità del contratto quadro, che travolge anche la validità delle operazioni di investimento. Dunque, il documento sottoscritto dai clienti, che pur contiene una dichiarazione che lo qualifica come "contratto", viene ritenuto dalla Corte d'Appello una proposta, non idonea a dar vita a un contratto per cui è prevista la forma scritta, né a provarne la stipulazione. Ancora, la Corte d'Appello ritiene che la conclusione del contratto non possa ritenersi avvenuta in ragione della sola sottoscrizione del cliente, anche in presenza di successivi comportamenti della Banca, da cui poter desumere manifestazioni di volontà, né dalla produzione in giudizio del documento da parte di chi non l'ha sottoscritto, e dunque dalla Banca stessa. Con riguardo alle funzioni dell'art. 23 TUF la Corte d'Appello disattende l'interpretazione del Tribunale secondo cui la forma scritta è posta solo a tutela dell'investitore, affermando che la finalità è anche di interesse generale, di garanzia rispetto alla stabilità del sistema finanziario.

La Banca propone ricorso in Cassazione, e la questione è rimessa alle Sezioni Unite della Corte. Altri tre casi analoghi sono posti al vaglio delle Sezioni Unite.

Premessa: forma, nullità, e funzioni delle norme

L'art. 23 del d.lgs. n. 58/1998 (d'ora in poi: TUF) prevede che i contratti relativi alla prestazione dei servizi di investimento siano redatti per iscritto e che un esemplare sia consegnato al cliente; dal punto di vista dei rimedi, la stessa norma stabilisce che "nei casi di inosservanza della forma prescritta, il contratto è nullo", e il comma 3 prevede che la nullità possa essere fatta valere solo dal cliente. La nullità in esame è qualificata in dottrina come relativa (CAPRIGLIONE, 3677), e tesa a tutelare la posizione dell'investitore in quanto è meccanismo volto a garantire la sua informazione in un contesto letto come caratterizzato da asimmetrie informative, e a rendere certo e univoco il contenuto del contratto (CAPRIGLIONE, 3677).

Occorre contestualizzare l'art. 23 TUF nel quadro ordinamentale, sotto due profili: la funzione e la *ratio* delle prescrizioni in materia di forma, e quello dei rimedi previsti in caso della loro violazione.

Rispetto al tema della forma del contratto, un principio che tradizionalmente è stato considerato centrale nel codice civile è quello della sua libertà; la regola generale è che non vi siano vincoli rispetto alla modalità di manifestazione del consenso, e che le parti possano esercitare la propria autonomia privata scegliendo la forma contrattuale che più si attaglia alle loro esigenze. Ciononostante, è lo stesso codice civile a porre in alcune ipotesi un obbligo di forma *ad substantiam* (art. 1350 c.c.), che viene considerata in questi casi un elemento essenziale del contratto, il cui mancato rispetto ne comporta la nullità (artt. 1325, comma 1, n. 4 e 1418, comma 2, c.c.). La forma può anche essere prescritta dal legislatore per altre ragioni e funzioni, ad esempio, nel caso di *forma ad probationem*, questa è considerata un "onere di precostituirsi la prova documentale" (BRECCIA et al., I, 267).

Rispetto alla forma *ad substantiam*, che qui interessa, l'art. 1350 c.c. indica una serie di atti e di contratti che devono avere una determinata forma a pena di nullità. In particolare, secondo l'art. 1350 c.c. tale forma è quella della scrittura privata o dell'atto pubblico (art. 2702 c.c.). La funzione di tali prescrizioni in materia di forma è stata discussa in dottrina, anche sotto il profilo della loro qualificazione come eccezioni rispetto al principio di libertà delle forme (BRECCIA, 474 ss.). In linea generale, la previsione della forma *ad substantiam* risponde senz'altro all'esigenza di far riflettere i contraenti sull'importanza dell'atto che stanno per concludere, in ragione della rilevanza economica del contratto, del tipo di atto, o ancora per gli effetti che l'atto produce (BRECCIA et al., 268).

Se questo è il sistema delineato dal codice civile, occorre però osservare che soprattutto a partire dagli anni '90 le prescrizioni imperative in materia di forma sono andate moltiplicandosi, anche in ragione dell'influenza del diritto europeo, in particolar modo nell'ambito dei contratti caratterizzati da asimmetrie, come quelli fra consumatore e professionista, o fra cliente e banca. L'infittirsi dei requisiti di forma è stato definito "neoformalismo contrattuale" o negoziale (BRECCIA, 480 ss. e 497 ss.). In tale contesto ha assunto una particolare importanza l'indagine sulla funzione di tali nuove formalità, in quanto utile per ripensare e governare il rapporto fra il principio della libertà delle forme e le previsioni imperative in materia, sempre più numerose. La dottrina ha interpretato tali prescrizioni come volte a garantire l'informazione di una parte del contratto – quella che non l'ha predisposto – sul suo contenuto, colmando o quantomeno riequilibrando in parte le 'asimmetrie informative' che caratterizzano il rapporto fra consumatore e professionista, così come quello fra cliente e istituto bancario (SCOGNAMIGLIO, 742). Il rapporto fra forma e contenuto del contratto è stringente, in quanto la funzione della prima è strettamente connessa a incrementare la conoscenza del secondo da parte del consumatore o del cliente. Rispetto a tale funzione, oltre alla forma si può richiamare anche quella tecnica legislativa che prevede, nei contratti caratterizzati da asimmetrie, obblighi, anche di matrice europea, circa le informazioni che il contratto deve contenere (si veda ad esempio, in materia di credito al consumo l'art. 10 dir. 2008/48/CE). Si può inoltre osservare come la previsione di formalità sia spesso accompagnata, come anche nell'art. 23 TUF, dall'obbligo di consegna materiale di una copia del contratto da parte del professionista o della Banca al consumatore o al cliente.

Inoltre, la funzione di tutela di una parte – considerata quella dotata di minor potere nel rapporto contrattuale – rende coerente la previsione, in caso di violazione dei requisiti di forma, del rimedio della nullità relativa, che può essere fatta valere solo dalla parte nel cui interesse è posta, e dunque, nel caso dell'art. 23 TUF, dal cliente.

Occorre infine sottolineare che la funzione di riequilibrio dei rapporti caratterizzati da asimmetrie informative è considerata dalla dottrina come significativa per la regolamentazione del mercato: attraverso la tutela del consumatore o del cliente, si persegue l'obiettivo di un mercato concorrenziale ed efficiente, cercando di correggerne i c.d. "fallimenti". Parte della dottrina ha poi sottolineato come il "neoformalismo" sia una via per conformare le condotte degli operatori del mercato attraverso l'imposizione di un contenuto contrattuale chiaro e predeterminato *ex ante* (MODICA, 9).

La posizione del ricorrente

La banca propone ricorso in Cassazione, affermando la validità del contratto quadro, e dunque il rispetto del requisito della forma di cui all'art. 23 TUF, sulla base di tre motivi.

In primo luogo, parte ricorrente sostiene che la *ratio* della norma che prevede la forma scritta a pena di nullità nelle ipotesi esaminate sia quella della comunicazione al cliente delle condizioni contrattuali, con una funzione di riequilibrare le asimmetrie informative tra le parti. In questa prospettiva, sostengono i ricorrenti, la sola sottoscrizione rilevante è quella del cliente, anche in ragione del fatto che soltanto questi può far valere la nullità. Non vi sarebbe poi una vera e propria finalità di ponderazione e di certezza in quanto il contratto quadro non porta con sé trasferimenti patrimoniali; d'altra parte, se quelle fossero le *rationes* della forma *ex* art. 23 TUF, non si spiegherebbe la libertà di forma prevista per i singoli ordini di investimento.

Con il secondo motivo, sul piano logico subordinato al primo, la Banca fa valere la violazione e falsa applicazione degli artt. 1175 e 1375 c.c., della norma previgente in materia di forma, analoga a quella prevista nel TUF, e dell'art. 1418 c.c. Parte ricorrente si duole del non accoglimento, da parte della Corte di merito, dell'*exceptio doli*, fatta valere rispetto all'uso selettivo della nullità, che permetterebbe ai clienti di conseguirne i benefici senza sopportarne gli svantaggi.

Il terzo motivo di ricorso attiene alle restituzioni: la Banca contesta la soluzione della Corte di merito che ha rigettato la sua richiesta di restituzione delle cedole maturate sui titoli, in quanto le ha qualificate come frutto civile dell'investimento, da considerarsi, salvo prova contraria, ottenuto in buona fede dall'investitore. La Banca contesta l'applicazione da parte del giudice di merito dell'art. 1148 c.c. affermando che questo è applicabile solo nel giudizio di rivendica e non nel caso sia esercitata un'azione personale. Ancora, la banca sostiene che la nullità del contratto di acquisto produca gli effetti della restituzione da una parte del capitale versato e dall'altra dei titoli e del corrispettivo ricevuto (le cedole).

La posizione del resistente

Le difese dei resistenti di cui dà conto la Corte di Cassazione in sentenza sono processuali; non sono riportate in quanto non attinenti rispetto alla questione giuridica esaminata.

La questione di diritto posta al vaglio delle Sezioni Unite della Corte di Cassazione

La questione rimessa alle Sezioni Unite della Corte di Cassazione è "se il requisito della forma scritta del contratto di investimento esiga, oltre alla sottoscrizione dell'investitore, anche la sottoscrizione *ad substantiam* dell'intermediario". Tale questione, come si legge in un'ordinanza di remissione relativa a un caso analogo, anch'esso sottoposto al vaglio delle Sezioni Unite (Cass. civ., sez. I, ord. n. 10447/2017), nasce da un percorso argomentativo che valorizza le peculiarità funzionali delle prescrizioni di forma a pena di nullità previste nell'ambito dei contratti asimmetrici. In questa prospettiva, si considera che la forma prevista dall'art. 23 TUF ha una funzione "informativa" e di protezione, volta a garantire che il cliente sia informato compiutamente e specificamente sulle vicende contrattuali, e in particolar modo sul contenuto del contratto. Di qui, la questione che si pone è se, interpretando il requisito della forma alla luce della sua funzione, si debba ritenere che questo sia rispettato in ipotesi in cui il cliente, ma non la banca, abbia sottoscritto il documento, in quanto lo scopo "informativo" perseguito dalla norma è stato raggiunto.

Decisione della Corte

La massima

Nella pronuncia a sezioni unite si enuncia dunque il seguente principio di diritto:

> "Il requisito della forma scritta del contratto quadro relativo ai servizi di investimento, disposto dal d.lgs. 24 febbraio 1998, n. 58, art. 23, è rispettato ove sia redatto il contratto per iscritto e ne venga consegnata una copia al cliente, ed è sufficiente la sola sottoscrizione dell'investitore, non necessitando la sottoscrizione anche dell'intermediario, il cui consenso ben si può desumere alla stregua di comportamenti concludenti dallo stesso tenuti".

Le motivazioni

La Corte di Cassazione costruisce la sua motivazione attorno alla differenza funzionale fra la tradizionale forma a pena di nullità, e quella prevista dall'art. 23 TUF.

La Corte considera che tradizionalmente sono due le funzioni attribuite alla sottoscrizione del contratto: la formazione del consenso delle parti e l'attribuzione della scrittura. In questa prospettiva, e in base anche al disposto degli artt. 1350 e 1418 c.c., secondo i giudici di legittimità l'impianto codicistico inquadra la forma più sul piano della struttura, quale elemento costitutivo del contratto, e meno su quello della funzione.

Per quanto attiene alla forma prevista dall'art. 23 TUF, la Corte rinviene la sua funzione nella maggior garanzia di informazione dell'investitore che questa permette di ottenere nell'ottica della protezione di quest'ultimo. La Corte osserva anche come in via mediata l'obiettivo sia quello di favorire la regolarità e la trasparenza del mercato del credito. I giudici di legittimità considerano sul punto che è l'investitore ad aver bisogno di "conoscere e di potere all'occorrenza verificare nel corso del rapporto il rispetto delle modalità di esecuzione e le regole che riguardano la vigenza del contratto. Un ulteriore elemento preso in considerazione ai fini della ricostruzione della funzione della forma prevista dall'art. 23 TUF è l'esplicita previsione per cui solo il cliente può far valere tale nullità.

L'approccio funzionale adottato conduce la Corte ad affermare che il vincolo di forma previsto dall'art. 23 TUF è da interpretare nell'ambito del c.d. "neoformalismo negoziale", guardando alla "funzione propria della norma e non automaticamente richiamando la disciplina generale sulla nullità". I giudici di legittimità dunque affermano che la forma di cui all'art. 23 TUF deve essere compreso sul piano della formazione e della certezza della regola contrattuale e dell'accordo "rimanendo assorbito l'elemento strutturale della sottoscrizione [dell'] intermediario" in quanto tale sottoscrizione, una volta reso certo il raggiungimento della *ratio* della norma attraverso la firma dell'investitore sul modulo predisposto dall'intermediario e la consegna del documento a quest'ultimo "non verrebbe a svolgere alcuna specifica funzione".

I Giudici di legittimità arrivano anche a svolgere osservazioni di carattere generale; nel caso delle nullità relative, in cui è protetto, prima che un interesse generale, un interesse particolare, tale circostanza deve essere valorizzata al momento dell'interpretazione delle norme, in quanto la tutela deve essere accordata "nei limiti in cui viene davvero coinvolto l'interesse protetto dalla nullità, determinandosi altrimenti conseguenze distorte o anche opportunistiche".

Proprio l'individuazione dell'interesse tutelato dall'art. 23 TUF porta la Corte a sostenere che in una situazione in cui il cliente abbia firmato il documento, questo gli sia stato consegnato dopo la sua sottoscrizione e sia stata data poi esecuzione al contratto, non si deve ritenere necessaria la firma del funzionario della banca ai fini della validità del contratto quadro. La Corte afferma così la necessità, nel caso di specie, di un'interpretazione del requisito della forma *ex* art. 1325, n. 4 c.c., "non in senso strutturale, ma funzionale, avuto riguardo alla finalità propria della normativa". Di qui la Corte deduce che il contratto quadro, ai fini della sua validità, debba essere redatto per iscritto, sottoscritto dall'investitore, e a questi consegnato; il consenso della banca può risultare a mezzo dei comportamenti concludenti, come l'esecuzione del contratto da parte di questa.

A ulteriore conferma della scelta interpretativa, le Sezioni Unite ne affermano l'aderenza alle logiche cui è improntato il TUF, volto a dettare regole di comportamento dell'intermediario: in questa prospettiva la forma ad *substantiam* e la conseguente nullità in caso di violazione si pongono come "sanzione per l'intermediario". Sanzione che l'interpretazione offerta dai giudici di legittimità contribuirebbe a rendere "proporzionata". È da sottolineare il riferimento al principio di proporzionalità, di cui la Corte mette in dubbio il rispetto nell'ipotesi dell'adozione di altre possibili scelte interpretative. Tali considerazioni sono poi rafforzate dall'affermazione dell'armonia fra la soluzione data e gli strumenti normativi di diritto europeo – ad esempio la dir. 2014/65/UE in tema di mercati di strumenti finanziari –, che pongono l'accento sull'importanza della possibilità per il cliente di verificare quanto concordato.

Brevi note esplicative

Le Sezioni Unite della Corte di Cassazione, nella sentenza oggetto di commento, gemella delle pronunce, anch'esse delle Sezioni Unite, nn. 1200, 1201, 1653 del 2018, interpreta la forma scritta di cui all'art. 23 del TUF, secondo un'argomentazione definita dagli stessi giudici come funzionale e volta a privilegiare la *ratio* della disciplina, tesa a garantire un'informazione che renda consapevole il cliente dei suoi diritti e dei suoi obblighi. Per questa via ermeneutica i Giudici di legittimità arrivano dunque ad affermare che qualora un contratto predisposto dalla banca sia stato firmato unicamente dal cliente, questo non può per questo solo essere dichiarato nullo ai sensi dell'art. 23 TUF.

La decisione dei giudici di legittimità pare significativa sotto diversi profili: l'interpretazione funzionale, il carattere sanzionatorio attribuito all'art. 23 TUF, la rilevanza del principio di proporzionalità, nonché il rapporto fra la soluzione giurisprudenziale elaborata dalle Sezioni Unite della Corte di Cassazione e la forma *ad substantiam* per come tradizionalmente concepita.

Per quanto riguarda il primo aspetto, l'interpretazione funzionale gioca un ruolo centrale nel percorso argomentativo dei giudici di legittimità: la funzione dell'art. 23 TUF viene ricondotta all'informazione del cliente, ed è proprio lo scopo di tutela dell'interesse di una parte a essere valorizzato dalla Corte di Cassazione. A tal proposito si può notare come i giudici di legittimità utilizzino in modo 'forte' tale approccio. Si può, per converso, dar conto di un orientamento precedente alla pronuncia qui oggetto di commento che, pur considerando la previsione della forma di cui all'art. 23 TUF come posta "a fini protettivi dell'investitore", interpretava la previsione della forma a pena di nullità prevista dall'art. 23 TUF come forma *ad substantiam* in senso tradizionale, affermando quindi che "il criterio ermeneutico della valutazione del comportamento complessivo delle parti, anche posteriore alla stipulazione del contratto stesso, non può evidenziare una formazione del consenso al di fuori dello scritto medesimo" (Cass. civ., n. 5919 del 24 marzo 2016).

Un ulteriore elemento di rilievo è l'applicazione del principio di proporzionalità nell'interpretazione della norma e del rimedio della nullità, rimedio che essa stessa considera come avente funzione sanzionatoria volta a contrastare la violazione (non tanto di vincoli di forma quanto) di regole di comportamento dell'intermediario, e che non ha ragion d'essere quando queste siano adeguatamente assolte dall'intermediario che consegni al cliente l'esemplare del contratto firmato da quest'ultimo. Sul punto si può notare l'influenza dell'argomentare proprio della Corte di Giustizia dell'Unione europea, e in particolare dell'approccio adottato – anche – nella sentenza *Home Credit*, del 9 novembre 2016, C-42/15. In tale pronuncia (che concerne le conseguenze contrattuali del mancato inserimento in un contratto di credito al consumo delle informazioni previste come obbligatorie dall'art. 10 della direttiva 2008/48/CE), a partire dalla considerazione per cui i rimedi previsti di fronte alla violazione delle norme poste dalla direttiva devono essere efficaci, proporzionati e dissuasivi, i giudici di Lussemburgo affermano che la severità delle sanzioni deve essere adeguata alla gravità delle violazioni che esse reprimono, rispettando il principio generale della proporzionalità. Si può notare che il principio di proporzionalità, se declinato insieme ad una visione della nullità in chiave sanzionatoria, attribuisce non poco rilievo agli interessi della banca rispetto all'operare del rimedio.

Occorre ora guardare all'interpretazione funzionale e all'uso del principio di proporzionalità nel quadro del sistema codicistico, e dar conto delle diverse possibili soluzioni ermeneutiche cui si può giungere considerando anche tali profili. Venendo quindi al piano sistematico, la soluzione adottata dalle Sezioni Unite, pone la questione del rapporto fra le regole di forma *ad substantiam*, per come previste e interpretate nel codice civile, e la forma di cui all'art. 23 TUF, interpretata con un approccio funzionale e attraverso le lenti del principio di proporzionalità. La dottrina sul punto si divide.

Vi è chi guarda alla pronuncia della Corte di Cassazione nell'ambito dell'orientamento giurisprudenziale che attiene agli 'equipollenti' della sottoscrizione, e dunque soprattutto al ruolo, ai fini del rispetto del requisito di *forma ad substantiam,* della produzione in giudizio del contratto della parte che non l'ha firmato e la sottoscrizione apposta su un atto scritto extraprocessuale posto in essere in esecuzione del contratto non firmato (CATALANO, 21 ss.). Secondo parte della dottrina la soluzione delle Sezioni Unite configurerebbe un'ulteriore ipotesi di equipollenza "calibrata [...] sulla specifica funzione assunta, nel caso di specie dal requisito della forma" (SCOGNAMIGLIO, 747).

Altra parte della dottrina ha letto la sentenza della Corte di Cassazione come pronuncia che ri-costruisce un tipo di forma scritta alternativa e diversa da quella codicistica, anche in ragione della sua funzione. Sul punto vi è chi riconduce la soluzione della Suprema Corte nell'ambito di un sistema – coerente al suo interno – che governa relazioni e contratti caratterizzati da asimmetrie (MODICA, 3). Rispetto a tale ricostruzione alcuni commentatori (MIRONE,

2) osservano in chiave critica in ragione che tale interpretazione non trova sostegno nell'esistenza di sufficienti indici normativi. In risposta a tali ultimi rilievi, parte della dottrina ha posto in luce come l'interpretazione funzionale operata dalla Corte di Cassazione si giustifichi in ragione della peculiare "forma" richiesta a pena di nullità: si pone qui l'attenzione sulla diversità fra l'art. 1350 c.c., che richiama la forma della scrittura privata e dell'atto pubblico – e dunque l'art. 2702 c.c. – e l'art. 23 TUF – così come l'art. 117 TUB –, che fanno riferimento alla "redazione" del contratto per iscritto e alla consegna di un "esemplare" al cliente, e non all'elemento strutturale della sottoscrizione (NATOLI, 481 ss.).

Un ulteriore percorso compiuto in dottrina (D'AMICO, 141) è quello che rigetta apertamente la tesi per cui si avrebbero due diverse nozioni di forma *ad substantiam*, l'una tradizionale e riconducibile al codice civile, e l'altra legata alla legislazione extracodicistica, e in particolare all'art. 23 TUF. Tale dottrina qualifica la forma prevista dall'art. 23 TUF non come forma *ad substantiam* ma come prescrizione che attiene alla redazione del contratto, e non alla sua conclusione – e dunque alla sua struttura – e il cui mancato rispetto è da ricondursi alla nullità di cui all'art. 1418, comma 3, c.c., e non all'art. 1418, comma 2, c.c. Nel caso di specie non si sarebbe dunque di fronte ad una forma *ad substantiam*, ma ad un obbligo formale che attiene "più al documento che all'atto", prescritto dalla legge a pena di nullità. Tale forma può quindi ben avere "finalità legate ad elementi esterni rispetto alla struttura dell'atto" (D'AMICO, 142). Altra parte della dottrina ha riflettuto sul possibile ruolo dell'art. 1341 c.c., e dunque delle norme relative alle condizioni generali di contratto (PAGLIANTINI, 729 ss.), anch'essa non riconducendo gli obblighi di forma di cui all'art. 23 TUF alle ipotesi di forma *ad substantiam*. Entrambe queste dottrine condividono dunque la soluzione offerta dalla Corte di Cassazione per quanto attiene alla validità del contratto, pur utilizzando diversi percorsi argomentativi.

In chiusura, si può dar conto del fatto che parte della giurisprudenza successiva alla pronuncia delle Sezioni Unite della Corte di Cassazione, che si è esaminata, ha applicato il principio di diritto enunciato dai Giudici di legittimità oltre che all'art. 23 TUF (fra le altre: Cass. civ., 21 novembre 2018, n. 30103; Cass. civ., 29 marzo 2019, n. 8870; Cass. civ., 18 gennaio 2019, n. 1460) anche alle previsioni di cui all'art. 117 TUB in tema di contratti bancati, in ragione della "formulazione sovrapponibile" delle due norme, e la loro analoga funzione informativa del cliente (Cass. civ., 4 giugno 2018, n. 14243; nello stesso senso, fra le altre: Cass. civ., 9 aprile 2019, n. 9894; Cass. civ., 11 marzo 2019, n. 6985).

Precedenti giurisprudenziali

In senso favorevole alla tesi della ricorrente (a titolo esemplificativo)

Trib. Venezia, 7 dicembre 2012.
Trib. Venezia, 8 luglio 2013.
Trib. Napoli, 31 ottobre 2013.
Trib. Milano, 12 novembre 2013.
Trib. Firenze, 2 ottobre 2014.
Trib. Mantova, 16 febbraio 2016.
Trib. Reggio Emilia, 28 luglio 2016, n. 1153.

In senso contrario alla tesi della ricorrente (giurisprudenza di legittimità)

Cass. civ., 24 marzo 2016, n. 5919.
Cass. civ., 11 aprile 2016, n. 7068.
Cass. civ., 27 aprile 2016, n. 8395.
Cass. civ., 27 aprile 2016, n. 8396.
Cass. civ., 19 maggio 2016, n. 10331.
Cass. civ., 3 aprile 2017, n. 8624.

Altri precedenti rilevanti per il caso (giurisprudenza di legittimità)

Cass. civ., 22 marzo 2012, n. 4564.
Cass. civ., 19 febbraio 2014, n. 3889.
Cass. civ., 7 settembre 2015, n. 17740.
Cass. civ., 3 gennaio 2017, n. 36.

Ordinanze di remissione alle Sezioni Unite della Corte di Cassazione

Cass. civ., 27 aprile 2017, n. 10447.
Cass. civ., 17 maggio 2017, n. 12390.

Pronunce 'gemelle' a quella oggetto di commento

Cass. civ., Sez. Un., 18 gennaio 2018, n. 1200.
Cass. civ., Sez. Un., 18 gennaio 2018, n. 1201.
Cass. civ., Sez. Un., 23 gennaio 2018, n. 1653.

Bibliografia

BRECCIA U., *La forma*, in E. ROPPO (a cura di) *Trattato del contratto*, I, *Formazione*, Giuffrè, 2006, 465.

BRECCIA U., BRUSCUGLIA L., BUSNELLI, F.D., GIARDINA F.; GIUSTI A., LOI M.L., NAVARRETTA E., PALADINI M., POLETTI D., ZANA M., *Diritto Privato. Parte Prima*[2], Utet, 2009, 266.

CAPRIGLIONE F., *Art. 23 TUF*, in G. ALPA, V. MARICONDA (a cura di), *Codice dei contratti commentato*, Ipsoa, 2017, 3671.

CATALANO R., *Contratti solenni, forma scritta ad substantiam in funzione protettiva ed equipollenti della sottoscrizione: note critiche*, in *Banca borsa titoli di credito*, 2016, n. 1, 21.

D'AMICO G., *Le Sezioni Unite sul c.d. contratto mono-firma - la "forma" del contratto-quadro ex art. 23 T.U.F. non è prescritta* ad substantiam actus, in *I contratti*, 2018, n. 2, 138.

MODICA L., *Il volto crudele, ma autentico, del formalismo "informativo"*, in *Foro it.*, 2018, n. 4, I, 1283.

NATOLI R., *Una decisione non formalistica sulla forma: per le Sezioni Unite il contratto quadro scritto, ma non sottoscritto da entrambe le parti, è valido - il commento*, in *Le società*, 2018, n. 4, 481.

PAGLIANTINI S., *Il contratto monofirma nella prospettiva dell'art. 1341 c.c.*, in *Nuova giur. civ. comm.*, n. 5, 2018 (II), 729.

PAGLIANTINI S. *Le Sezioni Unite sul c.d. contratto mono-firma - forma o modalità di un'informazione materializzata? Le SS.UU. ed una interpretazione normalizzatrice dell'art. 23 T.U.F.*, in *I contratti*, n. 2, 2018 (I), 143.

PALAZZO A., *Forme del negozio giuridico*, in *Digesto delle discipline civilistiche*, 1992, 442.

PERRONE A. (a cura di) *Il contratto "monofirma" e le Sezioni Unite della Cassazione. Un dialogo a più voci*, con interventi di F. DENOZZA, A. MIRONE, L. MODICA, R. NATOLI, D. SEMEGHINI, in *Orizzonti del diritto commerciale*, n. 2, 2018, 1.

SCOGNAMIGLIO C., *Contratti monofirma nei servizi di investimento e scopo di protezione della forma*, in *Nuova giur. civ. comm.*, n. 5, 2018, 741.

Contratto e usura "sopravvenuta": effetti e rimedi

Corte di Cassazione, Sezioni Unite, sent. 19 ottobre 2017, n. 24675

Fatti e svolgimento del processo

La società Alfa spa conveniva in giudizio la Banca Beta spa chiedendo fosse dichiarata nulla la previsione del tasso d'interesse del 7,75 % fisso semestrale, contenuta nel contratto di mutuo decennale di 14 miliardi di lire concluso con la convenuta il 19 gennaio 1990, perché tale tasso era superiore al tasso soglia determinato secondo le previsioni dalla legge 7 marzo 1996, n. 108, in materia di usura, entrata in vigore nel corso del rapporto.

Chiedeva conseguentemente la condanna della convenuta al rimborso degli interessi già riscossi, dovendo il mutuo considerarsi gratuito, o comunque al rimborso della parte di tali interessi eccedente il tasso legale. La convenuta Banca Beta resisteva.

Il Tribunale di Milano accoglieva la domanda della Alfa, condannando la banca al rimborso degli interessi riscossi per la parte eccedente il tasso soglia.

La sentenza di primo grado era integralmente riformata dalla Corte d'appello su impugnazione della banca soccombente: qualificato il rapporto come mutuo fondiario, la Corte riteneva applicabile il d.p.r. 21 gennaio 1976, n. 7, sulla disciplina del credito fondiario, da cui derivava la legittimità del contratto di mutuo, con la relativa determinazione del tasso d'interesse, e l'assorbimento di ogni altra questione.

La società Alfa proponeva ricorso per Cassazione sulla base di quattro motivi; resisteva con controricorso la Banca Beta.

Il ricorso era assegnato alle Sezioni Unite a seguito dell'ord. interlocutoria 31 gennaio 2017, n. 2484 della Sez. I, con cui, premessa l'applicabilità della legge n. 108/1996 anche ai mutui fondiari, era stato rilevato un contrasto di giurisprudenza all'interno di quella Sezione sulla questione dell'incidenza del sistema normativo antiusura, introdotto dalla richiamata legge, sui contratti stipulati anteriormente alla sua entrata in vigore, anche alla luce della norma di interpretazione autentica di cui al d.l. 29 dicembre 2000, n. 394, art. 1, comma 1 convertito dalla legge 28 febbraio 2001, n. 24.

La questione di diritto posta all'attenzione della Corte di Cassazione

La Corte di Cassazione è chiamata a pronunciarsi sugli effetti della c.d. "usura sopravvenuta". In particolare, alla Corte viene innanzitutto chiesto se sia corretto qualificare il mutuo oggetto della controversia come mutuo fondiario sulla base del solo richiamo, nel contratto, del D.P.R. n. 7 del 1976 a prescindere dall'accertamento dei necessari requisiti oggettivi. In secondo luogo, la ricorrente contesta che, anche qualora il mutuo fosse correttamente qualificato come fondiario, ciò comporterebbe l'inapplicabilità delle disposizioni della legge n. 108/1996.

Secondo la ricorrente, "il tasso d'interesse che al momento della pattuizione non ecceda la soglia dell'usura determinata secondo il meccanismo previsto dalla medesima legge, ma che superi poi tale soglia nel corso del rapporto, è comunque illegittimo e comporta la nullità della relativa clausola contrattuale". Ciò implicherebbe "la necessità di individuare un tasso sostitutivo ai sensi degli artt. 1419 e 1339 c.c., non essendo invocabile la previsione di gratuità del mutuo di cui all'art. 1815, comma 2 – come modificato dalla stessa legge che è esclusa dall'interpretazione autentica di tale disposizione imposta dal d.l. n. 394/2000, art. 1, comma 1".

Premessa. Contratto usurario e rimedi

Nel nostro ordinamento vige il c.d. "principio nominalistico", in base al quale il debitore si libera del proprio debito pecuniario con il pagamento della moneta avente corso legale nello stato. Pertanto di norma non rilevano le variazioni del potere d'acquisto della moneta; tuttavia le parti possono convenzionalmente derogare a questa regola. Gli interessi rispondono anche a questa esigenza; peraltro le somme liquide (verificate nel loro ammontare) ed esigibili (cioè non soggette a termine o scaduto il termine) producono "interessi di pieno diritto" (art. 1282 c.c.) nel tasso "legale", che è fissato annualmente dal Ministero dell'Economia e delle Finanze (art. 1284 c.c.).

Le parti possono convenzionalmente pattuire un tasso diverso, anche superiore – perciò detto "ultra-legale" – ma in tal caso sono tenute a farlo per iscritto. In caso contrario saranno dovuti gli interessi in misura legale (art. 1284, comma 3, c.c.).

Gli interessi si classificano, a seconda della fonte, in interessi usuali (secondo gli usi), convenzionali (pattuiti fra le parti) e legali. Si classificano inoltre, sulla base della loro funzione, in interessi corrispettivi e interessi moratori: i primi hanno funzione compensativa, sono cioè il compenso dovuto per il godimento del denaro; i secondi hanno funzione risarcitoria e sanzionatoria per il ritardo nell'adempimento e assorbono gli interessi corrispettivi. Gli interessi moratori, come il termine stesso suggerisce, sono dovuti solo quando il debitore sia in mora e, cioè, non solo sia in ritardo, ma tale ritardo sia colpevole e a lui imputabile.

Sebbene il tema dell'usura impegni da secoli i giuristi sotto molteplici profili (DAGNA, 1 ss.), per quanto concerne le previsioni di diritto civile esso è entrato nel nostro sistema giuridico solo con il codice civile del 1942. Il codice previgente (del 1865) non conteneva alcuna norma in materia; si limitava a prevedere, in maniera analoga all'attuale art. 1284 c.c., che l'interesse convenzionale eccedente la misura legale dovesse risultare da atto scritto e che, in caso contrario, non fosse dovuto alcun interesse.

La dottrina e la giurisprudenza sposavano la tesi della nullità del contratto o per illiceità dell'oggetto o per illiceità della causa o, più in generale, per contrarietà a norme imperative penali (DAGNA, 22-23; COLAVINCENZO, 7-8). Vi era però una grossa criticità: il soggetto usurato doveva restituire il capitale ricevuto e, quindi, scegliere se preferiva azionare il rimedio o se preferiva avere il capitale.

Il codice del 1942 introduce alcune previsioni collegate all'usura: innanzitutto l'art. 1815, sul contratto di mutuo, prevedeva che qualora fossero "convenuti interessi usurari, la clausola è nulla e gli interessi sono dovuti solo nella misura legale" (comma 2). La previsione era da leggersi in combinato con il già richiamato art. 1284 c.c. secondo cui gli interessi sono dovuti nella misura legale, salvo diversa pattuizione resa per iscritto.

Parallelamente a queste due previsioni, il codice prevede l'azione di rescissione per lesione (art. 1448 c.c.) che, come emerge dalla Relazione Ministeriale (DAGNA, 26 ss.), è pensata quale rimedio per l'usurarietà di contratti diversi dal mutuo. Come noto, l'azione di rescissione per lesione richiede la compresenza di tre elementi: (1) squilibrio – qualificato come "ultra-dimidium" – fra le due prestazioni, (2) approfittamento di una parte in presenza dello (3) stato di bisogno dell'altra. Si trattava del "corrispondente" sul piano privatistico dell'art. 644 c.p. nella sua versione originaria: medesimi erano gli elementi del vantaggio, dello stato di bisogno, dell'approfittamento. La nozione di *ultra dimidium* aiutava nella determinazione dell'usurarietà e fungeva da limite alla discrezionalità giudiziale (COLAVINCENZO, 22-23; 76 ss.).

Come accennato, nell'intenzione del legislatore del 1942 scopo dell'azione generale di rescissione è proprio quello di provvedere ai contratti usurari: lo si evince anche dalla prescrizione di cui all'art. 1449 c.c. per cui, qualora il fatto costituisca reato, si applica l'art. 2947, u.c., c.c. in forza del quale il termine prescrizionale dell'azione civile è lo stesso di quello del reato.

Nonostante il rinnovato quadro normativo permanevano numerosi problemi. Anzitutto non era chiaro quando si potesse effettivamente parlare di usura. La giurisprudenza in una prima fase ritenne che l'usurarietà di cui all'art. 1815, comma 2, c.c. potesse essere solo quella emergente dall'illecito penale. Richiedere la sussistenza dell'illecito penale per potersi avere nullità della clausola del mutuo e, quindi, incorporare i requisiti dell'approfittamento e dello stato di bisogno richiesti dall'art. 644 c.p. anche nella fattispecie civilistica, svuotava di significato la previsione civilistica di cui all'art. 1815, comma 2: di fatto il rimedio civilistico si atteggiava come mera conseguenza aggiuntiva dell'applicazione della misura penale. In mancanza di altri rimedi, il contratto finiva di nuovo per essere considerato nullo per violazione di norma imperativa o illiceità di causa o oggetto, con le criticità già esposte (COLAVINCENZO, 21-24). Il problema scaturiva soprattutto dall'incertezza nel determinare quando il tasso applicato fosse usurario, con la conseguenza che solo quando fosse accertato un reato di usura si poteva parlare di interessi usurari con tutte le conseguenze sul piano civilistico (NIVARRA, 28).

Nel 1996 il legislatore interviene modificando sia il codice civile che il codice penale. La legge n. 108 del 7 marzo 1996 "Disposizioni in materia di usura" emenda l'art. 644 c.p. modificando la figura del reato di usura sotto molteplici profili: innanzitutto prevede il comma 3 che "La legge stabilisce il limite oltre il quale gli interessi sono sempre usurari". Inoltre il requisito dell'approfittamento dello stato di bisogno sparisce come elemento costitutivo del reato e diviene una delle circostanze aggravanti (comma 5, n. 3). Tra di esse figura anche l'ipotesi che il colpevole del reato abbia "agito nell'esercizio di una attività professionale, bancaria o di intermediazione finanziaria mobiliare". L'introduzione di questa aggravante risponde al mutamento verificatosi nel tempo: mentre in passato si immaginava l'usuraio come colui che applica tassi sproporzionati supportati da minaccia (il c.d. "strozzino"), oggi l'usura investe pratiche quotidiane del mercato creditizio che coinvolgono attori professionali quali banche ed altri intermediari finanziari.

Quanto al codice civile, la legge n. 108/1996 modifica il comma 2 dell'art. 1815 c.c. che, nella sua attuale formulazione, ora prevede: "Se sono convenuti interessi usurari, la clausola è nulla e non sono dovuti interessi". La nuova formulazione, pur sanzionando gravemente la condotta illecita di chi applica interessi usurari, evita gli effetti negativi di una nullità totale, permettendo peraltro l'applicazione di questo articolo anche ai casi nei quali non vi sia un accertamento della responsabilità penale (ma v. sentenza in commento), essendo ora molto più semplice determinare l'usurarietà del tasso (si parla in questo caso di usura "in astratto" o "presunta", v. PASCUCCI, 3).

Infatti, la legge n. 108/1996 ha introdotto un meccanismo del tutto peculiare che consente di identificare con certezza il tasso oltre il quale gli interessi sono considerati usurari. Tale tasso è detto "tasso soglia". La sua rilevazione viene effettuata ogni trimestre con decreto del Ministero dell'Economia e delle Finanze con specifico riferimento alle diverse operazioni di credito (credito al consumo, leasing, mutuo, mutuo ipotecario, ecc.). Dalla rilevazione sono esclusi gli interessi di mora e gli oneri assimilabili contrattualmente previsti per il caso di inadempimento di un obbligo, come da istruzioni della Banca d'Italia, il cui ruolo nell'attuazione di questa legge è stato, ed ancora oggi è, di primaria importanza.

Ai sensi del d.l. 13 maggio 2011, n. 70 (convertito, con modificazioni, dalla legge 12 luglio 2011, n. 106) il tasso soglia è calcolato tenendo presente il Tasso Effettivo Globale Medio (TEGM) aumentato di ¼ a cui si aggiunge il 4%. Ad esempio: se il TEGM per i contratti di factoring è del 5,10%, il tasso soglia sarà così calcolato: (5,10*1,25) + 4 = 10,375. Il decreto legge stabilisce che in ogni caso quando venga applicato un interesse superiore di 8 punti percentuali rispetto al tasso, si avrà sempre tasso usurario.

Una volta che si sia accertata l'usurarietà del tasso è necessario individuare i rimedi contrattuali applicabili, così da comprendere quali siano le sorti del contratto in cui siano stati pattuiti interessi usurari. Secondo la dottrina e per parte della giurisprudenza, la disciplina si atteggia diversamente a seconda che l'usurarietà sia originaria o sopravvenuta. Per usura sopravvenuta si intende la fattispecie in cui il tasso di interesse pattuito che si collocava al di sotto del c.d. "tasso soglia" arriva a superare tale tasso. Ciò avviene in due categorie di casi. La prima categoria sono i contratti stipulati antecedentemente all'entrata in vigore della legge n. 108/1996, ma non esauritisi a quella data e il cui tasso di interesse sia divenuto usurario alla luce della nuova disciplina. La seconda categoria è data da quei contratti che prevedono un tasso fisso che, in conseguenza delle fluttuazioni del mercato, finisce per superare il tasso soglia.

Come si avrà modo di vedere leggendo le motivazioni della sentenza qui commentata, parte della dottrina e della giurisprudenza attribuiscono rilevanza all'usura sopravvenuta, mentre altra dottrina ed altra giurisprudenza la ritengono irrilevante.

Tornando alla usura c.d. originaria, occorre distinguere a seconda del tipo di contratto in cui sono pattuiti gli interessi. Infatti, mentre il codice civile all'art. 1815, comma 2, c.c. introduce una specifica previsione con riferimento al contratto di mutuo, nulla è previsto nella disciplina speciale per ogni altro contratto che possa contenere una clausola simile (si pensi ad esempio ai contratti di leasing, di credito al consumo, di affidamento bancario, ecc.).

In particolare, l'art. 1815, comma 2, c.c. prevede la nullità della clausola con cui si pattuiscano interessi usurari. Come già illustrato, in vigenza del codice civile del 1865 non esisteva una specifica previsione di questo tipo e la dottrina e la giurisprudenza maggioritarie propendevano per considerare nullo il contratto nella sua interezza (per contrarietà a norme imperative penali – DAGNA, 22-23). Ciò aveva lo spiacevole effetto di obbligare il mutuatario a restituire quanto ottenuto a prestito; egli subiva per così dire "il danno e la beffa": doveva restituire quanto avuto a prestito (cosa spesso molto difficile, se non impossibile), oppure doveva continuare a pagare gli interessi usurari, senza alcun effettivo rimedio contro l'usura.

Il codice del '42 introduce una specifica previsione con riferimento al mutuo. Nella sua originaria formulazione, il comma 2 dell'art. 1815 prevedeva: "Se sono convenuti interessi usurari, la clausola è nulla e gli interessi sono dovuti solo nella misura legale". Ciò permise all'usurato di evitare la nullità in toto del contratto e di agire liberamente in giudizio al fine di vedere dichiarata la nullità della clausola, senza l'effetto negativo della nullità dell'intero contratto. Si trattava quindi di una ipotesi di nullità parziale.

Contestualmente il codice civile introduceva l'art. 1448 c.c. "Azione di rescissione per lesione", considerata oggi da alcuni il rimedio azionabile nelle ipotesi di usura per contratti diversi dal mutuo (COLAVINCENZO, 113 ss.). La rescissione per lesione, tuttavia, è applicabile solo nelle ipotesi di lesione *ultra-dimidium*, non necessariamente configurata nei casi di usura. Inoltre deve sussistere in capo all'usurato uno "stato di bisogno", che per alcuni sarebbe *in re ipsa*, mentre par altri sarebbe particolarmente difficile da provare (COLAVINCENZO, 105 ss.).

Nelle ipotesi in cui non sussistano i requisiti previsti dall'art. 1448 c.c., parte della dottrina ritiene applicabile la nullità – radicale – del contratto per violazione di norma imperativa, con la conseguenza paradossale che per un contratto che ha uno squilibrio *ultra-dimidium* e uno stato di bisogno si applica un rimedio meno grave che al contratto che presenta lesione *infra-dimidium* e nessuno stato di bisogno (laddove evidentemente il rimedio della nullità è più grave di quello della rescissione). Altra dottrina prende in considerazione la possibilità per il soggetto leso di richiedere un risarcimento del danno da responsabilità precontrattuale. Si sarebbe dunque in presenza di una di quelle ipotesi di responsabilità precontrattuale per la stipula di un "contratto valido ma sconveniente", in linea con una lettura più moderna della responsabilità precontrattuale. Trattandosi peraltro di reato, sarebbe possibile esercitare l'azione anche per il risarcimento del danno non patrimoniale, ai sensi dell'art. 185 c.p. (cfr. COLAVINCENZO, 78 ss; 113 ss.).

Una terza via segue invece il percorso della nullità parziale: la clausola che introduca interessi usurari sarebbe nulla ai sensi dell'art. 1419 per violazione di norma imperativa (in particolare dell'art. 644 c.p.). Il risultato sarebbe che quella clausola, e quella soltanto, verrebbe espunta dal contratto. Il contratto non verrebbe invece meno nella sua interezza, perché quella clausola non risulterebbe "determinante" per entrambi i contraenti, ma solo per il mutuante. Infatti l'art. 1419, comma 2, c.c. parla di "contraenti", lasciando intuire che l'essenzialità della clausola debba essere tale per entrambe le parti contrattuali (COLAVINCENZO, 124 ss.). Il contratto a seconda dei casi potrà considerarsi a titolo gratuito o, se è un contratto normalmente a titolo oneroso, si potranno applicare gli interessi legali. Ciò in considerazione del combinato disposto degli artt. 1419, comma 2 e 1339 c.c. Quest'ultimo prevede infatti che "Le clausole, i prezzi di beni o di servizi, imposti dalla legge o da norme corporative sono di diritto inseriti nel contratto, anche in sostituzione delle clausole difformi apposte dalle parti". Il risultato sarebbe quindi quello per cui dovrebbero essere corrisposti gli interessi legali. Secondo alcuni autori e parte della giurisprudenza sarebbero applicabili interessi al tasso soglia (v. Cass. 11 gennaio

2013, n. 602; per una soluzione particolare Trib. Siracusa, 10 febbraio 2017, che ha stabilito l'applicabilità del tasso legale in caso di usura originaria e del tasso soglia in caso di usura sopravvenuta). Se interpretiamo gli artt. 1419, comma 2 e 1339 nel senso che non si applicano interessi è evidente che il risultato ottenuto è il medesimo che si ottiene applicando analogicamente l'art. 1815, comma 2, c.c. Tuttavia quella prospettata come terza via appare una soluzione interpretativa più corretta rispetto a quella tesa ad applicare analogicamente l'art. 1815, comma 2, c.c. (Tardivo, 586; D'Agna, 57 ss.).

In realtà, la Corte di Cassazione (ad es: Cass. 22 giugno 2016, n. 12965; 15 settembre 2017, n. 21470) e molti giudici di merito (*ex multis*: Trib. Pistoia, 20 ottobre 2016; Trib. Bologna, 13 luglio 2017; Trib. Arezzo, 12 giugno 2018) applicano analogicamente la previsione normativa in parola, ma senza fornire una argomentazione valida per tale scelta interpretativa. Una simile interpretazione è criticabile: la norma dell'art. 1815, comma 2 non solo è di tipo eccezionale (e quindi, insuscettibile di applicazione analogica secondo il dettato dell'art. 14 delle Disposizioni sulla legge in generale), ma ha anche carattere sanzionatorio ed afflittivo, il che preclude ulteriormente la sua applicabilità in via analogica.

Come detto, tuttavia, la giurisprudenza per lo più applica l'art. 1815, comma 2, c.c. anche a contratti diversi dal mutuo, purché siano ad esso assimilabili. Proprio per questo motivo, alcune decisioni ritengono che non si tratti di un'analogia, ma soltanto di una interpretazione estensiva in quanto applicata a fattispecie affini e comunque normate (v. Cass. 22 giugno 2016, n. 12965, cit.).

L'usura originaria differisce dal caso in cui il tasso di interesse, al momento della pattuizione assolutamente lecito, divenga usurario successivamente. Proprio su questa fattispecie, della cosiddetta "usura sopravvenuta" si concentra il caso qui esaminato.

La dottrina e la giurisprudenza hanno nel tempo elaborato diverse teorie. La prima, e più immediata, è quella della irrilevanza dell'usura sopravvenuta (v. ad es.: Cass. 25 settembre 2013, n. 21885; Trib. Roma, 9 gennaio 2019). Infatti la legge n. 108/1996, non avendo previsto la propria retroattività, non si applicherebbe ai contratti stipulati in data antecedente. Gli interessi pattuiti, anche se divenuti usurari alla luce della legge n. 108/1996, rimarrebbero dunque assolutamente legittimi. Come vedremo, questa è la soluzione che le Sezioni Unite della Corte di Cassazione adottano.

Coloro che invece ritengono che l'usura sopravvenuta debba avere un qualche effetto sul contratto propongo diverse soluzioni.

Una prima alternativa sarebbe quella di richiedere una riduzione ad equità (Dolmetta 2014, 291), facendo riferimento al comportamento tenuto dall'istituto di credito in fase di esecuzione del contratto, ritenendolo contrario ai canoni di correttezza e buona fede di cui all'art. 1375 c.c. (Quaranta, 2013, 495-496; Semeraro, 101).

Parte della dottrina e alcune sentenze della Cassazione ritengono invece che si possa parlare di "nullità sopravvenuta". Si tratterebbe in sostanza di una nullità *ex nunc* per violazione di norma imperativa. Non mancano le critiche a questa interpretazione: come noto, la nullità è un vizio genetico del contratto che può aversi solo sin dall'origine del contratto, colpendo il contratto come atto e non come rapporto. Sebbene autorevole dottrina abbia teorizzato la figura della nullità *ex tunc*, essa sarebbe configurabile solo se e in quanto ci si trovi di fronte a contratti conclusi in data antecedente alla norma imperativa introdotta (o all'eventuale evento esterno che influisca sul contratto), ma la cui efficacia era sospesa o comunque dipendeva da un termine iniziale, cioè contratti i cui effetti non si erano verificati (GUARINA, 6). Per lo più, comunque, la categoria è discussa perché finisce per sovrapporre questioni di validità a questioni di efficacia.

In ogni caso, anche a voler applicare una nullità (o una inefficacia) *ex nunc*, occorre valutarne le conseguenze. In ipotesi, si applicherebbe l'art. 1419, comma 2 in combinato disposto con l'art. 1339 c.c., con la conseguenza che non sarebbero dovuti gli interessi usurari, mentre sarebbero dovuti gli interessi al tasso legale – secondo alcuni – o al tasso soglia – secondo altri (cfr. Cass. 11 gennaio 2013, nn. 602 e 603 – si ragionerebbe cioè negli stessi termini del caso di usura originaria e contratto diverso dal mutuo). Alcune decisioni hanno applicato l'art. 1815, comma 2 anche a queste ipotesi (v. Trib. Padova, 12 ottobre 2014; Trib. Ascoli Piceno, 7 febbraio 2017).

La possibilità per l'istituto di credito di applicare il tasso soglia solleva questioni di compatibilità con i concetti di buona fede e proporzionalità. La *ratio* stessa della disciplina del 1996, che molti riconducono a quella di razionalizzare il mercato del credito (NIVARRA, 32), verrebbe secondo alcuni tradita perché non si incentiverebbe l'istituto creditizio a comportarsi in maniera equa.

Non è un caso che gli stessi istituti di credito abbiano provveduto ad adeguare i propri contratti introducendo clausole del seguente tenore: "La misura di tali interessi non potrà mai essere superiore al limite fissato ai sensi dell'art. 2, comma 4, della legge 7 marzo 1996, n. 108, dovendosi intendere, in caso di teorico superamento di questo limite, che la misura sia pari al limite medesimo". Tali clausole sono di norma definite "clausole di salvaguardia" e come visto introducono un meccanismo per cui in caso di superamento del tasso soglia il tasso contrattuale è automaticamente ricondotto entro il limite dello stesso tasso soglia. Il meccanismo evita di superare il tasso soglia, permettendo la pattuizione di interessi vicini a tale limite.

La validità di queste clausole è discussa in giurisprudenza e in dottrina (SANGIOVANNI, 463). Mentre la più parte delle decisioni delle corti di merito ritiene che la clausola sia effettivamente valida ed efficace e, quindi, prevenga il superamento del tasso soglia (*ex multis*: Trib. Napoli, 4 giugno 2014; Trib. Roma, 16 settembre 2014; Trib. Padova, 13 gennaio 2016; *contra*: Trib. Bari, 14 dicembre 2015), la Cassazione, nella sola sentenza che ad oggi si rinviene sul punto, ha sostenuto con un'argomentazione non proprio cristallina che una clausola di questo tipo viola l'art. 1344 c.c. in quanto tesa ad eludere il divieto di pattuire interessi usurari (Cass. 22 giugno 2016, n. 1296).

Tutto quanto fin qui narrato fa riferimento al caso in cui a superare il tasso soglia sia il tasso di interesse corrispettivo. Occorre però considerare un'altra ipotesi e, cioè, che a superare il tasso soglia sia il tasso di interesse moratorio. Quest'ultimo ha, come visto, una natura diversa dall'interesse corrispettivo: esso è per lo più interpretato come una sanzione (per il ritardo nell'adempimento) e la sua applicazione è eventuale, cioè soggetta all'effettiva tardività dell'adempimento da parte del debitore. Stante la natura peculiare dell'interesse moratorio, esso può essere inteso come penale per l'adempimento tardivo, facendo sì che sia applicabile l'art. 1384 c.c. e quindi riducibile l'importo (o, meglio, la percentuale): in tal senso si sono espresse alcune sentenze (v. Trib. Roma, 1° febbraio 2001; Trib. Milano, 16 febbraio 2017 e 5 aprile 2019; v. anche FAUCEGLIA, 2011, 202; GIULIANO, 341).

L'assoggettamento degli interessi moratori alla disciplina del tasso usurario è in realtà argomento ancora molto controverso. Parte della giurisprudenza di merito (ad esempio *ex multis* Trib. Verona, 27 aprile 2014; Trib. Roma, 16 settembre 2014; Trib. Catania, 11 luglio 2018; Trib. Milano, 5 febbraio 2019) ritiene che gli interessi moratori non debbano essere raffrontati al tasso soglia, per più ragioni: innanzitutto perché, come detto, la natura e la funzione degli interessi moratori differiscono da quella degli interessi corrispettivi. In secondo luogo perché nel calcolo del tasso soglia gli interessi moratori non vengono mai presi in considerazione (peraltro ad oggi non esiste alcuna rilevazione ufficiale e sistematica di tali tassi).

Altra parte della giurisprudenza di merito (ad esempio: Trib. Bari, 14 dicembre 2015; App. Roma, 7 luglio 2016; Trib. Roma, 19 settembre 2018; Trib. Sassari, 24 dicembre 2018), così come la giurisprudenza di legittimità (*ex plurimis*: Cass. 9 gennaio 2013, n. 350; Cass. 6 marzo 2017, n. 5598; Cass. 4 ottobre 2017, n. 23192) ritiene invece che gli interessi moratori debbano soggiacere a questa disciplina, in quanto il d.l. n. 394/2000 si riferisce ad interessi convenuti "a qualsiasi titolo". Su questa questione molto dibattuta anche a livello dottrinale (cfr. D'AMICO, 287 ss.; PASCUCCI, 3 ss.), si è pronunciata la Corte di Cassazione con una sentenza molto articolata nella quale ha di fatto smentito le teorie della giurisprudenza e dottrina dominanti, ritenendo al contrario che sia "nullo il patto con il quale si convengano interessi convenzionali moratori che, alla data della stipula, eccedano il tasso soglia di cui all'art. 2 della legge n. 108/1996, relativo al tipo di operazione cui accede il patto di interessi moratori convenzionali e calcolato senza maggiorazioni o incrementi". La Corte ha inoltre precisato – sebbene in un *obiter dictum* – che il meccanismo di cui all'art. 1815, comma 2 non è tuttavia applicabile agli interessi di mora, perché esso fa riferimento ai soli interessi corrispettivi. Si dovrà dunque ricorrere al combinato disposto degli artt. 1419 e 1284 c.c. ed applicare l'interesse al saggio legale (Cass. 30 ottobre 2018, n. 27442).

Occorre infine chiarire brevemente, per meglio comprendere il caso in esame, la differenza fra mutuo "ordinario" e mutuo fondiario. Quest'ultimo si differenzia dalla figura classica del mutuo *ex* artt. 1813 ss. c.c. in quanto ha per oggetto "la concessione, da parte di banche, di finanziamenti a medio e lungo termine garantiti da ipoteca di primo grado su immobili" (art. 38, d.lgs. 1° settembre 1993, n. 385 – Testo Unico Bancario – TUB). Si tratta cioè di un finanziamento che è garantito da ipoteca sullo stesso bene che viene acquistato col finanziamento richiesto.

Tesi a sostegno della posizione della ricorrente e del resistente

La posizione della ricorrente

La società Alfa (ricorrente) ritiene che la c.d. "usura sopravvenuta", vale a dire il superamento del "tasso soglia" da parte del tasso pattuito contrattualmente in un momento successivo alla stipulazione del contratto abbia rilevanza e che, in particolare, comporti la nullità della relativa clausola contrattuale, con la conseguente necessità di individuare un tasso applicabile ai sensi del combinato disposto degli artt. 1419 e 1339 c.c.

La posizione della resistente

La Banca Beta (resistente) ritiene che il sopravvenire dell'usurarietà sia privo di effetti, in quanto di usura si parla con riferimento al tasso nel momento della pattuizione e, dato che al momento della stipulazione del mutuo il tasso di interesse era al di sotto del tasso soglia, non vi sarebbero conseguenze sulla validità del contratto.

Decisione della Corte

La massima

"Allorché il tasso degli interessi concordato tra mutuante e mutuatario superi, nel corso dello svolgimento del rapporto, la soglia dell'usura come determinata in base alle disposizioni della legge n. 108/1996, non si verifica la nullità o l'inefficacia della clausola contrattuale di determinazione del tasso degli interessi stipulata anteriormente all'entrata in vigore della predetta legge, o della clausola stipulata successivamente per un tasso non eccedente tale soglia quale risultante al momento della stipula; né la pretesa del mutuante di riscuotere gli interessi secondo il tasso validamente concordato può essere qualificata, per il solo fatto del sopraggiunto superamento di tale soglia, contraria al dovere di buona fede nell'esecuzione del contratto".

Le motivazioni

La Corte di Cassazione chiarisce innanzitutto che il carattere "fondiario" del mutuo non ha alcuna rilevanza riguardo l'applicabilità o meno della legge n. 108/1996 in materia di usura. Non esistono infatti disposizioni che determinino l'esclusione del mutuo fondiario dal campo di applicazione della norma, né vi sarebbe alcuna ragione per una simile esclusione.

Affermata l'applicabilità della legge del 1996 anche al mutuo fondiario, la Corte di Cassazione passa ad analizzare l'applicabilità della stessa norma ai contratti stipulati precedentemente alla sua entrata in vigore, e cioè a quei contratti che siano divenuti "usurari" per effetto dell'entrata in vigore della legge.

La Corte sottolinea peraltro come l'usurarietà sopravvenuta possa sussistere non solo con riferimento a tali contratti, ma anche riguardo a contratti che, pur essendo stati stipulati in vigenza della legge e con tassi inferiori alla soglia dell'usura, l'abbiano poi superata nel corso del rapporto per effetto della caduta dei tassi di mercato.

La questione si era presentata nell'immediatezza dell'entrata in vigore della legge n. 108/1996, proprio con riferimento ai contratti già in essere a quella data. La giurisprudenza di legittimità in un primo momento ritenne applicabile la legge anche a tali rapporti pendenti, con conseguenze sul tasso di interesse contrattuale, anche se limitatamente alla parte del rapporto successivo alla data di entrata in vigore della legge (cfr. Cass. 2 febbraio 2000, n. 1126; 22 ottobre 2000, n. 5286; 17 novembre 2000, n. 14899).

Come visto, ciò indusse il legislatore ad intervenire con una specifica norma d'interpretazione autentica. L'art. 1, comma 1, d.l. n. 394 del 29 dicembre 2000 precisa che ai fini dell'applicazione dell'art. 644 c.p. e dell'art. 1815 c.c., comma 2 si intendono usurari gli interessi che superano il limite stabilito dalla legge nel momento in cui sono promessi o comunque convenuti, indipendentemente dal momento del loro pagamento.

Si è venuto quindi delineando un contrasto fra le sezioni della Corte di Cassazione, soprattutto con riferimento ai contratti stipulati prima della legge n. 108/1996. È sulla base di tale contrasto che è richiesto l'intervento delle Sezioni Unite. Un primo orientamento dà risposta negativa alla questione della configurabilità dell'usura sopravvenuta (cfr. Cass. 26 giugno 2001, n. 8742; 24 settembre 2002, n. 13868; 13 dicembre 2002, n. 17813; 25 marzo 2003, n.

4380; 8 marzo 2005, n. 5004; 19 marzo 2007, n. 6514; 17 dicembre 2009, n. 26499; 27 settembre 2013, n. 22204; 19 gennaio 2016, n. 801). La norma di interpretazione autentica attribuisce rilevanza ai fini della qualificazione del tasso convenzionale come usurario al momento della pattuizione dello stesso e non al momento del pagamento degli interessi. Conseguentemente dovrebbe escludersi che il meccanismo previsto dalla legge n. 108 sia applicabile alle pattuizioni di interessi stipulate in data precedente la sua entrata in vigore, anche se riferite a rapporti ancora in corso a tale data.

Un secondo orientamento afferma al contrario l'incidenza della nuova legge sui contratti in corso alla data della sua entrata in vigore.

La Corte di Cassazione rileva però che tali decisioni omettono di considerare la norma d'interpretazione autentica di cui al d.l. n. 394/2000 e forniscono interpretazioni differenti. Nello specifico, alcune sentenze si sono semplicemente richiamate alla giurisprudenza precedente al decreto legge (Cass. 13 giugno 2002, n. 8442; 5 agosto 2002, n. 11706; 25 maggio 2004, n. 10032); altre hanno precisato che la clausola contrattuale recante un tasso che poi superi il tasso soglia non diviene, in conseguenza di tale superamento, nulla, bensì inefficace *ex nunc*, e tale inefficacia non può essere rilevata d'ufficio (Cass. 25 febbraio 2005, nn. 4092 e 4093; 14 marzo 2013, n. 6550; 31 gennaio 2006, n. 2149; 22 agosto 2007, n. 17854); a queste sentenze si affianca una decisione in cui invece si ritiene che l'inefficacia possa essere rilevata d'ufficio (Cass. 17 agosto 2016, n. 17150); infine, altre sentenze (Cass. 11 gennaio 2013, n. 602 e n. 603) hanno affermato che nei casi di superamento della soglia del tasso usurario per effetto dell'entrata in vigore della legge n. 108/1996 opera la sostituzione automatica del tasso soglia del tempo al tasso convenzionale ai sensi dell'art. 1319 c.c., e art. 1419 c.c., comma 2.

La Cassazione cita infine una decisione in cui, nell'affermare l'applicabilità del tasso soglia in sostituzione del tasso contrattuale che sia divenuto superiore ad esso, si fa espresso riferimento alla richiamata norma d'interpretazione autentica, escludendone però la rilevanza in quanto essa non eliminerebbe l'illiceità della pretesa di un tasso d'interesse ormai eccedente la soglia dell'usura, ma si limiterebbe ad escludere l'applicazione delle sanzioni penali e civili di cui all'art. 644 c.p., e art. 1815 c.c., comma 2, ferme restando le altre sanzioni civili (Cass. 12 aprile 2017, n. 9405).

Quest'ultima sentenza riprenderebbe in sostanza le opinioni di quella dottrina secondo cui – come sopra già visto – mentre la pattuizione di interessi che superino la soglia di legge alla data della pattuizione stessa sarebbe sanzionata penalmente nonché, nel mutuo, con la gratuità, la pretesa di pagamento di interessi a un tasso non usurario alla data della pattuizione, ma divenuto tale nel corso del rapporto, sarebbe illecita solo civilmente. Le conseguenze di tale illiceità sono diversamente declinate (nullità, inefficacia *ex nunc*) nelle varie versioni della tesi in esame, ma comprendono in ogni caso la sostituzione automatica, ai sensi dell'art. 1339 c.c., del tasso contrattuale o con il tasso soglia (secondo una versione) o con il tasso legale (secondo un'altra versione).

Dopo aver ripercorso i diversi orientamenti giurisprudenziali, le Sezioni Unite ritengono di aderire al primo dei due orientamenti giurisprudenziali sopra richiamati, ovverosia quello che nega la configurabilità dell'usura sopravvenuta. Le Sezioni Unite giungono a questo risultato ancorando la loro argomentazione alla legge di interpretazione autentica più volte richiamata, nonché all'esegesi che di quella legge fu fatta dalla Corte costituzionale (sent. 25 febbraio 2002, n. 29) che ne escluse la sospetta illegittimità per violazione degli artt. 3, 24, 47 e 77 Cost.

Le Sezioni Unite ritengono priva di fondamento la tesi della illiceità della pretesa del pagamento di interessi che siano divenuti usurari in un momento successivo alla conclusione del contratto. Tale tesi si baserebbe sulla illiceità della pretesa di un tasso superiore al tasso soglia, illiceità che risiederebbe nella violazione di una norma imperativa, quella che vieta l'usura, contenuta nell'art. 644 c.p. Secondo le Sezioni Unite, infatti, le altre norme introdotte dalla legge n. 108/1996 "non formulano tale divieto, ma si limitano a prevedere (per quanto qui rileva) un meccanismo di determinazione del tasso oltre il quale gli interessi sono considerati sempre usurari a mente, appunto, dell'art. 644 c.p., comma 3, novellato". Questo perché la legge n. 108/1996, all'art. 2, comma 4 recita: "il limite previsto dall'art. 644 c.p., comma 3, oltre il quale gli interessi sono sempre usurari, è stabilito nel tasso ...". Così facendo, l'art. 2, comma 4 definisce in effetti il limite oltre cui gli interessi sono sempre considerati usurari, ma lo fa all'interno della cornice dell'art. 644, comma 3, c.p. Invero è solo questa norma penale a contenere il divieto di farsi dare o promettere interessi o altri vantaggi usurari in corrispettivo di una prestazione di denaro o di un'altra utilità. Mentre la sanzione contenuta nell'art. 1815, comma 2, c.c., pur implicando di fatto un divieto, presuppone una nozione di interesse usurario che è definita altrove, ovverosia nella norma penale integrata dal meccanismo previsto dalla legge n. 108/1996.

In altri termini, la qualificazione del tasso come usurario sarebbe possibile, a parere delle Sezioni Unite, soltanto rifacendosi alla norma penale, la quale però qualifica come usurari solo gli interessi nel momento in cui sono convenuti, indipendentemente dal momento del loro pagamento. Conseguentemente, vi sarà un illecito civile solo nella misura in cui sia configurabile la violazione dell'art. 644 c.p. letto alla luce della legge di interpretazione autentica.

Al fine di contraddire ulteriormente la teoria di coloro che attribuiscono rilevanza all'usura sopravvenuta, le Sezioni Unite procedono poi con il ripercorrere la *ratio* della legge n. 108/1996. Parte della dottrina attribuisce a tale testo legislativo una *ratio* calmieratrice del mercato del credito, cosicché il tasso di interesse dovrebbe essere sempre al di sotto del tasso soglia, anche al momento del pagamento degli interessi.

Ma la Corte di Cassazione ritiene che la *ratio* sia invece diversa, consistendo in particolare nella necessità di contrastare efficacemente il fenomeno dell'usura; ciò si evincerebbe sia dalla relazione illustrativa del disegno di legge, sia dalla interpretazione fornita dalla Corte costituzionale nella sentenza richiamata. A riprova di questo basti considerare che il tasso soglia è determinato sulla base di rilevazioni periodiche, pertanto esso si configura come effetto e non invece causa dell'andamento del mercato creditizio. Una disciplina che dia rilievo alla pattuizione degli interessi – e non al successivo momento del pagamento – è indubbiamente compatibile e coerente con tale *ratio*.

Altro argomento utilizzato dai sostenitori della configurabilità dell'usura sopravvenuta (ripreso anche da Cass. 12 aprile 2017, n. 9405) è basato su un passaggio della motivazione della richiamata sentenza della Corte cost. n. 29/2002 in cui i giudici, dopo avere escluso l'irragionevolezza dell'interpretazione autentica e la sua incompatibilità con il dato testuale, escludono dall'ambito di applicazione della norma impugnata gli ulteriori istituti e strumenti di tutela del mutuatario, secondo la generale disciplina codicistica. Si è osservato che tale affermazione impone di considerare illecita – ancorché non penalmente, né a pena della gratuità del contratto ai sensi dell'art. 1815 c.c., comma 2 – la pretesa del pagamento di interessi a un tasso convenzionale divenuto nel tempo superiore al tasso soglia.

Le Sezioni Unite ritengono che, sebbene sia condivisibile l'affermazione che altri strumenti di tutela del mutuatario rimangano praticabili, tale affermazione non è in contrasto con le conclusioni raggiunte dalle Sezioni Unite stesse riguardo la validità ed efficacia della previsione contrattuale di un tasso d'interesse che finisca poi col superare il tasso soglia nel corso del rapporto. Ciò perché ritenere la clausola contrattuale valida ed efficace significa soltanto negare che tra i rimedi esperibili ci sia quello della invalidità o della inefficacia in questione, ma non negare che altri rimedi possano comunque essere azionati.

Conseguentemente la Corte di Cassazione ritiene impossibile affermare che il quadro legislativo attuale comporti la nullità o la inefficacia della clausola contrattuale che prevede gli interessi divenuti usurari in un secondo tempo.

Nella propria decisione le Sezioni Unite ripercorrono poi un ulteriore filone interpretativo, ovverosia quello che ritiene illecita la pretesa degli interessi divenuti usurari sulla base del il principio di buona fede oggettiva nell'esecuzione dei contratti, di cui all'art. 1375 c.c., per il quale sarebbe scorretto pretendere il pagamento di interessi a un tasso divenuto superiore alla soglia dell'usura come determinata al momento del pagamento stesso, perché in quel momento quel tasso non potrebbe essere promesso dal debitore e il denaro frutterebbe al creditore molto di più di quanto frutti agli altri creditori in genere. In tal caso si avrebbe la sostituzione automatica di clausole ai sensi dell'art. 1339 c.c., e art. 1419 c.c., comma 2. A sostegno di questa interpretazione si richiama la giurisprudenza della Corte di legittimità secondo cui i principi di correttezza e buona fede in senso oggettivo impongono un dovere di solidarietà fondato sull'art. 2 Cost., per il quale ciascuna delle parti del rapporto è tenuta ad agire in modo da preservare gli interessi dell'altra, a prescindere dall'esistenza di specifici obblighi contrattuali o da quanto stabilito da singole norme di legge (Cass. 30 luglio 2004, n. 14605; 6 agosto 2008, n. 21250; Sez. Un. 25 novembre 2008, n. 28056; 22 gennaio 2009, n. 1618; 10 novembre 2010, n. 22819).

Anche questo filone interpretativo è considerato dalle Sezioni Unite non persuasivo; i giudici di legittimità osservano che la buona fede è criterio di integrazione del contratto ai fini dell'esecuzione del medesimo, per cui essa non viene in rilievo nell'esercizio in sé considerato dei diritti scaturenti dal contratto, bensì nelle particolari modalità di tale esercizio in concreto, che siano appunto scorrette in relazione alle circostanze del caso. In questo senso può allora affermarsi che, in presenza di particolari modalità o circostanze, anche la pretesa di interessi divenuti superiori al tasso soglia in epoca successiva alla loro pattuizione potrebbe dirsi scorretta ai sensi dell'art. 1375 c.c.; ma va escluso che sia da qualificare scorretta la pretesa in sé di quegli interessi, corrispondente a un diritto validamente riconosciuto dal contratto.

Le Sezioni Unite concludono dunque decidendo che qualora il tasso di interesse superi nel corso dello svolgimento del rapporto la soglia dell'usura (il c.d. "tasso soglia") non si verifica la nullità o la inefficacia della clausola che determina gli interessi stipulata anteriormente l'entrata in vigore della legge n. 108/1996 o della clausola stipulata successivamente per un tasso non eccedente tale soglia quale risultante al momento della stipula. Al contempo la pretesa del mutuante di riscuotere gli interessi secondo il tasso validamente concordato non può essere qualificata, per il solo fatto del sopraggiunto superamento di tale soglia, contraria al dovere di buona fede nell'esecuzione del contratto.

Brevi note esplicative

Con la sentenza qui pubblicata, le Sezioni Unite della Cassazione cercano di fornire una interpretazione solida ed univoca delle conseguenze legate alla cosiddetta "usura sopravvenuta", giungendo a dichiararne la assoluta irrilevanza riguardo alla validità del contratto e alla correttezza della pretesa del mutuante.

La Corte si pone in tal senso in netto contrasto con gran parte della dottrina che, pur nella diversità di teorie e interpretazioni, aveva ritenuto che il superamento del tasso soglia in epoca successiva a quella della conclusione del contratto dovesse avere un qualche effetto sul contratto medesimo.

L'argomentazione della Sezioni Unite muove innanzitutto dalla ricerca della *ratio* ispiratrice della legge n. 108/1996: non si tratta, come molta dottrina sostiene, di calmierare o comunque regolare il mercato del credito, bensì di arginare quanto più possibile il fenomeno dell'usura. Se così non fosse, non si vede perché si dovrebbe procedere alla rilevazione solo *ex post* dei tassi praticati, anziché agire *ex ante* sui tassi applicabili.

La Corte introduce poi considerazioni di tipo sistematico: innanzitutto si premura di dare armonia alle disposizioni del codice penale (art. 644 c.p.) e del codice civile (art. 1815, comma 2, c.c.), ritenendo che solo nel caso di violazione delle prime si possa di fatto avere applicazione delle seconde. E, pertanto, solo quando vi sia usura penale vi sarà anche usura civile, rendendo così applicabile l'art. 1815, comma 2, c.c. Ma essendo l'usura sopravvenuta assolutamente irrilevante anche in sede penale (cfr. ad es. Cass. pen. 16 gennaio 2013, n. 8353), lo sarà anche in sede civile.

Ciò tuttavia non pregiudica l'applicabilità di altri rimedi civilistici. Tuttavia le Sezioni Unite escludono che i casi di usura sopravvenuta possano rientrare nelle ipotesi di violazione del dovere di correttezza e buona fede. La pretesa del mutuante di percepire gli interessi divenuti usurari non è infatti contraria a buona fede, ma semplicemente fa parte del suo diritto alla prestazione; ciò perché, se al momento della pattuizione gli interessi erano pienamente leciti e legittimi, così è la prestazione richiedibile dal mutuante derivante da quella pattuizione.

Precedenti giurisprudenziali (*ex multis*)

In senso favorevole alla tesi della ricorrente

Cass. 11 gennaio 2013, nn. 602 e 603, in *Foro it.*, 2014, I, 128 con nota di PALMIERI.
Trib. Padova, 12 agosto 2014, in *Banca borsa e titoli di credito*, 2015, II, con nota di SCAGLIOTTI.
Trib. Ascoli Piceno, 7 febbraio 2017, in *De Jure*.

In senso favorevole alla posizione del resistente

Cass. 25 settembre 2013, n. 21885, in *Giust. civ. com.*, 11 marzo 2015.
Trib. Roma, 9 gennaio 2019, in *De Jure*.

Altri precedenti rilevanti per il caso

Trib. Roma, 1° febbraio 2001, in *Corr. giur.*, 2001, 1082 con nota di LAMORGESE.
Corte cost., 14 febbraio 2002, n. 29, in *Foro it.*, 2002, I, 934 con nota di PALMIERI.
Cass. 9 gennaio 2013, n. 350, in *Foro it.*, 2014, 128 con nota di PALMIERI.

Trib. Verona, 27 aprile 2014, in *ilcaso.it*.
Trib. Napoli, 4 giugno 2014, in *De Jure*.
Trib. Roma, 16 settembre 2014, in *De Jure*.
Trib. Bari, 14 dicembre 2015, in *Resp. civ. e prev.*, 2016, 622.
Trib. Padova, 13 gennaio 2016, in *Banca borsa e titoli di credito*, 2016, II, 475 con nota di CAPPAI.
Cass. 22 giugno 2016, n. 12965, in *Banca borsa e titoli di credito*, 2018, II, 28.
App. Roma, 7 luglio 2016, in *I contratti*, 2017, 121, con nota di LABELLA.
Trib. Pistoia, 20 ottobre 2016, in *De Jure*.
Trib. Siracusa, 10 febbraio 2017, in *De Jure*.
Trib. Milano, 16 febbraio 2017, in *De Jure*.
Cass. 6 marzo 2017, n. 5598, in *De Jure*.
Trib. Bologna, 13 luglio 2017, in *De Jure*.
Cass. 15 settembre 2017, n. 21470, in *Guida al diritto*, 2017, 43, 34.
Cass. 4 ottobre 2017, n. 23192, in *Nuova giur. civ. comm.*, 2018, I, 230 con nota di PASCUCCI.
Trib. Arezzo, 12 giugno 2018, in *De Jure*.
Trib. Catania, 11 luglio 2018, in *De Jure*.
Trib. Roma,19 settembre 2018, in *De Jure*.
Cass. 30 ottobre 2018, n. 27442, in *Banca borsa e titoli di credito*, 2019, II, 1.
Trib. Sassari, 24 dicembre 2018, in *De Jure*.
Trib. Milano, 5 febbraio 2019, in *De Jure*.
Trib. Milano, 5 aprile 2019, in *De Jure*.

Commenti alla sentenza in epigrafe

In *Banca borsa e titoli di credito*, II, 304, con nota di FAUCEGLIA.

Bibliografia essenziale

COLAVINCENZO D., *Nullità e rescissione dei contratti usurari*, Napoli, 2011.
D'AMICO G., *Interessi usurari e contratti bancari*, in *I contratti*, 2016, 279.
DAGNA P., *Profili civilistici dell'usura*, Padova, 2008.
DOLMETTA A.A., *Sul contratto usurario (incidenze della legge penale antiusura sul regime civilistico dell'equilibrio economico)*, in A. FLAMINI, L. RUGGERI (curr.), *Contratto e reato*, Napoli, 2014, 281.
FAUCEGLIA G., *Del mutuo*, in D. VALENTINO (cur.), *Dei singoli contratti, Commentario del codice civile diretto da Gabrielli*, Torino, 2011, 113.
GIULIANO M., *Usura sopravvenuta e tutele contrattuali*, in *Giur. comm.*, 2015, II, 803.
GUARINA G., *L'ordinanza di rimessione alle Sezioni Unite in tema di «usura sopravvenuta»*, in *Dir. civ. contemp.*, 15 marzo 2017.
NIVARRA L., *Il mutuo civile e l'usura*, in G. GITTI, M. MAUGERI, M. NOTARI (curr.), *I contratti per l'impresa*, II, 2012, 25.

PASCUCCI L., *La controversa rilevanza degli interessi di mora nella valutazione di usurarietà delle prestazioni creditizie*, in *giustiziacivile.com*, 10 novembre 2017.
QUARANTA A., *Usura sopravvenuta e principio di proporzionalità*, in *Banca borsa e titoli di credito*, 2013, II, 491.
SANGIOVANNI V., *Interessi di mora e clausole di salvaguardia contro il rischio usura*, in *I contratti*, 2016, 455.
SEMERARO M., *Usura bancarie e regole del mercato del credito*, in *Banca borsa e titoli di credito*, 2017, I, 207.
TARDIVO C.M., *Brevi note in tema di interessi anatocistici e usurari nel finanziamento fondiario,* in *Banca borsa e titoli di credito*, 2009, II, 581.

L'illecito doloso commesso dal medico anestesista: profili di responsabilità dell'Azienda sanitaria locale (art. 2049 c.c.)

Corte di Cassazione, sez. III, sent. 22 settembre 2017, n. 22.058

Fatti e svolgimento del processo

La vicenda oggetto di commento trae origine da un fatto illecito commesso da un medico anestesista all'interno di un ospedale.

A.E si rivolgeva all'Azienda sanitaria locale perché accusava dei dolori al polso: eseguiti i relativi accertamenti, le veniva diagnosticata la sindrome del tunnel carpale ed esperite le visite preoperatorie, venivano determinati il luogo e il giorno dell'intervento.

Sovente l'esito positivo di un'operazione chirurgica è la risultanza della collaborazione professionale che coinvolge differenti tecnici tra cui il medico anestesista, il medico specializzato per l'area del corpo interessata dalla peculiare malattia del paziente e gli infermieri.

Nella prassi i componenti di un'equipe medica non sono chiamati a prestare la propria opera sempre nel medesimo contesto spazio-temporale, sicché taluni protocolli prescrivono una sequenza di fasi ove non è necessaria la simultaneità dei sanitari interessati dalla procedura.

Nel caso in esame, il medico anestesista (dott. A.D.), in assenza di altri dottori e/o infermieri, somministrava un anestetico alla paziente A.E. (tra l'altro, sua parente), inducendola in uno stato di incoscienza per eludere la percezione del dolore e per evitare il compimento di movimenti volontari e/o involontari, così agevolando il lavoro dello specialista nella cura della malattia.

L'intervento chirurgico veniva compiuto con successo, senza complicazioni postume e/o anomalie di qualsivoglia matrice.

In realtà, l'anestesista, senza che ne fosse ovviamente a conoscenza, era un soggetto di interesse operativo in una complessa attività investigativa condotta dalla polizia giudiziaria e coordinata dalla Procura della Repubblica competente per territorio.

All'esito delle indagini preliminari (ovvero la fase che precede il processo), il pubblico ministero fu in grado di prospettare alla cognizione del giudice penale sufficienti elementi di reità per sostenere in giudizio l'accusa di violenza sessuale aggravata.

L'imputazione formulata dalla magistratura requirente (cioè i fatti di reato concretamente contestati dalla pubblica accusa) promanava dall'accertamento di vari episodi di violenza sessuale compiuti dall'anestesista in pregiudizio delle persone medicalmente assistite, resi possibili grazie alla distorsione delle funzione inerenti la propria figura professionale.

Le risultanze probatorie del processo penale a carico del dott. A.D. avevano permesso di accertare – oltre ogni ragionevole dubbio – che si fosse reso responsabile del reato di violenza sessuale aggravata anche nei confronti della paziente A.E.

In particolare, sfruttando lo stato di incoscienza indotto per esigenze sanitarie, l'imputato l'aveva denudata parzialmente, le aveva toccato le parti intime e, infine, l'aveva fotografa più volte in posizioni erotiche (l'esatta imputazione era così articolata: "*del delitto p. e p. dall'art. 609*-bis *c.p., commi 1 e 2, art. 609*-ter *c.p., n. 2, art. 609*-septies *c.p., comma 4, n. 3, art. 61 c.p., n. 9, perché induceva A.E. a subire atti sessuali, consistiti nel denudarla parzialmente, nel toccarla nelle parti intime del corpo in tal modo scoperte, nel porla in pose erotiche, nello scattarle numerose fotografie mentre la citata parte offesa si trovava in stato di assoluta incoscienza determinato dal predetto, riversa su un letto sito all'interno di una stanza di un reparto dell'ospedale*").

Il processo penale si concludeva con il passaggio in giudicato della declaratoria di responsabilità (in termini più semplici, la sentenza di condanna), poiché la Suprema Corte di Cassazione, con sent. 7 maggio 2008, n. 18360, dichiarava inammissibile il ricorso promosso dall'imputato.

La massima espressa dalla Cassazione nella sentenza – ovvero il principio di diritto ricavabile – si riassume in tali termini: "*in tema di violenza sessuale, è configurabile l'aggravante speciale di cui all'art. 609*-ter*, comma 1, n. 2, c.p. (aver commesso il fatto con l'uso di sostanze narcotiche) quando lo stato di incoscienza della vittima sia stato provocato mediante la somministrazione di farmaci anestetici allo scopo di consentire all'agente di porre in essere la condotta vietata*".

Accertati in via definitiva il fatto materiale di reato e la colpevolezza dell'imputato, A.E. promuoveva azione civile convenendo in giudizio, innanzi al Tribunale Ordinario di Rieti, sia l'esecutore della condotta illecita (il medico) sia l'Azienda sanitaria locale in cui era stato impiegato.

L'atto di citazione conteneva la domanda giudiziale finalizzata a ottenere il risarcimento del danno in ossequio all'art. 2049 c.c., che disciplina la responsabilità extracontrattuale in capo ai padroni e ai committenti.

In primo grado, la domanda veniva accolta.

Il Tribunale, riconoscendo integrati gli estremi dell'illecito aquiliano disciplinato dall'art. 2049 c.c., condannava entrambi i convenuti al risarcimento del danno nella misura di euro 25.000 in favore dell'attrice, oltre agli interessi e al pagamento delle spese di giudizio.

L'A.S.L. soccombente impugnava la sentenza in via principale e la vittima in via incidentale ai sensi dell'art. 333 c.p.c. (si intende l'impugnazione di coloro che coinvolti dall'impugnazione principale chiedano a loro volta di riformare la sentenza, limitatamente alle decisioni che hanno penalizzato i relativi interessi).

La Corte d'Appello di Roma – espletando la funzione di giudice di merito di secondo grado – respingeva l'appello principale e rimetteva la causa in istruttoria per il solo accertamento dell'entità del danno da liquidare, riservando alla pronuncia definitiva la liquidazione delle spese (sent. 28 febbraio 2014, n. 1389).

Nelle motivazioni della Corte territoriale si riscontra come l'appello proposto dall'Azienda sanitaria locale fosse incentrato meramente sull'applicabilità, alla fattispecie concreta (cioè ai fatti realmente accaduti), del regime di responsabilità tracciato dall'art. 2049 c.c.

Formulando pertinenti richiami alla giurisprudenza pregressa in ordine al c.d. nesso di occasionalità necessaria tra la condotta dannosa e il fine istituzionale perseguito (elemento coessenziale della struttura del paradigma normativo *ex* art. 2049 c.c., che sarà analizzato nel prosieguo del commento), la Corte di Appello rammentava, in premessa, come fosse conforme al diritto il principio per cui la responsabilità dei padroni e dei committenti fosse da considerarsi inapplicabile se il dipendente avesse agito per conseguire un fine strettamente personale ed egoistico.

Al contempo, però, la Corte territoriale osservava che dalla sentenza penale fosse ampiamente emerso come la condotta illecita del medico anestesista avesse avuto luogo:

- successivamente alla somministrazione del narcotico alla vittima in vista dell'intervento chirurgico (poi effettivamente eseguito);
- all'interno dell'ospedale;
- in orario di servizio;
- nel corso dell'adempimento delle specifiche mansioni attribuitegli.

L'accadimento – pertanto – rientrava a pieno titolo nell'ambito del rapporto lavorativo intercorso tra il medico e l'A.S.L., considerata la sussistenza di un evidente collegamento tra l'azione criminosa e l'incarico affidato dalla struttura sanitaria.

Non permetteva di giungere a una difforme valutazione neppure l'esistenza di un rapporto di parentela tra la vittima e il responsabile, dato che l'episodio criminoso era comunque inquadrabile nelle mansioni del medico.

Non vi erano margini di errore, nella tesi di parte attrice, per cui fosse stato integrato il c.d. nesso di occasionalità necessaria tra la condotta dannosa e il fine istituzionale perseguito.

Avverso la sentenza n. 1389/2014 della Corte d'Appello di Roma, proponeva ricorso per Cassazione l'Azienda sanitaria locale dogliandosi – a sostegno delle propria tesi difensiva – della violazione e della falsa applicazione dell'art. 2049 c.c.

La questione di diritto posta al vaglio della Corte di Cassazione

La questione di diritto posta all'attenzione della Suprema Corte di Cassazione è chiara e concerne la possibilità di attribuire in capo a una Azienda sanitaria locale la responsabilità, ai sensi dell'art. 2049 c.c., per i danni patiti dai pazienti a causa di un illecito doloso (quindi, intenzionale) commesso da un proprio dipendente in servizio come medico anestesista.

Inoltre, il *thema decidendum* pone l'esigenza di valutare se il nesso di occasionalità necessaria tra la condotta dannosa e il fine istituzionale perseguito – elemento coessenziale della struttura della responsabilità dei padroni e dei committenti ai sensi dell'art. 2049 c.c. – sia altresì integrato (o interrotto) da una condotta che abbia assunto i connotati del reato di violenza sessuale aggravata.

L'illecito aquiliano: premessa

Per priorità logica è d'uopo passare in rassegna gli istituti previsti dagli artt. 2043 e 2049 c.c.

In estrema sintesi, la responsabilità per fatto illecito rinviene la propria *sedes materiae* all'art. 2043 c.c., per cui "*qualunque fatto doloso o colposo che cagiona ad altri un danno ingiusto, obbliga colui che ha commesso il fatto a risarcire il danno*".

La norma è stata al centro di un accesissimo e perdurante dibattito che ha interessato molteplici teorie interpretative, orientamenti di pensiero e tentativi di innovazione enucleati dalla dogmatica giuridica e dalle massime di diritto espresse dalle corti di merito e di legittimità (sul tema, si rimanda a GAZZONI).

Nonostante siano attuali nuove sollecitazioni interpretative – soprattutto tipiche del diritto anglosassone – per cui dovrebbero trovare accoglimento nell'ordinamento italiano anche i c.d. danni punitivi (*punitive damages*, per cui sul tema di invita alla lettura del commento di La Ganga in quest'opera), l'assetto strutturale e funzionale della responsabilità extracontrattuale tuttora assolve una duplice funzione: preventiva e riparatoria (o reintegrativa).

La funzione preventiva mira a evitare – o ridurre al minimo – la verificazione di un danno ingiusto mediante la minaccia di una conseguenza negativa, astrattamente prevista dalla legge, nei confronti di colui che si renda responsabile di un fatto illecito (assolvendo una finalità pedagogica della norma).

La funzione riparatoria, invece, trova applicazione all'atto in cui sia già stato compiuto l'illecito e persegue l'intento di eliminare il danno ingiusto, reintegrando (in forma specifica, ove possibile) il patrimonio del danneggiato in maniera tale da ripristinare lo *status quo ante*.

In dottrina si è acutamente osservato che "*occorre considerare che la reintegrazione del patrimonio del danneggiato tende a eliminare il danno per quest'ultimo, ma non lo elimina per la società, poiché si limita a spostare l'incidenza da chi lo ha subito immediatamente a chi è obbligato a risarcirlo*" (TRIMARCHI).

Così si coglie una ulteriore – importante – accezione della *ratio* della responsabilità civile, consistente nell'allocare i rischi introdotti nella società (funzione allocativa del rischio).

Tanto chiarito in via di principio, l'art. 2043 c.c. non conia una previsione legislativa di carattere eminentemente sanzionatorio della violazione di specifici precetti, bensì è essa stessa una norma primaria che attribuisce un diritto soggettivo al risarcimento del danno, il cui beneficiario altro non è chi abbia subito un danno ingiusto, nella propria sfera giuridica, eziologicamente connesso a una condotta (illecita) di un terzo (Cass. 22 luglio 1999, n. 500).

L'ingiustizia non deve essere accostata al concetto di fatto, ma è strettamente conferente al danno.

Di tal guisa, l'area di risarcibilità è ricavabile direttamente dall'art. 2043 c.c. che assolve una funzione di clausola generale dell'ordinamento, proprio attraverso il sintagma "*danno ingiusto*" che, però nulla rivela in ordine a cosa debba concretamente intendersi.

Ne discende che, dovendo giocoforza analizzare l'universo dell'illecito aquiliano traendo spunto dall'esigue e limitate parole utilizzate dal Legislatore, la perimetrazione del danno risarcibile sarà strettamente influenzata dall'evoluzione interpretativa operata nei Tribunali.

Per tralatizia giurisprudenza si può affermare che il danno risarcibile sia, appunto, quello "*ingiusto*", ovvero ciò che per sua ontologica natura si risolva in una lesione di un interesse rilevante per l'ordinamento (*contra ius*) e in assenza di una causa di giustificazione (*non iure*).

L'illecito – si desume agevolmente – è pertanto atipico, giacché la responsabilità del danneggiante ben può essere individuata in presenza di qualunque fatto, doloso o colposo, che abbia cagionato un danno ingiusto a terzi.

Parimenti, stante l'assenza (e l'impossibilità) di predeterminare precipue categorie di condotte illecite che diano origine a un danno ingiusto, la valutazione in merito alla riconducibilità della condotta e del danno nel paradigma normativo dell'art. 2043 c.c. è rimessa all'interpretazione del giudice.

La Cassazione ha più volte sancito che "*la normativa sulla responsabilità aquiliana* ex *art. 2043 c.c. ha la funzione di consentire il risarcimento del danno ingiusto, intendendosi come tale il danno arrecato non iure, cioè il danno inferto in assenza di una causa di giustificazione, che si risolve in una lesione di un interesse rilevante per l'ordinamento, a prescindere dalla sua qualificazione formale, ed in particolare, senza che assuma rilievo la qualificazione dello stesso in termini di diritto soggettivo. Peraltro avuto riguardo al carattere atipico del fatto illecito, non è possibile individuare in via preventiva gli interessi meritevoli di tutela: spetta, pertanto, al giudice, attraverso un giudizio di comparazione tra gli interessi in conflitto, accertare se, e con quale intensità, l'ordinamento appresta tutela risarcitoria all'interesse del danneggiato, ovvero comunque lo prenda in considerazione sotto altri profili, manifestando in tal modo un'esigenza di protezione*" (Cass. 17 maggio 2004, n. 9).

In relazione alla struttura dell'illecito aquiliano devono ricorrere:

- l'esistenza di un fatto;
- l'imputabilità del fatto al soggetto agente a titolo di dolo o di colpa;
- l'ingiustizia del danno;
- il nesso di causalità tra il fatto e il danno;
- l'assenza di cause di giustificazione.

Solo in presenza di tutti i requisiti *de quibus* il giudice potrà accertare e dichiarare (nelle sentenze civili si legge proprio "*Il Tribunale accerta e dichiara*") la responsabilità per fatto illecito di un soggetto e condannarlo al risarcimento dei danni procurati (patrimoniali e/o non patrimoniali).

La responsabilità dei padroni e committenti ex art. 2049 c.c.: natura giuridica e struttura

Nonostante l'atipicità dell'art. 2043 c.c., il Legislatore dell'epoca dell'emanazione del codice (1942) percepì l'esigenza di coniare dei modelli speciali di responsabilità, connotati per la loro diversità e autonomia rispetto alla disciplina generale.

Alla luce della relazione che lega il fatto dannoso al suo autore è possibile distinguere:

- la responsabilità per fatto altrui (artt. 2047, 2048 e 2049 c.c.);
- la responsabilità collegata all'esercizio di un'attività (art. 2050 c.c.);
- la responsabilità derivante dal rapporto di un soggetto con una cosa o con un animale (artt. 2051, 2052, 2053 e 2054 c.c.).

La classificazione adottata rivela la specifica intenzione di porre l'obbligazione risarcitoria a carico dei soggetti che sono più in grado di adottare, in virtù della loro posizione, le opportune contromisure atte a prevenire possibili danni a terzi.

Si tratta di una coerente allocazione del rischio a carico di chi può (e deve) sopportarlo.

L'art. 2049 c.c. dispone che *"i padroni e i committenti sono responsabili dei danni arrecati dal fatto illecito dei loro domestici e commessi nell'esercizio delle incombenze a cui sono adibiti"*.

La funzione della responsabilità civile è essenzialmente preventiva e riparatoria: applicando siffatte coordinate interpretative, si desume che l'art. 2049 c.c. assolva sia la funzione di reintegrazione del patrimonio del danneggiato (comminando l'obbligo di risarcimento del danno in capo ai padroni e ai committenti), sia la funzione preventiva, esercitando una pressione economica su chi abbia organizzato l'attività rischiosa (per lo più un imprenditore), così da indurre a che questa sia razionalizzata dal punto di vista economico generale.

Un primo interrogativo attiene alla natura giuridica della responsabilità a mente dell'art. 2049 c.c.

Nella primigenia formulazione, la norma era disciplinata all'art. 1153 del codice civile italiano del 1865 che, a sua volta, traeva spunto dall'art. 1384 del *Code Napoléon* francese del 1804.

La responsabilità era ispirata al criterio della colpa per la scelta e per la vigilanza del dipendente; per tali motivi la giurisprudenza ha sovente collegato la responsabilità in esame alla *culpa in eligendo*, alla *culpa in vigilando* e alla presunzione *iuris et de iure* di colpa (sul tema si rimanda a SALVI e ALPA-BESSONE).

Tali orientamenti – si può dire colpocentrici – non trovano più accoglimento nelle riflessioni della dottrina e nell'interpretazione della giurisprudenza.

L'interpretazione maggioritaria qualifica il regime in esame in termini prettamente oggettivi, essendo superate le pregresse spiegazioni che ravvisavano, invece, una rimprovero di natura colposa.

La responsabilità del datore di lavoro è pertanto obiettiva e si annovera fra i casi di "*responsabilità oggettiva per rischio lecito*" (TRIMARCHI).

A sostegno della tesi che riconosce una responsabilità svincolata da dolo e colpa, si è osservato che la formulazione letterale della disposizione delinei un istituto giuridico che si pone all'esterno del concetto di colpa, atteso che non si può affermare l'esattezza dell'equazione per la quale l'illecito del dipendente sia un indice rivelatore della colpa del datore di lavoro (del "padrone" nei termini d'altri tempi utilizzati dal Legislatore).

Il comportamento doloso o colposo del dipendente di per sé non è in grado di dimostrare una violazione del dovere di vigilanza incombente sul *dominus*, allorché nella moderna organizzazione economica è inesigibile erigere un sistema di controllo capillare e continuo verso i dipendenti.

Di certo tale assunto non esime il datore di lavoro a esercitare, in maniera diligente, gli obblighi di direzione e di vigilanza sul proprio personale, ma comunque la prova di avervi provveduto non costituisce un fatto determinante a interrompere il nesso causale su cui riposa la responsabilità *ex* art. 2049 c.c.

L'imprenditore è ovviamente incentivato a scegliere con maggiore saggezza i propri collaboratori, dare loro le buone istruzioni e, infine, porre in essere una specifica sorveglianza esercitando, all'occorrenza, il potere disciplinare e provvedendo ad assicurarsi contro il rischio immesso.

Non vi è dubbio, però, che anche il dipendente maggiormente acuto e capace possa comunque incorrere in errore: l'eventuale sbaglio non conduce inevitabilmente a dover affermare una responsabilità colposa del datore di lavoro nell'averlo selezionato (non si tratta di un sillogismo esatto, essendo influenzabile da troppe variabili).

Le digressioni fin d'ora illustrate sono ben ricavabili da una recente sentenza della Corte di Cassazione, per cui "*la responsabilità del datore di lavoro per il fatto del dipendente è disciplinata, in sede contrattuale, dall'art. 1228 c.c. e in sede extracontrattuale dall'art. 2049 c.c. A parte la diversa natura della responsabilità, entrambe le norme prevedono che colui il quale si avvalga dell'opera altrui, ne risponde purché sussista il c.d. nesso di occasionalità necessaria che si atteggia quale nesso causale tra l'esercizio delle incombenze dell'ausiliario ed il danno. La disciplina si fonda sul fatto che l'agire del dipendente è uno degli strumenti dei quali l'intermediario si avvale nell'organizzazione della propria impresa, traendone benefici ai quali è ragionevole far corrispondere i rischi e sull'esigenza di offrire una adeguata garanzia all'investitore. Si tratta dunque di una responsabilità che è espressione di un criterio di allocazione dei rischi, per il quale, i danni cagionati dal dipendente sono posti a carico dell'impresa, come componente di costi di questa*" (Cass. 7 settembre 2016, n. 17681).

In relazione al profilo strutturale della normativa, la responsabilità dei padroni e dei committenti è applicabile allorquando, all'esito dell'istruttoria processuale, siano accertati i seguenti requisiti:

- un rapporto di preposizione tra il responsabile e l'autore del fatto illecito;
- il fatto illecito del preposto;

• il legame fra il danno arrecato al terzo dal dipendente e le sue mansioni (il c.d. nesso di occasionalità necessaria).

Il rapporto di preposizione e il nesso di occasionalità necessaria

Si deve ora comprendere cosa si intenda per rapporto di preposizione tra il responsabile e l'autore del fatto illecito e, infine, per nesso di occasionalità necessaria tra la condotta e il fine istituzionale.

Quanto al primo aspetto, l'individuazione di un nesso di preposizione è un'indagine che prescinde dal dato formale, ma richiede una particolare analisi della fattispecie concreta.

Si può affermare, con certezza, che un indice incontrovertibile sia ricavabile dall'esistenza di un rapporto di lavoro subordinato e in tal caso l'accertamento – in ordine a tale requisito – è indubbiamente agevolato.

Ma è noto che la sola esistenza di un rapporto di lavoro subordinato non sia sufficiente a spiegare l'intero concetto di rapporto di preposizione, giacché la norma (e la sua *ratio*) non è relegata alla mera ipotesi di stretta subordinazione tra preponente e preposto.

Nell'esperienza dogmatica e giurisprudenziale sono state formulate molteplici teorie volte a cercare di dare uniformità alla materia.

In passato, un criterio era strettamente connesso al concetto di controllo del preponente verso il preposto: l'origine dell'interpretazione era chiaramente influenzata dall'idea che la responsabilità del committente fosse legata a una presunzione assoluta di colpa nella sorveglianza.

Le critiche mosse al modello del controllo ravvisavano una concezione vetusta e influenzata dalle condizioni economiche di altri tempi, in cui risaltavano la società agricola e artigiana: in siffatti contesti, si poteva facilmente presupporre che il datore di lavoro avesse la capacità di dare istruzioni ai lavoratori accentrando su di sé i poteri di sorveglianza e direzione.

In realtà, l'avvento dell'economia moderna ha comportato delle strutturali innovazioni al sistema dell'impresa ove, non di rado, è necessaria una divisione fra il potere di organizzazione economica e quello di direzione tecnica.

Inevitabilmente "*cade il dovere di vigilare tecnicamente l'operato dei dipendenti, e con ciò viene meno la possibilità di fondare la responsabilità su una presunzione di colpa, mentre il diritto alla vigilanza spesso non viene esercitato e si svuota di contenuto, oppure viene contrattualmente escluso e talvolta non può neppure essere lecitamente previsto*" (TRIMARCHI).

Alla luce di siffatte considerazioni, il rapporto di preposizione deve essere ricercato tenuto conto delle peculiarità dello specifico caso, sicché è impossibile stabilire *ex ante* quali situazioni siano idonee a originarlo.

In giurisprudenza, per la sussistenza della responsabilità dell'imprenditore ai sensi dell'art. 2049 c.c., non è necessario che le persone che si sono rese responsabili dell'illecito siano a questi legate da uno stabile rapporto di lavoro subordinato, ma è sufficiente che le stesse siano inserite, anche se temporaneamente o occasionalmente, nell'organizzazione aziendale, ed abbiano agito per conto e sotto la vigilanza dell'imprenditore (così Trib. Trento, 12 aprile 2012; Cass. 9 novembre 2005, n. 21685).

Con una visione non ancorata alla mera subordinazione o ad altri dati formali, si è così stabilito che si possa prescindere anche dalla continuità dell'incarico, così come non rileva la onerosità; si prescinde pure dalla formalizzazione dell'incarico in un contratto di lavoro, di collaborazione o simili.

A suffragio, la subordinazione può risultare anche da un rapporto di fatto, non rilevando nemmeno una eventuale invalidità del contratto.

Il vincolo di preposizione è inteso insomma in modo sempre più ampio, tanto che si è potuto affermare che non si possa escludere che, in concreto, sia ravvisabile anche con riferimento a un rapporto di lavoro autonomo (SALVI).

Si tratta, ora, del nesso di occasionalità necessaria tra la condotta dannosa e il fine istituzionale perseguito.

L'istituto – di matrice pretoria – costituisce un palmare esempio di come spesso un'attenta lettura di una legge e degli articoli di cui si compone (interpretazione letterale) non è sufficiente per poter affermare di essere in grado di applicarla correttamente nella realtà (giuridica).

Vi è una pletora di casi per cui è indispensabile ricorre anche alla ricognizione della giurisprudenza formatasi in materia

Deve fin da ora precisarsi che nell'ordinamento giuridico italiano (di *civil law*) il precedente giurisprudenziale, ancorché espresso ai massimi livelli dalla Cassazione, non è vincolante poiché può essere disatteso previa una esaustiva motivazione; ciò non toglie che comunque rappresenterà un indice di rilevante peso per l'interprete.

Tanto chiarito in via di principio, in termini generali si riconosce che per la sussistenza di tale nesso di occasionalità necessaria non sia indispensabile eseguire un'indagine afferente al nesso di causalità.

Per meglio dire, l'incarico non deve inevitabilmente costituire la causa del danno, in ossequio alle regole penali informate dall'accoglimento della teoria della *condicio sine qua non* di cui agli artt. 40 e 41 c.p., ma è sufficiente che abbia rappresentato una occasione, intesa come fattore che sia stato in grado di agevolare il preposto nel compimento di un fatto illecito.

Pertanto, sussiste il nesso allorquando il fatto lesivo sia stato prodotto da un comportamento reso possibile dallo svolgimento dell'attività lavorativa, anche se il dipendente abbia operato oltrepassando i limiti delle proprie mansioni, abbia agito all'insaputa del suo datore di lavoro, o persino trasgredendo agli ordini ricevuti, attuando una condotta contraria agli interessi del datore di lavoro, purché sia comunque rimasto nell'ambito dell'incarico affidatogli (Cass. 9 marzo 2017, n. 6033).

Al contempo, per non dilatare e frustrare la *ratio* dell'art. 2049 c.c., la responsabilità del preponente è integrata nell'atto in cui si versi in una situazione di rischio tipico dell'attività del preposto (Franzoni).

Sulla base di tale principio, il massimo organo della nomofilachia confermava la sentenza di merito di esclusione della responsabilità del committente in un caso in cui il preposto, incaricato di impiantare cavi elettrici presso un privato, aveva accolto la richiesta di costui di fissare al soffitto di una stanza una plafoniera, dalla cui caduta erano derivati dei danni (Cass. 13 novembre 2001, n. 14096).

Strettamente connessa alla fattispecie portata alla cognizione della Corte di Cassazione nella sentenza che si annota, residua da verificare se il compimento di un atto doloso del dipendente sia interruttivo del rapporto di occasionalità necessaria.

Parte della dottrina ha sostenuto che il regime di responsabilità *ex* art. 2049 c.c. dovrebbe essere escluso qualora il dipendente abbia commesso un illecito con dolo.

Invero, l'esistenza di una specifica intenzionalità a realizzare l'illecito (ovvero il dolo) farebbe venire meno il nesso di occasionalità che deve sussistere tra le incombenze affidate al commesso e il fatto illecito.

Tale tesi sarebbe confermata dalla lettera dell'art. 2049 c.c., in base al quale il fatto illecito deve essere compiuto in occasione delle mansioni affidate.

Per converso, si è osservato come la norma in esame non distingua se tale fatto sia commesso con dolo o con colpa.

La giurisprudenza maggioritaria – allora – è concorde nel ritenere che ai fini della responsabilità civile per fatto illecito commesso dal dipendente sia sufficiente, come detto in precedenza, un rapporto di occasionalità necessaria tra il fatto dannoso e le mansioni esercitate dal dipendente, che ricorre quando l'illecito è stato compiuto sfruttando comunque i compiti da questo svolti, anche se il dipendente abbia agito oltre i limiti delle sue incombenze e persino se abbia violato gli obblighi a lui imposti, a prescindere dal dolo o dalla colpa dell'agente (Cass. 14 aprile 2011, n. 17049).

Si ravvisa un fisiologico limite – posto a presidio della *ratio* dell'art. 2049 c.c. – per il quale la responsabilità è integrata allorché la condotta illecita del dipendente rimanga nell'ambito (inteso in senso ampio) dell'incarico affidatogli e non configuri una condotta del tutto estranea al rapporto di lavoro (Cass. 25 luglio 2013, n. 32462).

Ai fini chiarificatori, concludendo il paragrafo, si riporta un interessante passaggio di una sentenza della Suprema Corte in cui era stata esclusa la responsabilità (guarda caso) proprio di una Azienda sanitaria locale per una lite scaturita tra due dipendenti.

La sentenza argomenta in tal modo: "*in particolare, i Giudici del gravame, ritenuto provato che il De.Fe. era stato richiesto dalla C. di smettere di fischiare perché veniva disturbata nella conversazione telefonica in corso di svolgimento e che, a tale richiesta, il De.Fe. rispondeva sferrandole un pugno al volto al quale la dipendente reagiva colpendolo con la cornetta del telefono. Sulla base dei predetti accertamenti in fatto contenuti nel giudicato penale, la Corte di merito ha, quindi, correttamente escluso, tra le mansioni svolte dal dipendente e l'aggressione violenta subita dalla lavoratrice, ai fini della sussistenza della responsabilità dell'Azienda sanitaria per il fatto illecito del De.Fe., il nesso di occasionalità necessaria tra la condotta causativa del danno e le funzioni esercitate dall'aggressore [...] quanto alla responsabilità indiretta del committente per il fatto dannoso commesso da un dipendente, questa Corte, con giurisprudenza ancora una volta costante, ritiene detta responsabilità postulare l'esistenza di un nesso di occasionalità necessaria tra l'illecito e il rapporto di lavoro che vincola i due soggetti, nel senso che le mansioni affidate al dipendente abbiano reso possibile o comunque agevolato il comportamento produttivo del danno al terzo. A questi principi, costantemente affermati dalla giurisprudenza di legittimità in tema di lavoro privato e pubblico contrattualizzato, si è correttamente attenuta la Corte di merito escludendo l'occasionalità necessaria tra la condotta lesiva e i compiti istituzionali, sulla base del rilievo per cui, nella specie, l'occasionalità della violenta aggressione alla dipendente era derivata non dallo svolgimento delle mansioni del dipendente aggressore e al fine di adempiere alle reciproche incombenze, ma dal mero fatto di trovarsi, entrambi i dipendenti implicati nell'episodio violento, nell'ambiente di lavoro, onde l'irriferibilità all'Azienda sanitaria del violento comportamento dell'uno in danno dell'altra*" (Cass. 25 marzo 2013, n. 7403).

La tesi del ricorrente

Il ricorrente instaurava il giudizio nomofilattico articolando la propria doglianza in un unico motivo afferente alla violazione e alla falsa applicazione, da parte della Corte d'Appello di Roma, del regime di responsabilità delineato all'art. 2049 c.c.

Preme ricordare che il giudizio che si celebra innanzi alla Corte di Cassazione non contempla un'analisi del merito della vicenda, ma consiste in una valutazione di legittimità come indicato dall'art. 360 c.p.c. (succintamente: il diritto è stato applicato correttamente?).

In concreto, il ricorrente denunciava che la sentenza di appello, oltre ad aver violato la norma citata, fosse altresì intrinsecamente illogica e contraddittoria.

A sostegno, affermava che la pronuncia di secondo grado avesse correttamente enunciato, richiamando i pregressi precedenti formatisi sul tema, che il nesso di occasionalità necessaria fosse da ritenersi interrotto allorché la finalità perseguita dall'agente fosse stata prettamente personale ed egoistica.

Quale precipitato logico – allora – non poteva dirsi per nulla integrato siffatto nesso nella fattispecie in esame, giacché la violenza sessuale costituiva "*di certo la massima espressione di un fine strettamente personale ed egoistico*".

Ancora, il ruolo rivestito dal dott. A.D. all'interno della struttura ospedaliera aveva rappresentato solo l'occasione naturale per compiere il fatto, ma comunque la condotta posta in essere "*nulla aveva a che vedere con le funzioni di medico anestesista affidategli dalla struttura ospedaliera*".

Sulla scorta di tali argomentazioni, il ricorrente domandava l'annullamento della sentenza impugnata.

Decisione della Corte

Le massime

In tema di fatto illecito, la responsabilità dei padroni e committenti per il fatto del dipendente *ex* art. 2049 c.c. non richiede che tra le mansioni affidate all'autore dell'illecito e l'evento sussista un nesso di causalità, essendo sufficiente che ricorra un rapporto di occasionalità necessaria, nel senso che le incombenze assegnate al dipendente abbiano reso possibile o comunque agevolato il comportamento produttivo del danno al terzo.

Il nesso di occasionalità necessaria tra la condotta dannosa e il fine istituzionale perseguito sussiste anche laddove l'illecito doloso del dipendente abbia integrato gli estremi del reato di violenza sessuale aggravata, purché la funzione concretamente svolta sia stata presupposto necessario della condotta illecita, non potendosi dare rilievo, ai fini di esclusione del regime di responsabilità *ex* art. 2049 c.c., all'assunto per cui la violenza sessuale dimostra la totale distorsione della finalità istituzionale a beneficio di un esclusivo vantaggio personale ed egoistico.

Le motivazioni

La Corte di Cassazione rigettava il ricorso promosso dal ricorrente, stabilendo che la responsabilità extracontrattuale, nella forma speciale sancita dall'art. 2049 c.c., dovesse essere riconosciuta in capo all'Azienda sanitaria locale, sicché l'illecito doloso perpetrato dal proprio dipendente, medico anestesista, ai danni della paziente A.E., era stato commesso approfittando della funzione svolta all'interno della struttura ospedaliera.

Tale circostanza è stata un presupposto necessario dell'accadimento, idoneo a integrare il nesso di occasionalità necessaria tra la condotta dannosa e il fine istituzionale perseguito.

Per acclarare la responsabilità dell'Azienda sanitaria locale per i fatti inerenti alle condotte illecite del medico anestesista, la Suprema Corte muoveva la propria argomentazione rammentando quali fossero i requisiti necessari e strutturali del regime indicato dall'art. 2049 c.c.

In primo luogo, la responsabilità dei padroni e dei committenti non esigeva – per giurisprudenza consolidata – un accertamento del nesso di causalità tra l'opera dell'ausiliario (nel nostro caso il medico) e l'obbligo del debitore (l'A.S.L.).

La soluzione del quesito riposa, per converso, sull'esistenza o meno di un nesso di occasionalità necessaria, inteso come la circostanza fattuale per cui l'incombenza disimpegnata abbia determinato una situazione tale da agevolare o rendere possibile il fatto illecito e l'evento dannoso, anche se il dipendente abbia operato oltre i limiti delle sue incombenze, purché sempre nell'ambito dell'incarico affidatogli, così da non configurare una condotta del tutto estranea al rapporto di lavoro.

Nel vagliare le motivazioni espresse nel secondo grado di giudizio, la S.C. riconosceva come la Corte d'Appello di Roma avesse fatto buon governo dei principi enucleati *in subiecta materia*.

In particolare, aveva riconosciuto che l'episodio criminoso in tanto si era potuto verificare grazie alla circostanza che il medico stesse svolgendo il suo lavoro di anestesista all'interno dell'ospedale, avendo per tale ragione a disposizione sale operatorie, medicamenti specifici e tutto l'apparato connesso alla sua attività.

Seppure fosse poi palese e dimostrata la distorsione della condotta del medico rispetto alle finalità istituzionali (si legge testualmente nella sentenza: "*è vero, infatti, che quanto è accaduto dimostra la totale distorsione della finalità istituzionale in vista dell'esclusivo tornaconto personale ed egoistico, perché il comportamento tenuto dal medico, oggettivamente inqualificabile ed incredibile, è quanto di più lontano si possa immaginare rispetto anche ad un'etica minima della professione sanitaria*"), il comportamento dell'autore dell'illecito era comunque – e innegabilmente – inquadrabile tra le incombenze legate alla propria funzione di medico.

Per la Cassazione "*la funzione svolta all'interno dell'ospedale reatino è stata un presupposto necessario dell'accaduto, per cui la responsabilità dell'odierna ricorrente ai sensi dell'art. 2049 c.c., deve essere in questa sede confermata*".

Brevi note esplicative

La sentenza illustrata permette di cogliere interessanti e ampi spunti di riflessione.

Primariamente, il lettore più attento avrà sicuramente colto come la Corte di Cassazione abbia rigettato il ricorso nonostante la Procura Generale della Repubblica (presso la S.C.) avesse ritenuto, per converso, fondata la doglianza prospettata nell'atto introduttivo.

Negli incipit della pronuncia si legge che "*udito il P.M. in persona del Sostituto Procuratore Generale Dott. PEPE Alessandro, che ha concluso per l'accoglimento del ricorso* [...]".

Ciò è la riprova che l'interpretazione del diritto è la risultanza di una costante dialettica critica, sempre attuale, che contempla altresì il più alto grado di giudizio.

Un ulteriore insegnamento ricavabile dalla vicenda processuale analizzata è attinente ai rapporti tra illecito penale e rilevanza della condotta in sede civile.

Il fatto di reato accertato in sede penale ha dei risvolti determinanti nella giurisdizione civile.

Il giudicato penale è in grado di cristallizzare il nucleo oggettivo del reato nella sua materialità fenomenica costituita dall'accadimento oggettivo, configurato dalla condotta, dall'evento e dal nesso di causalità materiale tra l'una e l'altro, e le circostanze di tempo, luogo e modi di svolgimento di esso.

Ne consegue che, mentre nessuna efficacia vincolante esplica nel giudizio civile il giudizio penale, la ricostruzione storico-dinamica del fatto è invece preclusiva di un nuovo accertamento da parte del giudice civile, che non può procedere a una diversa e autonoma ricostruzione dell'episodio.

Instaurare una causa civile volta a ottenere un risarcimento del danno sulla scorta di un giudicato penale agevola il lavoro del giudice civile che, al contempo, deve valutare autonomamente l'oggettività del fatto (e della condotta) alla stregua dei differenti canoni che informano la responsabilità civile.

La fattispecie in esame ne è un palmare esempio: se l'Azienda sanitaria locale, in sede penale, si era costituita parte civile giacché danneggiata dall'illecito del proprio medico (tentando quindi di ottenere anch'essa un risarcimento del danno), sul versante civilistico, invece, è considerata proprio una coobbligata al risarcimento danno medesimo, alla luce della sussistenza di un regime di responsabilità (proprio del diritto civile) sancito dall'art. 2049 c.c.

Infine, nella sentenza si apprezza come il ragionamento della S.C. fosse ben incentrato sulla natura della responsabilità dei padroni e dei committenti e sulle relative ricadute applicative.

La peculiarità di tale regime non esige che tra le mansioni affidate all'autore dell'illecito e l'evento sussista un nesso di causalità, essendo sufficiente che ricorra un rapporto di occasionalità necessaria, nel senso che le incombenze assegnate al dipendente abbiano reso possibile o comunque agevolato il comportamento produttivo del danno al terzo.

Pertanto, vane sono state le critiche mosse dalla difesa in ordine alle ragioni che avessero spinto il medico a perpetrare l'illecito, sicché il nodo centrale era afferente al rapporto oggettivo di preposizione che sussisteva con l'A.S.L.

e le circostanze oggettive in cui era stata compiuta la condotta, del tutto inerenti alle funzioni concretamente svolte.

Si coglie – allora – la differente *ratio*: in ambito penale, l'intento eminente è la punizione (attraverso l'irrogazione di una pena) dell'autore dell'illecito resosi responsabile di aver compiuto un reato; in sede civile, per converso, la qualificazione dell'A.S.L. come obbligata al risarcimento del danno, *ex* art. 2049 c.c. evoca l'intento di allocare il rischio in capo a colui che lo introduce (servendosi dell'opera del medico, come nel nostro caso) e assicurando la possibilità di ripristinare il patrimonio del danneggiato (in tal caso in forma equivalente mediante la dazione di una somma di denaro, non potendosi certo "restituire" la dignità di una persona).

In conclusione, una sentenza deve essere sempre letta con spirito critico e con "taglio" interpretativo trasversale, ovvero con l'obiettivo di cogliere i punti di contatto tra i differenti rami e istituti del diritto.

Precedenti giurisprudenziali

Sentenze che hanno analizzato l'istituto nella sue molteplici accezioni

Cass. 9 agosto 1991, n. 8668.
Cass. 14 novembre 1996, n. 9984.
Cass. 22 luglio 1999, n. 500.
Cass. 20 giugno 2001, n. 8381.
Cass. 13 novembre 2001, n. 14096.
Cass. 17 maggio 2004, n. 9.
Cass. 9 novembre 2005, n. 21685.
Cass. 18 ottobre 2006, n. 22343.
Cass. 24 gennaio 2007, n. 1516.
Cass. 4 giugno 2007, n. 12939.
Cass. 14 aprile 2011, n. 17049.
Trib. Trento, 12 aprile 2012.
Cass. 25 marzo 2013, n. 7403.
Cass. 25 luglio 2013, n. 32462.
Cass. 15 ottobre 2015, n. 20924.
Cass. 7 settembre 2016, n. 17681.
Cass. 9 marzo 2017, n. 6033.

Bibliografia essenziale

Alpa G., Bessone M., *La responsabilità civile*, Milano, 2001.
Franzoni M., *L'illecito*, in *Tratt. Franzoni*, Milano, 2004.

GAZZONI F., *Manuale di diritto privato*, XV, Napoli, 2017.
LIPARI N., RESCIGNO P., *La responsabilità e il danno*, Milano, 2009.
SALVI C., *La responsabilità civile*, in tratt. Iudica, Zatti, Milano, 1998.
TORRENTE A., SCHLESINGER P., *Manuale di diritto privato*, Milano, 2017.
TRIMARCHI P., *La responsabilità civile: atti illeciti, rischio, danno*, Milano 2017.

Responsabilità per danni cagionati da fauna selvatica: "spero che (non) ritorni presto l'era del cinghiale bianco"

Cass. civ., sez. VI, 29 maggio 2018, n. 13488

Fatti e svolgimento del processo

Nel 2009, Tizio si trovava alla guida della sua auto mentre "profumi indescrivibili" aleggiavano "nell'aria della sera". All'improvviso un cinghiale (bianco o nero, non è dato sapere) sbucava sulla strada e si scontrava con l'automobile. Ne derivavano danni meccanici e di carrozzeria. Tizio, allora, non confidando nel fatto che si trattasse della visione del mitico "cinghiale bianco" di battiatesca memoria, in modo molto più concreto e venale citava in giudizio, dinanzi al Tribunale di Rieti, la Regione Lazio e l'Amministrazione provinciale al fine di ottenere ristoro dei danni subiti. Il Tribunale, con sent. n. 243/2009, condannava i convenuti in solido al risarcimento del danno, ritenendo applicabile l'art. 2052 c.c.

La Provincia di Rieti proponeva, però, appello avverso detta sentenza contestando un vizio procedurale (l'omessa fissazione dell'udienza di precisazione delle conclusioni da parte del giudice di primo grado); la Regione Lazio proponeva appello incidentale.

La Corte d'Appello di Roma, persuasa della bontà del ricorso, dichiarava nulla la sentenza di primo grado con sent. 7 ottobre 2016, n. 5941 e decideva nel merito della domanda proposta da Tizio. Da un lato il giudice di seconda istanza riteneva provata la sussistenza di un concreto comportamento colposo imputabile all'ente pubblico, ovvero l'omissione di qualsivoglia cautela atta ad impedire il vagare incontrollato di animali selvatici; dall'altro sanciva che il potere di adottare le misure necessarie atte a prevenire i danni causati dagli animali selvatici (d.lgs. 18 agosto 2000, n. 267) poteva essere riferito alla sola Provincia di Rieti e non anche alla Regione Lazio, la quale esercitava solo mere funzioni di programmazione e coordinamento della pianificazione faunistica. Condannava, pertanto, la provincia al risarcimento dei danni in favore di Tizio.

Avverso questa sentenza la Provincia di Rieti proponeva ricorso per Cassazione con tre motivi; Tizio e la Regione Lazio resistevano con controricorso.

La questione di diritto posta al vaglio della Corte di Cassazione

Il primo motivo di gravame che la Provincia deduce si concentra sulla corretta applicabilità dell'art. 2043 c.c. in relazione all'art. 2052 c.c. e, di conseguenza, sulla ricostruzione della posizione di legittimato passivo rispetto alla pretesa risarcitoria che a suo dire si sarebbe dovuto configurare in capo alla Regione.

Il secondo motivo che il ricorrente lamenta è, invece, di carattere tecnico – per certi aspetti marginale – e si concentra sulla mancata previsione nell'elenco previsto dall'art. 35, comma 2, legge reg. Lazio n. 17/1995, che stabilisce le ragioni per cui la Provincia provvede al controllo della fauna selvatica, dei danni cagionati alla circolazione dei veicoli.

Infine, il terzo motivo si fonda sulla presunta violazione e falsa applicazione degli artt. 91 e 92, comma 2, c.p.c., e sull'erronea e contradditoria motivazione sul punto (art. 360, nn. 3 e 5 c.p.c.): il ricorrente eccepisce in pratica che la Corte territoriale abbia applicato i criteri di soccombenza in modo diametralmente opposto con riguardo ai due enti convenuti.

Le tesi contrapposte di parte attrice e convenuta

L'oggetto principale della sentenza si inserisce nel filone giurisprudenziale che da diversi anni si occupa dei danni cagionati alla circolazione stradale dalla fauna selvatica. Si tratta dell'annoso problema degli ungulati i quali, uscendo dal loro habitat naturale, si intromettono nel fondo stradale e vanno tragicamente a scontrarsi con l'automobile di turno. La questione giuridica verte attorno al corretto riconoscimento del soggetto passivo obbligato a risarcire i danni ed alla ricostruzione del regime responsabilità civile applicabile al caso di specie. Le parti si contrappongono con riferimento a questa vertenza: dalla lettura della sentenza si possono ricostruire, come sopra descritto, i motivi del ricorrente; non è dato, invece, rinvenire in che modo le resistenti abbiano argomentato la loro posizione.

Decisione della Corte

Le massime

"La responsabilità aquiliana per i danni a terzi deve essere imputata all'ente, sia esso Regione, Provincia, Ente Parco, ecc., a cui siano stati concretamente affidati, nel singolo caso, i poteri di amministrazione del territorio e di gestione della fauna ivi insediata, con autonomia decisionale sufficiente a consentire loro di svolgere l'attività in modo da poter amministrare i rischi di danni a terzi che da tali attività derivino".

"La responsabilità per i danni causati dagli animali selvatici deve ritenersi disciplinata dalle regole generali di cui all'art. 2043 c.c. e non dalle regole di cui all'art. 2052, c.c., occorrendo, quindi, la puntuale allegazione e la prova, il cui onere spetta all'attore danneggiato, di una concreta condotta colposa ascrivibile all'ente e della riconducibilità dell'evento dannoso, in base ai principi della causalità omissiva, al mancato adempimento di tale condotta obbligatoria".

Le motivazioni

La Corte di Cassazione ritiene i primi due motivi infondati e rigetta, pertanto, il ricorso. Considera, invece, il terzo motivo come inammissibile.

Al fine di stabilire a chi spettino i poteri di controllo della fauna selvatica, se in capo alla Regione o alla Provincia (o ad entrambe), il Supremo giudice osserva che l'art. 14 della legge 8 giugno 1990, n. 142 sulle autonomie locali attribuisce alle Province le funzioni amministrative che attengono a determinate materie, fra cui la protezione della fauna selvatica (comma 1, lett. f). La legge 11 febbraio 1992, n. 157, affida, invece, alle Regioni a statuto ordinario il compito di "*emanare norme relative alla gestione ed alla tutela di tutte le specie di fauna selvatica*" (art. 1, comma 1) e dispone che le Province attuino la disciplina regionale ai sensi dell'art. 14, comma 1, lett. f), della su citata legge n. 142/1990 (art. 1, comma 3), in virtù della stessa autonomia ad esse attribuita dalla legge statale (e non per delega regionale).

Dal combinato disposto di queste disposizione si evince che la competenza regionale è di natura essenzialmente normativa, mentre alle Province è assegnata l'esplicazione delle concrete funzioni amministrative e di gestione nell'ambito del loro territorio.

Con riferimento, inoltre, alla Regione, la Cassazione ricorda come alcune leggi regionali abbiano attribuito alle Province tutti i compiti rilevanti ai fini della gestione della fauna selvatica: l'istituzione delle oasi di protezione e la loro soppressione; l'istituzione e la soppressione delle zone di ripopolamento e di cattura; l'immissione di nuovi capi; la determinazione della superficie adeguata alle esigenze biologiche degli animali; la realizzazione delle attrezzature e degli interventi tecnici atti a perseguire gli scopi di protezione e di incremento delle specie. Queste attività possono determinare maggiori o minori rischi di interferenze degli animali con le attività esterne. Pertanto, ad esempio, un eccesso di popolamento di cinghiali in una determinata zona, la definizione poco accorta dei luoghi in cui gli animali possono trovare cibo ed acqua, l'assetto e le modalità di delimitazione del territorio in relazione alla prossimità con le strade pubbliche, possono incrementare sensibilmente i rischi di interferenze con la circolazione dei veicoli.

Proprio considerando la gestione di tale rischio trova, inoltre, previsione la possibilità che le Province stipulino apposite polizze assicurative per il risarcimento dei danni, senza espressa limitazione ai danni alle coltivazioni e non altrimenti risarcibili. In tale ultimo caso, si riconosce, poi, nella Provincia il soggetto tenuto all'indennizzo ed eventualmente interessato alla stipula dell'assicurazione, anche tramite l'utilizzazione di fondi regionali (si vedano i c.d. piani *no-fault* di cui si farà cenno *ultra*).

Alla luce di tali motivazioni, la Corte di Cassazione, anzitutto, ritiene che la responsabilità aquiliana per i danni a terzi debba essere imputata all'ente a cui siano stati concretamente affidati i poteri di amministrazione del territorio e di gestione della fauna ivi insediata. Con riferimento invece al regime risarcitorio, essa sancisce che la fattispecie debba inquadrarsi ai sensi dell'art. 2043 c.c., e non dell'art. 2052, c.c., in quanto non è possibile riconoscere tale responsabilità solo sulla base dell'individuazione dell'ente cui le leggi nazionali e regionali affidano il compito di controllo e gestone, ma occorre invece che il danneggiato fornisca la puntuale allegazione e la prova di una concreta condotto colposa e della riconducibilità dell'evento dannoso al mancato adempimento di tale condotta (a tal proposito viene richiamato un precedente della Corte stessa – Cass., sez. III, 31 luglio 2017, n. 18954 – dove siffatto obbligo era stato determinato in un caso di specifiche e reiterate segnalazioni della presenza dell'animale in un determinato luogo senza che l'ente preposto avesse adeguatamente attivato la sua cattura).

Nel caso di specie la Cassazione ha stabilito che la Corte d'Appello di Roma abbia correttamente ritenuto che la responsabilità della fauna selvatica e del suo controllo fosse stata attribuita alla Provincia di Rieti, sulla base appunto dell'art. 35, comma 2, legge reg. Lazio n. 17/1995, e, pertanto, che avesse condannato quest'ultima al risarcimento del danno subito da Tizio in quanto, quale ente titolare dei poteri di controllo e censimento della fauna selvatica, non aveva attuato i piani selettivi e di controllo della stessa.

Brevi note esplicative

a. *La legittimazione passiva nel caso di incidente causato dalla fauna selvatica: alla ricerca del responsabile*

Il primo nodo giuridico che occorre sciogliere nel caso di incidenti causati dalla fauna selvatica alla circolazione stradale è quello relativo a chi sia imputabile il risarcimento dei danni che si dovessero verificare. La Cassazione nella sentenza che qui si riporta prende posizione rispetto a due possibili tesi contrastanti, che vedono appunto caratterizzare anche la argomentazioni delle parti in causa: quella che vede come responsabile la Regione e quella che, invece, vede come soggetto a cui addebitare il costo del danno verificatosi la Provincia.

Prima di calarsi nel merito delle contrapposte tesi, occorre fare una premessa storica al fine di valutare a chi nel corso degli anni l'ordinamento giuridico ha riconosciuto una qualsivoglia forma di proprietà-appartenenza degli animali selvatici.

È d'uopo, allora, partire dall'art. 2, comma 1, r.d. 5 giugno 1939, n. 1016, recante "Approvazione del Testo Unico sulle norme per la protezione della selvaggina e per l'esercizio della caccia": questo intervento normativo considerava gli animali viventi allo stato libero quali *res nullius* e, in quanto tali, suscettibili di dar luogo all'acquisto tramite occupazione. Qualora si fosse, quindi, verificato un incidente con protagonista uno di questi animali, fattualmente e giuridicamente sottratti al controllo di qualsiasi soggetto, si doveva ritenere esclusa ogni forma di risarcimento poiché all'eventuale domanda risarcitoria difettava l'individuazione di un soggetto giuridico determinato in capo al quale costruire la richiesta.

Il quadro normativo cambiava, poi, con l'introduzione della legge 27 dicembre 1977, n. 968, recante "Principi generali e disposizioni per la protezione e la tutela della fauna e la disciplina della caccia", la quale all'art. 1 così stabiliva: "*la fauna selvatica italiana costituisce patrimonio indisponibile dello Stato ed è tutelata nell'interesse della comunità nazionale*" (l'articolo è stato poi novellato dalla legge 1° novembre 1992, n. 157 che ha provveduto ad inserire anche l'interesse della comunità internazionale tra quelli posti a fondamento della tutela). La novità normativa induceva, allora, a ritenere lo Stato quale proprietario degli animali appartenenti alla categoria della fauna selvatica, la quale veniva a sua volta inclusa tra i beni elencati dal comma 2 dell'art. 826 c.c.

Il regime di appartenenza veniva, infine, completato dalla su citata legge 11 febbraio 1992, n. 157 "Norme per la protezione della fauna selvatica omeoterma e per il prelievo venatorio", la quale sanciva che le Regioni a statuto ordinario provvedessero ad emanare norme relative al controllo, alla gestione ed alla tutela di tutte le specie della fauna selvatica (le Regioni a statuto speciale e le Province autonome vi provvedono, invece, in forza alle proprie competenze esclusive, nei limiti stabiliti dai rispettivi statuti).

Tutto cambiava: ora la domanda risarcitoria poteva essere indirizzata nei confronti di un ben determinato presunto responsabile.

Il quadro normativo descritto evidenzia, pertanto, una responsabilità in capo all'ente locale Regione o Provincia Autonoma, in quanto riconosciuto soggetto responsabile della gestione e del controllo della fauna selvatica e, quindi, primo destinatario dell'obbligo risarcitorio qualora un danno si verificasse e si concretassero tutti gli elementi delle ordinarie regole che governano l'istituto della responsabilità civile. A tale impostazione, come evidenziato dalla sentenza in epigrafe, si può affiancare una tesi che vede la chiamata in causa – si potrebbe dire – di un altro ente locale: la Provincia. Ciò in forza dei su richiamati art. 14, comma 1, lett. f), della legge 8 giugno 1990, n. 142 e art. 1, commi 1 e 3, legge 11 febbraio 1992, n. 157 dai quali si potrebbe desumere un'attribuzione alle province di funzioni proprie, non delegate, in tema di protezione della fauna selvatica. Il decreto legislativo sancisce, inoltre, un riparto funzionale tra i due enti locali: alle regioni spetta l'esercizio del potere legislativo, alle province la funzione amministrativa.

Occorre quindi stabilire se i poteri di cui si discute spettino alla Regione o alla Provincia (o ad entrambe).

Dalle disposizioni sopra richiamate, si può sposare la tesi che ritiene il riparto caratterizzato nel seguente modo: alla Regione spetta una competenza essenzialmente normativa, atta a porre in essere regole di indirizzo per l'azione degli enti locali e dei soggetti coinvolti nel controllo, gestione e tutela della fauna selvatica; alle Province, dall'altro lato, appare chiaramente spettare l'esplicazione di concrete funzioni amministrative e di gestione, sempre ovviamente nell'ambito del territorio di competenza.

Per completare il quadro ricostruttivo, è utile, infine, riportare un'altra tesi volta a dimostrare, invece, che la legittimazione passiva della pretesa risarcitoria rimarrebbe in capo alla Regione. Si sottolinea il punto perché in giurisprudenza si trovano anche precedenti in tal senso (v. Giudice di pace di Pontedecimo in Genova, 11 novembre 2004, n. 213, in *Foro it.*, 2005, I, 1970, e in *Danno e resp.*, 2005, 746, con nota di GUARDA). Tale tesi si basa sull'assunto in forza del quale si dovrebbe rinvenire nel rapporto intercorrente tra regione e provincia un particolare tipo di delegazione tra enti pubblici nel quale non si verificherebbe un trasferimento di competenze da un ente all'altro. Secondo tale prospettiva l'ente delegante rimane titolare delle funzioni demandate, avendo attribuito all'ente delegato un semplice potere di gestione delle stesse. Il delegante resta, quindi, esposto all'azione di risarcimento per i danni occorsi a causa dell'esercizio della delega da parte dell'ente delegato.

A tale ipotesi ricostruttiva si contrappone la motivazione prospettata dalla Cassazione nella sentenza oggetto di studio. Anzitutto si rileva come l'esercizio di funzioni o di attività per delega di altri non vale di per sé ad escludere la responsabilità per danni arrecati a terzi. Ciò sicuramente nel caso in cui il delegato goda di una tale autonomia di valutazioni e di scelte, rispetto al delegante, sufficiente a ricondurre alla sua personale decisione il comportamento che ha cagionato il danno. Per ravvisare, infatti, la responsabilità esclusiva del delegante sarebbe necessario dimostrare che il comportamento del delegato è stato interamente vincolato dalle direttive del primo. Inoltre, come si è visto l'art. 14, comma 1, lett. e), legge n. 142/1990 attribuisce alle province, nell'ambito del proprio territorio, una competenza propria in materia di fauna selvatica: quindi, le regioni approvano le norme relative alla gestione e alla tutela della fauna e le province provvedono ad attuarle. In tale quadro normativo, la responsabilità della regione potrebbe essere ravvisabile solo qualora l'evento dannoso fosse riconducibile all'attuazione da parte della provincia di specifiche norme regionali; non, invece, ove si tratti di danni inerenti all'esercizio di attività meramente amministrative, quali il controllo sugli animali e sul territorio, il fare apporre sulle strade apposita segnaletica per gli automobilisti e simili, relativamente alle quali le decisioni su come agire spettano esclusivamente o prevalentemente alla provincia.

Come suggerito dalla Corte di ultima istanza nel caso in oggetto, il nodo va sciolto analizzando di volta in volta il concreto scenario applicativo ed imputando la responsabilità aquiliana per i danni a terzi all'ente "*sia esso Regione, Provincia, Ente Parco, Federazione o Associazione, ecc., a cui siano stati concretamente affidati, nel singolo caso, i poteri di amministrazione del territorio e di gestione della fauna ivi insediata, con autonomia decisionale sufficiente a consentire loro di svolgere l'attività in modo da poter amministrare i rischi di danni a terzi che da tali attività derivino*".

b. *Le regole di responsabilità civile: il danno c'è ma spesso non si paga*

La pronuncia in esame tocca anche un altro aspetto cruciale dell'annosa questione della riallocazione del danno provocato dalla fauna selvatica alla circolazione stradale: quello relativo al regime di responsabilità imputabile.

Il tema è di sicuro interesse perché chiude il cerchio della disciplina della fattispecie in esame completando il mosaico delle regole e delle soluzioni in concreto applicabili.

Sul punto si contrappongono due tesi: da un lato quella, preponderante in giurisprudenza, che vede il costruirsi della pretesa risarcitoria nell'ambito del tradizionale disposto dell'art. 2043 c.c.; dall'altro, la tesi supportata da parte della dottrina, specie a seguito della legge n. 968/1977, che ritiene, invece, configurabile la fattispecie prevista all'art. 2052 c.c., relativa alla responsabilità del custode di animale sulla base del principio *cuis commoda eius et incommoda*. Ma vediamo meglio quali sono i punti della questione.

La regola aquiliana pone, come noto, l'onere probatorio interamente in capo al danneggiato, con l'effetto di lasciare il più delle volte che il danno resti là dove l'imprevedibile errare dell'animale selvatico l'ha fatto verificare, stante l'evidente difficoltà di provare l'elemento soggettivo caratterizzante il contegno omissivo ascritto all'ente locale. È, infatti, onere della parte danneggiata dimostrare che il luogo del sinistro sia abitualmente frequentato da un numero eccessivo di esemplari di animali selvatici e che tale circostanza costituisca un vero e proprio pericolo per gli utenti della strada. Risultando questa quasi una *probatio diabolica*, le corti hanno spesso buon gioco nell'escludere il nesso di causalità tra l'omessa attività di controllo e gestione della fauna selvatica ed il verificarsi del danno (questo, però, non è il caso della sentenza in epigrafe).

Proprio per evitare conclusioni di questo genere è stata a più riprese sostenuta in dottrina la necessità di applicare alla fattispecie l'art. 2052 c.c. facendo leva sul principio *cuius commoda eius et incommoda*. Dall'entrata in vigore della legge sulla caccia del 1977 in poi, la dottrina prevalente ha, infatti, sostenuto l'applicabilità della regola che prevede che il proprietario sia tenuto a risarcire i danni cagionati dal proprio animale a terzi, a meno che costui non riesca a dimostrare il caso fortuito, l'intervento di terzo, o la responsabilità diretta del danneggiato. La *ratio* della previsione di cui all'art. 2052 c.c., e della conseguente inversione dell'onere probatorio, risiede nell'esigenza di far gravare la responsabilità sul soggetto che dall'animale trae un'utilità e che a tale scopo lo sorveglia e lo custodisce. Ma proprio questa supposta "utilità" difetterebbe secondo il maggioritario indirizzo giurisprudenziale nel caso della fauna selvatica: la collocazione di quest'ultima sotto il dominio dello Stato non avrebbe nulla a che fare con il riconoscimento in capo del soggetto pubblico della possibilità di conseguire un godimento o di sfruttarla economicamente, quanto piuttosto di gravarlo di compiti di salvaguardia e di tutela.

La stessa Corte costituzionale è stata chiamata ad intervenire sul punto al fine di chiarire che non esiste alcuna irragionevole disparità di trattamento tra il privato proprietario di un animale domestico o in cattività, il quale risponde dei danni da questo arrecati secondo il criterio di imputazione di cui all'art. 2052 c.c., e la pubblica amministrazione, a cui tale regola di responsabilità non è applicata ma che nondimeno annovera nel suo patrimonio gli animali selvatici (Corte cost., ord. 4 gennaio 2001, n. 4). Dal momento che la fauna selvatica soddisfa il godimento dell'intera collettività, appare coerente che i danni prodotti dalla stessa costituiscano un evento naturale di cui la comunità deve farsi carico secondo il regime ordinario di imputazione della responsabilità civile ai sensi dell'art. 2043 c.c.

Sebbene, dunque, l'introduzione nell'ordinamento giuridico italiano di una disposizione che regolava in capo allo Stato il regime di appartenenza degli animali facenti parte la generale categoria della fauna selvatica, e nonostante ciò agevolasse di molto la risposta al primo quesito che qui ci siamo posti – chi è responsabile –, nei fatti la soluzione pratica non sembra essersi significativamente modificata: l'applicazione dell'art. 2043 c.c., e della regola risarcitoria in esso sancita, ha come diretta conseguenza che nella maggioranza dei casi si lascerà gravare il costo del danno laddove si è verificato.

È per questo motivo che ha cominciato ad imporsi l'idea di regolare il fenomeno degli illeciti civili con i c.d. piani *no-fault*, cioè con un sistema di risarcimento dei danni completamente svincolato dalle regole della colpa. L'implementazione di tali piani è stata tentata in ordinamenti giuridici stranieri, ma anche in esperienze locali italiane, con risultati alterni (si veda i piani adottati in passato, ad es., nella Regione o nella Provincia Autonoma di Trento). I piani *no-fault* trovano la loro giustificazione nella compresenza di diversi fattori che devono essere a loro volta legittimati da ragioni sociali e morali tali da far ritenere giusto che in una determinata comunità la riallocazione dei danni segua regole che si discostano dalla ricerca di un ben definito responsabile. Essa non va, quindi, ricercata nella tradizionale funzione di deterrenza, tra l'altro tutta da dimostrare nel caso degli incidenti stradali, bensì nell'idea che, se alla responsabilità civile spetta esprimere un ideale di deterrenza precauzionale, secondo un approccio che si basa sulla sua funzione organizzativa, la società può decidere di creare una via alternativa per dar spazio alla volontà politica di compensare determinate occasioni di danneggiamento sociale. Continuando a ragionare in chiave generale, si può allora considerare l'ente locale come il soggetto ideale per internalizzare i costi associati ai rischi di danno causalmente riconducibili alla fauna selvatica, in quanto solo ad esso sarebbe da riconoscere la possibilità di controllare tale rischio, bilanciando in modo efficiente i costi ed i benefici della propria attività.

Precedenti giurisprudenziali

Sulla legittimazione passiva per azioni di risarcimento danni cagionati dalla fauna selvatica alla circolazione stradale, ex plurimis

Cass., sez. III, 13 dicembre 1999, n. 13956, in *Giur. it.*, 2000, 1594, con nota di CASTAGNARO.
Giud. di pace Riva del Garda, 2 aprile 2001, in *Foro it.*, Rep. 2002, voce *Responsabilità civile*, n. 324.
Cass., sez. III, 24 settembre 2002, n. 13907, in *Foro it.*, 2003, I, 157, e in *Danno e resp.*, 2003, 273 (con nota di BITETTO), e in *Giur. it.*, 2003, 778, e in *Arch. circolaz.*, 2003, 209, e in *Resp. civ.*, 2003, n. 384, con nota di PROVENZANO.
Giud. di pace di Pontedecimo, 11 novembre 2004, in *Foro it.*, 2005, I, 1970 e in *Danno e resp.*, 2005, 746, con nota di GUARDA.
Cass., sez. III, 10 ottobre 2007, n. 21282, in *Giust. civ.*, 2007, I, 2683.
Cass., sez. III, 31 luglio 2017, n. 18954, in *Foro it.*, Rep. 2017, voce *Responsabilità civile*, n. 210.
Cass., sez. VI, 11 maggio 2018, n. 11394, inedita.
Cass., sez. VI, 14 maggio 2018, n. 11591, inedita.

Sul regime risarcitorio

Nel preponderante filone giurisprudenziale che conferma la configurabilità dell'azione risarcitoria per danni cagionati dalla fauna selvatica ai sensi dell'art. 2043 c.c. si veda, *ex plurimis*:

Cass., sez. III, 12 agosto 1991, n. 8788, in *Giur. it.*, 1992, I, 1, 1795, e in *Dir. e giur. agr.*, 1992, 481, con nota di MASINI.
Cass., sez. III, 15 marzo 1996, n. 2192, *Foro it.*, 1996, I, 1216, con nota di CAPUTI.
Cass., sez. III, 14 febbraio 2000, n. 1638, *Danno e resp.*, 2000, 397, con nota di DI CIOMMO.

Cass., Sez. Un., 29 novembre 2000, n. 1232, in *Giur. it.*, 2001, 828, e in *Ammin. it.*, 2001, 921.
Cass., sez. III, 24 giugno 2003, n. 10008, in *Foro it.*, Rep. 2003, voce cit., n. 273.
Cass., sez. III, 28 luglio 2004, n. 14241, in *La responsabilità civile*, 2005, 697, con nota di REATO.
Cass., sez. III, 25 novembre 2005, n. 24895, in *Danno e resp.*, 2006, 1091, con nota di FOFFA, e in *Arch. circolaz.*, 2006, 606.
Cass., sez. III, 28 luglio 2006, n. 7080, in *Foro it.*, Rep. 2006, voce *Responsabilità civile*, n. 519.
Cass., sez. III, 21 novembre 2008, n. 27673, con nota di GUARDA, *Il passero (solitario) e la risarcibilità dei danni cagionati dalla fauna selvatica.*

In senso contrario, un filone minoritario

Pret. Ceva, 22 marzo 1988, *id.*, Rep. 1989, voce *Responsabilità civile*, n. 150, e in *Giur. agr. it.*, 1989, 110, con nota di MASINI.
Pret. Cosenza, 5 luglio 1988, in *Foro it.*, 1988, I, 3629.
Trib. Perugia, 11 dicembre 1995, in *Foro it.*, 1997, I, 315, e in *Rass. giur. umbra*, 1997, 27, con nota di PRELATI.
Giud. di pace Città di Castello, 30 dicembre 1998, *ibidem*, voce *cit.*, n. 349.
Giud. di pace Perugia, 27 aprile 1999, in *Foro it.*, Rep. 2000, voce *Responsabilità civile*, n. 351.
Giud. di pace Torino, 8 marzo 2001, in *Giur. it.*, 2001, 1634.
Giud. di pace Torino, 18 febbraio 2008, *id.*, 2001, 1634.
Trib. Venezia, 25 febbraio 2008, in *Foro it.*, 2008, I, 1670.

Bibliografia essenziale

CASTAGNARO, *Osservazioni sul criterio di imputazione della responsabilità per i danni prodotti da fauna selvatica*, *id.*, 2000, 1594.
CENDON P., *Protezione e tutela della fauna e disciplina della caccia. L. 27 dicembre 1997, n. 968*, in *Nuove leggi civ.*, 1979, 464.
DI CIOMMO F., *Il cinghiale carica nessuno risponde: brevi appunti sulla (ir)risarcibilità dei danni causati da animali selvatici*, in *Danno e resp.*, 2000, 397;
FERRARI, *Analisi economica della responsabilità da incidenti automobilistici determinati dalla fauna selvatica* (commento a Trib. Trento, 27 febbraio 2006), in *Danno e resp.*, 2007, 69.
FRANZONI M., *La responsabilità oggettiva. Il danno da cose o da animali*, Padova, 1988, 547.
GUARDA P., *Danni cagionati dalla fauna selvatica e legittimazione passiva dell'azione risarcitoria* (commento a Giudice di Pace di Pontedecimo), in *Danno e resp.*, 2005, 746.
GUARDA P., *Automobilisti danneggiati dalla fauna selvatica: regole di responsabilità e piani di indennizzo no-fault*, in *Danno e resp.*, 2004, 1181.

MIOTTO G., *L'amletico dubbio sull'identità dell'ente obbligato al risarcimento dei danni provocati dalla fauna selvatica in relazione alla circolazione stradale*, nota a Cass. civ., sez. III, 8 gennaio 2010, n. 80, in *Resp. civ. e prev.*, 2010, fasc. 4, 803.
MONATERI P.G., *La responsabilità civile*, in *Trattato di dir. civ.*, diretto da Sacco, Torino, 1998, 1065.
PALMIERI A., *Responsabilità della p.a. per danni cagionati da fauna selvatica*, in *Giudice di pace*, 2000, 106.
REATO F., *La responsabilità della P.A. per il danno cagionato dalla fauna selvatica*, in *La responsabilità civile*, 2005, 700.
RESTA G., *La p.a. e i danni cagionati dalla fauna selvatica*, in *Danno e resp.*, 1996, 592
RONCO A., *Il cinghiale e l'automobile*, in *Giur. it.*, 2001, 1634.
TOMMASI R., *I danni alla persona e alla pubblica amministrazione*, in P. CENDON (a cura di), *Persona e danno*, Milano, 2004, 4604.

Responsabilità solidale della galleria d'arte per violazione del diritto d'autore. Il caso Vedova-De Lutti

Corte di Cassazione, sez. I, 26 gennaio 2018 n. 2039

Fatti e svolgimento del processo

La Fondazione Emilio e Annabianca Vedova, erede universale dell'artista veneziano Emilio Vedova, cita in giudizio la Galleria di arte moderna Alfa insieme all'artista De Lutti. La parte attrice pone a fondamento delle proprie pretese l'asserito plagio-contraffazione da parte di De Lutti di alcune opere del Vedova e la responsabilità solidale della Galleria d'arte per avere promosso e venduto i dipinti di De Lutti assunti plagiari. In primo grado si accerta il plagio-contraffazione di tali opere e il Tribunale di Milano inibisce pertanto la continuazione delle condotte in violazione del diritto d'autore condannando in solido il De Lutti e la Galleria d'arte al risarcimento dei danni in favore della Fondazione, liquidati in euro 300.000, di cui 200.000 a titolo di danno patrimoniale e 100.000 a titolo di danno non patrimoniale. I soccombenti si rivolgono senza successo alla Corte di appello di Milano la quale conferma la sussistenza del plagio e la responsabilità solidale della Galleria d'arte. De Lutti e la Galleria d'arte ricorrono dunque in Cassazione mentre la Fondazione resiste e propone a sua volta ricorso incidentale.

La questione giuridica posta all'attenzione della Corte di Cassazione

La Suprema Corte è chiamata a pronunciarsi sui seguenti motivi.

1) Violazione e falsa applicazione degli artt. 1, 2 e 156, legge 22 aprile 1941, n. 633 (*Protezione del diritto d'autore e di altri diritti connessi al suo esercizio*, d'ora in avanti LA). In particolare, la parte ricorrente contesta il giudizio sul plagio-contraffazione sostenendo la originalità e quindi l'autonomia delle opere pittoriche del De Lutti rispetto alle opere di Vedova che si assumo plagiate.

2) Violazione e falsa applicazione degli artt. 2055 e 2056 c.c. per avere le Corti di merito erroneamente ravvisato la responsabilità solidale della Galleria d'arte.

3) Difetto di legittimazione attiva in capo alla Fondazione per quanto riguarda il risarcimento del danno morale.

4) Violazione e falsa applicazione dell'art. 158 LA per avere la corte di merito errato nella quantificazione del danno per la violazione del diritto d'autore.

Premesse

In questa parte si considereranno alcuni istituti la cui conoscenza è propedeutica alla comprensione delle questioni giuridiche affrontate nel caso deciso dalla Suprema Corte.

a. *Brevi cenni sul contenuto del diritto d'autore*

Per comprendere la vicenda giuridica in oggetto sono necessarie alcune premesse sui fondamenti del diritto d'autore, disciplinato dal codice civile, agli artt. da 2575 a 2583, e dalla LA. L'art. 1 LA stabilisce che sono protette le "opere dell'ingegno di carattere creativo che appartengono alla letteratura, alla musica, alle arti figurative, all'architettura, al teatro e alla cinematografia, qualunque ne sia il modo o la forma di espressione". Le opere dell'ingegno sono protette per il solo fatto della creazione e l'autore acquista a titolo originario il diritto d'autore nel momento della creazione dell'opera, senza che sia necessaria alcuna formalità.

Il diritto d'autore si sostanzia in una serie di prerogative ascrivibili a due distinti diritti soggettivi aventi regime e durata diversi: il diritto morale, da un lato, e il diritto patrimoniale, dall'altro.

Il diritto morale è riconosciuto all'autore a tutela della sua personalità per come si esprime nell'opera. Si tratta di un diritto della personalità, che come tale è inalienabile, irrinunciabile e imprescrittibile. I diritti morali espressamente riconosciuti dalla legge sono a) il diritto d'autore di "rivendicare la paternità dell'opera" (art. 20 LA); b) il diritto di "opporsi a qualsiasi deformazione, mutilazione od altre modificazioni, e ad ogni atto a danno dell'opera, che possano essere di pregiudizio al suo onore o alla sua reputazione" (art. 20 LA) e c) il diritto di ritirare l'opera dal commercio "quando concorrano gravi ragioni morali" (art. 142 e 142 LA).

I diritti di cui all'art. 20 possono essere fatti valere dopo la morte dell'autore "dal coniuge e dai figli" o dagli altri familiari indicati dall'art. 23. Secondo autorevole dottrina l'art. 23 non darebbe luogo ad una successione *mortis causa* dei diritti morali, ma attribuirebbe piuttosto diritti di pari contenuto a ciascuno dei familiari designati in quella norma in ragione di un loro interesse riflesso sulla tutela della personalità dell'autore defunto (cfr. AUTERI, pp. 664 ss.). I familiari possono dunque esercitare tali propri diritti per impedire pregiudizi alla personalità dell'autore defunto.

Il diritto di ritirare l'opera dal commercio di cui all'art. 142, invece, può essere fatto valere solo dall'autore poiché si ritiene che le gravi ragioni morali sopravvenute che possono giustificare l'evento eccezionale del ritiro dell'opera dal commercio riguardino soltanto le vicende personali dell'autore.

Il diritto patrimoniale, d'altra parte, si sostanzia in un fascio di diritti esclusivi di utilizzazione economica dell'opera, che hanno durata limitata nel tempo (cfr. AUTERI, pp. 625 ss). Le norme vigenti garantiscono all'autore protezione autorale per tutta la vita dell'autore e altri settant'anni a decorrere dalla sua morte. Tra i diritti patrimoniali possiamo ricordare il diritto di pubblicazione, riproduzione, trascrizione, esecuzione, rappresentazione o recitazione in pubblico, di comunicazione al pubblico, distribuzione, noleggio e prestito. Così, per esempio, l'autore di un dipinto così come il compositore di un brano musicale o lo scrittore di un romanzo possono trarre profitto dalla propria attività creativa commercializzando i diritti di utilizzazione dell'opera. Tali diritti sono trasferibili *inter vivos*, mediante contratto, e *mortis causa*. Tra i diritti patrimoniali dell'autore c'è anche quello di elaborare l'opera. Rispetto a tale diritto si pone il problema di individuare il confine tra la mera elaborazione dalla elaborazione creativa, tale da costituire un'opera creativa diversa e indipendente da quella originaria dalla quale l'opera derivata (in senso lato) ha tratto solo ispirazione.

b. *Plagio e plagio-contraffazione*

Dal punto di vista normativo non esiste una definizione unitaria di plagio. La LA si limita a punire alcuni comportamenti riconducibili a tale fattispecie i cui contenuti e contorni sono definiti dalla dottrina e dalla giurisprudenza. Con il termine plagio ci si riferisce all'appropriazione, tramite copia totale o parziale, della paternità di un'opera dell'ingegno altrui. Il plagio consiste nella falsa attribuzione della paternità di un'opera dell'ingegno, in qualsiasi tempo dalla sua creazione in violazione dell'art. 20 LA. Tradizionalmente la dottrina italiana distingue le ipotesi di mero plagio dal plagio-contraffazione che si caratterizza perché, oltre ad esservi la violazione del diritto morale dell'autore mediate la usurpazione della paternità dell'opera, si integra la violazione dei diritti patrimoniali dell'autore. La contraffazione, infatti, consiste nello sfruttamento economico dell'opera che avviene senza il consenso dell'autore (si pensi, per esempio, alla pirateria discografica). Dal punto di vista normativo non esiste una definizione unitaria; la LA si limita a punire alcuni comportamenti riconducibili alle due fattispecie (e.g. art. 171 LA).

Il plagio si può realizzare in varie forme: per esempio, attraverso la riproduzione totale e parziale dell'opera originaria o mediante una sua elaborazione non creativa, oppure mediante una elaborazione abusiva e quindi usurpatrice di paternità in quanto camuffata attraverso un lavoro di ritaglio, di trasferimento, o di cambiamenti meramente formali. Il suo accertamento richiede un giudizio complesso e diverso a seconda del genere di opera considerata. Soprattutto in alcuni generi artistici, esiste un labile confine tra plagio ed elaborazione creativa di un'opera altrui tale da renderla un'opera autonomamente proteggibile. È questo il caso, per esempio, dell'arte appropriativa, per quanto riguarda le arti visive, o di generi musicali che si basano sul *sampling* o campionamento di brani esistenti nella musica, come l'*hip hop*.

Il giudizio sul plagio presuppone il preliminare accertamento della tutelabilità dell'opera che si assume plagiata. In altri termini, occorre che l'opera che si ritiene copiata sia proteggibile. Come già chiarito, la protezione del diritto di esclusiva è limitata alla forma espressiva e non si estende al contenuto di informazioni, conoscenze, idee ed opinioni. Si potrebbe diversamente dire che il diritto d'autore ha ad oggetto il modo creativo di rappresentare la realtà e non la realtà rappresentata (in questi termini AUTERI et al., 579). Il contenuto di informazioni, idee e conoscenze, quindi, può essere liberamente espresso in altri modi. Si tratta di un principio fondamentale del diritto d'autore comune a tutti gli ordinamenti e codificato nell'art. 9, 2 dell'accordo TRIPs. Lo stesso principio ricorre nelle direttive comunitarie (e.g. n. 91/259/CEE, art. 1, n. 2; n. 96/9/CE, artt. 3, n. 2 e 5) e nelle norme nazionali che vi hanno dato attuazione (art. 2 nn. 8 e 9 LA).

c. *Rimedi a fronte della violazione del diritto d'autore*

La legge sul diritto d'autore al Titolo II, Capo III, prevede un articolato sistema di difese e sanzioni sia penali che civili. Queste ultime sono contenute agli artt. da 156 a 170, che hanno lo scopo di proteggere il titolare del diritto dalle violazioni dei diritti a lui riconosciuti. La tutela si distingue in due parti, la prima (artt. 156-167 LA) a difesa dei diritti patrimoniali, la seconda (artt. 168-170 LA) di quelli morali.

I diritti di utilizzazione economica possono essere fatti valere in giudizio dal titolare degli stessi, ma anche da chi a) si trovi nel possesso legittimo dei diritti stessi; b) possa agire in rappresentanza del titolare dei diritti (art. 167 LA). Le azioni a difesa dei diritti di utilizzazione economica e quelle a difesa dei diritti morali possono essere esercitate indipendentemente l'una dall'altra, oppure congiuntamente nel caso che la violazione comporti lesione di entrambi i diritti.

Le azioni possono avere per oggetto: 1) l'accertamento della titolarità del diritto; 2) l'inibitoria dell'attività illegittima in violazione del diritto; 3) la rimozione e la distruzione degli esemplari che costituiscono il frutto dell'illecito accertato; 4) il risarcimento del danno subito dal titolare del diritto leso. L'obbligo di risarcire il danno disciplinato dall'art. 158 LA è riconducibile all'ambito della responsabilità extracontrattuale *ex* art. 2043 c.c. e si applicano pertanto i principi comuni in materia di risarcimento del danno.

d. *La responsabilità solidale* ex *art. 2055 c.c.*

L'art. 2055 c.c. regola la responsabilità solidale di chi commetta, insieme ad altri un fatto dannoso. Nelle ipotesi di concorso nell'illecito, il legislatore ha stabilito che il danneggiato abbia titolo per ottenere l'intero risarcimento da uno solo dei danneggianti, il quale avrà poi diritto di agire in regresso nei confronti degli altri. Infatti, qualora il danno sia imputabile a più persone ciascuna è responsabile solidalmente per l'intero nei confronti del danneggiato (2055 c.c.).

La regola della responsabilità solidale ha fondamento nella funzione propria della solidarietà passiva, ossia nella funzione di garanzia del creditore. Il danneggiato è infatti garantito dal fatto che ciascun responsabile è tenuto anche per la parte di danno causalmente imputabile agli altri corresponsabili (BIANCA, 2012, 648 ss.).

Presupposti della responsabilità solidale sono l'unicità del danno e la sua imputabilità a più persone. L'unicità del titolo fonte del rapporto determina una vera e propria comunione del debito. La solidarietà è uno degli strumenti che il legislatore sceglie per disciplinare l'adempimento del debito comune. L'obbligazione solidale postula dunque sempre la comunione del debito, la quale poggia sull'unica fonte. Nell'ambito dell'illecito la fonte è individuata dall'art. 2055 nel "medesimo fatto dannoso". Pertanto, tutti coloro che hanno concorso alla violazione dei diritti di utilizzazione economica dell'opera protetta dal DA rispondono solidalmente dei danni *ex* artt. 2055 c.c. e 158 LA e sono legittimati passivi dell'azione risarcitoria. Ai fini della responsabilità solidale non occorre che le azioni concorrenti rientrino in un piano unitario. Il codice civile non richiede infatti un agire comune. Sussiste la responsabilità solidale pur se ciascuno dei responsabili abbia agito autonomamente. Ciò che rileva è piuttosto che il medesimo danno sia imputabile ai vari responsabili anche se a diverso titolo. Per esempio, può venire in essere una responsabilità solidale tra chi risponde per colpa e chi risponde per responsabilità oggettiva, tra chi risponde per fatto proprio e chi per fatto altrui e così via. Nel caso in cui il danno sia prodotto da più azioni ciascuna azione si pone come causa in quanto ha concorso alla sua produzione.

La disciplina dei rapporti interni ed esterni dei corresponsabili del danno extracontrattuale è governata dai principi delle obbligazioni solidali. In base a questi il danneggiato può rivolgersi ad uno qualsiasi dei responsabili per reclamare il pagamento dell'intero. Nei rapporti interni le quote dei responsabili solidali si determinano in ragione della gravità delle rispettive colpe e delle conseguenze che ne sono derivate. Chi ha risarcito il danno può agire in regresso nei confronti degli altri responsabili in ragione delle loro quote.

e. *Il risarcimento del danno patrimoniale per violazione del diritto d'autore*

L'art. 158 LA stabilisce che il risarcimento del danno patrimoniale per la violazione del diritto d'autore sia determinato ai sensi degli artt. 1223, 1226 e 1227 c.c. e dunque si declina in danno emergente e lucro cessante. Il primo consiste nella perdita economica che il patrimonio del creditore ha subito a fronte della violazione del diritto. Per esempio, si può trattare delle spese sostenute dal titolare dei diritti violati per l'individuazione delle violazioni e le relative ricerche. Il danno emergente può comprendere anche, ad esempio, le spese sostenute per accertare e provare in giudizio la contraffazione; per pubblicare diffide e comunicazioni a tutela dei prodotti originali; per le campagne pubblicitarie volte a ripristinare l'immagine di un prodotto e le quote di mercato danneggiato (M.S. SPOLIDORO, 2009).

Il lucro cessante si identifica nel mancato guadagno patrimoniale provocato dall'illecito, guadagno che si sarebbe dovuto conseguire in mancanza della lesione. A differenza del danno emergente, il lucro cessante attiene ad una ricchezza non ancora nel patrimonio del danneggiato, ma che si sarebbe ragionevolmente prodotta se non vi fosse stato l'illecito.

La liquidazione del danno per la violazione del diritto d'autore e in generale per la violazione dei diritti di proprietà intellettuale è sempre una operazione difficile. Il danno può essere quantificato anche in via equitativa. Il tema della quantificazione assume particolare rilevanza non solo sotto il profilo compensatorio, ma anche in termini di deterrenza rispetto alle attività di contraffazione. La sottovalutazione del danno risarcibile, per esempio, può depotenziare il diritto d'autore, costituendo un incentivo alla contraffazione.

Anche in materia di diritto d'autore il danno può essere quantificato in base alla "*Differenztheorie*" che identifica il danno risarcibile nella differenza tra la situazione patrimoniale del danneggiato a seguito dell'illecito e la situazione patrimoniale che sarebbe stata in mancanza dell'illecito. Dunque, il lucro cessante riguarda almeno la perdita della possibilità di sfruttamento economico dell'opera a causa dell'illecito. Tale perdita potrebbe essere determinata nell'importo del compenso che il contraffattore avrebbe pagato al titolare se avesse chiesto e ottenuto una licenza per utilizzare il diritto altrui. Si tratta del criterio basato sul cosiddetto prezzo del consenso. Tuttavia, l'art. 158, comma 2, LA, come modificato in recepimento della direttiva comunitaria sull'*enforcement* dei diritti di proprietà intellettuale (direttiva 2004/48/CE) prevede che la liquidazione del lucro cessante sia valutata con equo apprezzamento delle circostanze del caso concreto tenendo conto anche degli utili realizzati dal contraffattore in violazione del diritto. L'art. 158 LA considera gli utili del contraffattore come parametro per valutare il lucro cessante. Si tratta del cosiddetto criterio della retroversione degli utili cui fa riferimento anche l'art. 125 del d.lgs. 10 febbraio 2005, n. 30 (codice della proprietà industriale). In base a tale criterio il mancato guadagno si può valutare in base alla determinazione del guadagno del contraffattore (A. VANZETTI, V. DI CATALDO, 556 ss.).

Le tesi contrapposte di parte ricorrente e resistente

Sull'esistenza del plagio-contraffazione

Secondo i ricorrenti le Corti di merito avrebbero errato nell'accogliere le pretese della Fondazione accolte dai giudici di primo e secondo grado e quindi nell'affermare la sussistenza del plagio.

I ricorrenti contestano la tesi accolta dai giudici di merito secondo cui le opere di De Lutti sarebbero un palese plagio di quelle di Vedova in quanto sovrapponibili "alla mera vista comparativa" (i dipinti sono "svolti entrambi su due piani, con le medesime masse cromatiche a campitura rossa e gialla e uguale localizzazione dei colori"). Secondo i giudici di merito le opere sarebbero sovrapponibili e la mera differenza dei dettagli di forma – come, per esempio, l'uso della spatola invece del pennello o la dimensione più ridotta di un dipinto rispetto all'altro –, sarebbe irrilevante. Il messaggio artistico, infatti, non risiederebbe nei dettagli della forma. In questo genere artistico assumerebbe piuttosto valore il significato semantico dell'opera che nel caso di specie – secondo la resistente in Cassazione – sarebbe stato palesemente ripreso nell'opera di De Lutti.

A fronte di tale posizione la difesa di De Lutti contesta la sussistenza del plagio sottolineando che l'imitazione dello stile di un artista è libera così come la ripresa dell'idea e quindi del messaggio trasmesso dall'opera. Secondo i ricorrenti, inoltre, nell'arte informale la forma sarebbe difficilmente scindibile dal contenuto: l'idea stessa si sostanzia in macchie e colori, senza nessuna rappresentazione della realtà. La ripresa di elementi generici appartenenti allo stile come chiaro-scuri, forma, collocazione dei segni e colori, tecnica e supporto dell'opera non sarebbero rilevanti al fine della valutazione circa la sussistenza del plagio. Ciò posto, secondo De Lutti per valutare la sussistenza del plagio rispetto a opere appartenenti a tale genere artistico occorrerebbe effettuare una valutazione comparativa analitica delle opere e tenere conto solo della forma, forma che in questo tipo di arte astratta si estrinsecherebbe nei dettagli.

Sulla responsabilità solidale della Galleria d'arte

Accogliendo la domanda della Fondazione, i giudici di merito affermano la responsabilità solidale della Galleria d'arte per avere partecipato alla causazione del danno dell'autore dell''opera plagiata. La responsabilità della Galleria sussisterebbe avendo essa concorso alla promozione diffusione e vendita di tutte le centinaia di opere di De Lutti. L'apporto causale della Galleria sarebbe particolarmente intenso, in ragione dell'utilizzo della televendita. Secondo la tesi della Fondazione accolta dai giudici di merito, dovrebbe reputarsi responsabile dell'illecito civile di plagio-contraffazione chiunque intervenga nella commercializzazione delle opere plagiarie, rientrando nel dovere di diligenza gravante sugli operatori esperti nel mercato dell'arte, la verifica che le opere poste in vendita non si palesino plagiarie. La ricorrente afferma la violazione e falsa applicazione degli artt. 2055 e 2056 c.c.: i giudici di merito, infatti, avrebbero erroneamente ravvisato la responsabilità concorrente della Galleria d'arte.

Secondo i ricorrenti in Cassazione una tale impostazione sarebbe erronea non potendosi imputare alla Galleria d'arte una partecipazione nella responsabilità di chi pone in essere una condotta di plagio-contraffazione per il solo fatto di non avere verificato che le opere poste in vendita non costituissero oggetto di plagio. Nell'impostazione della ricorrente una tale conclusione sarebbe inaccettabile anche perché nella sostanza imporrebbe ad una galleria d'arte l'obbligo di valutare sempre la sussistenza di qualsivoglia plagio nelle opere che commercializza. Tale obbligo sarebbe altamente gravoso se si considerano le caratteristiche del diritto d'autore. A differenza di altri diritti di proprietà intellettuale come, per esempio, i brevetti, le opere non sono soggette a registrazione e quindi ad una forma di pubblicità che renda quantomeno conoscibile la sussistenza di un titolo di proprietà intellettuale. Inoltre, nel diritto d'autore le opere sono protette se creative ma il livello di creatività richiesto per la tutela dell'opera è soggetto alla valutazione discrezionale del giudice di merito.

Sulla legittimazione attiva rispetto al danno morale

La Fondazione chiede e ottiene dai giudici di merito il risarcimento del danno non patrimoniale. La domanda proposta nell'atto di citazione dalla Fondazione aveva ad oggetto la richiesta di risarcimento del danno non patrimoniale per la violazione del diritto morale d'autore di Vedova (*ex* art. 23 LA). Tale domanda è stata modificata in corso di causa e precisamente nella memoria *ex* art. 183 del codice di procedura civile. In quella sede si è posto ad oggetto della domanda di risarcimento il danno non patrimoniale per la violazione dei diritti all'identità morale e patrimoniale della Fondazione medesima. Il risarcimento del danno riguarderebbe perciò non la lesione del diritto morale di Vedova, ma il diritto spettante a titolo originario alla Fondazione e precisamente il diritto alla propria identità personale ed all'immagine quale ente collettivo. La parte ricorrente sostiene che la pronuncia di merito che ha attribuito il risarcimento del danno non patrimoniale alla Fondazione in qualità di erede universale dell'artista veneziano sarebbe erronea. Anzitutto la modifica della domanda sarebbe inammissibile dal punto di vista del diritto processuale in quanto tardiva. Nel merito aggiunge che le prerogative di cui agli artt. 20-23 LA sarebbero riservate solamente ai soggetti espressamente elencati nell'art. 23 della legge 22 aprile 1941, n. 633 (*Protezione del diritto d'autore e di altri diritti connessi al suo esercizio,* d'ora in avanti LA). Questa norma conterrebbe infatti un elenco tassativo di soggetti e, in quanto tassativo, non può essere interpretato estensivamente.

Sulla quantificazione del danno patrimoniale

La parte ricorrente contesta la violazione e falsa applicazione dell'art. 158, comma 2 LA per avere la Corte erroneamente applicato il criterio della retroversione degli utili. Secondo i ricorrenti per la valutazione del danno la Corte avrebbe dovuto considerare che la commercializzazione delle opere di De Lutti non ha causato alcun effettivo danno alla commercializzazione delle opere di Vedova, trattandosi di opere di valore diverso e che raggiungono pertanto diversi mercati (le opere di De Lutti hanno un valore molto più basso di quelle di Vedova).

La Fondazione resistente sostiene, invece, che il criterio applicato dalla Corte di merito prescinde dall'accertamento della sussistenza del danno effettivamente sofferto poiché il criterio della retroversione degli utili cui fa riferimento l'art. 158 LA rifletterebbe la volontà del legislatore di introdurre in questo caso una forma di risarcimento con funzione sanzionatoria più che compensatoria. In altri termini, la resistente sottolinea che l'art. 158 LA introduce un criterio risarcitorio con una funzione diversa da quella di reintegrazione del danno. La norma consentirebbe l'attribuzione al danneggiato degli utili realizzati dal contraffattore. Ciò varrebbe al fine di evitare che il contraffattore possa trarre guadagno dalla contraffazione stessa.

La decisione delle Sezioni Unite

Le massime

(1) "Si configura plagio artistico quando l'opera plagiata è meritevole di protezione presentando i caratteri della originalità creativa riconoscibile – in-

tesa quale forma e non quale idea – e al contempo è positivo il giudizio di comparazione con l'opera plagiaria. In particolare, l'opera plagiaria deve essere priva di scarto semantico, la valutazione deve riguardare le difformità sulle caratteristiche essenziali ed essere complessiva e sintetica".

(2) "In ipotesi di violazione dei diritti morali e patrimoniali d'autore, sono solidalmente responsabili tra loro tutti i soggetti che hanno dato un contributo rilevante all'illecito, ai sensi dell'art. 2055 c.c., così come il soggetto che abbia commercializzato le opere plagiarie nell'ambito della propria attività imprenditoriale, gravando su di esso, in considerazione della diligenza professionale, il dovere di evitare la messa in vendita di opere plagiarie".

(3) "Una fondazione – il cui compito istituzionale è la promozione e la protezione di un artista – è legittimata all'azione di risarcimento del danno non patrimoniale *iure proprio* sofferto, per tale intendendosi la lesione del diritto alla reputazione in un determinato contesto sociale e non la lesione del diritto morale del pittore".

(4) "Nella liquidazione del danno subito dal titolare del diritto di utilizzazione economica di un'opera, il giudice ha il potere-dovere di commisurarlo, nell'apprezzamento delle circostanze concrete, al beneficio tratto dall'attività vietata, che assurge ad utile criterio del lucro cessante, quando è correlato al profitto del danneggiante, avendo questo sfruttato a proprio favore occasioni di guadagno di pertinenza del danneggiato".

(Le massime sono tratte da G. LIBERATI BUCCIANTI, 2018)

Le motivazioni

Sull'esistenza del plagio-contraffazione

La Corte di Cassazione afferma l'infondatezza sotto tutti i profili di questo motivo di impugnazione della sentenza di primo grado sulla base dei seguenti motivi.

"Il plagio [...] si realizza con l'attività di riproduzione – si parla perciò di 'appropriazione' – totale o parziale degli elementi creativi di un'opera altrui, così da ricalcare in modo 'parassitario' quanto da altri ideato e quindi espresso in una forma determinata e identificabile. In secondo luogo, giova osservare come, secondo le elaborazioni degli interpreti, siano stati ormai in modo alquanto consolidato chiariti alcuni principi, che devono guidare il giudizio di fatto di comparazione tra le opere, per giungere ad una valutazione positiva o negativa di plagio. Anzitutto, trattandosi appunto di porre a raffronto due opere, alcuni caratteri sono stati fissati per l'una come per l'altra.

L'opera plagiata, da un lato, deve presentare i caratteri della originalità creativa riconoscibile, sebbene, come questa Corte ha già ritenuto, il concetto giuridico di creatività, cui fa riferimento la legge n. 633/1941, art. 1 non coincida con quello di creazione, originalità e novità assoluta, riferendosi, per converso, alla personale e individuale espressione di un'oggettività appartenente alle categorie [di opere] elencate, in via esemplificativa, nell'art. 1 legge citata, di modo che un'opera dell'ingegno riceva protezione a condizione che sia riscontrabile in essa un atto creativo, seppur minimo" (Cass. 28 novembre 2011, n. 25173; 12 marzo 2004, n. 5089).

Inoltre, non si tutela l'idea in sé, ma la forma della sua espressione, ovvero dalla sua soggettività, di modo che la stessa idea può essere alla base di diverse opere che sono o possono essere diverse per la creatività soggettiva che ciascuno degli autori spende e che, in quanto tale, rileva ai fini della protezione (Cass. 28 novembre 2011, n. 25173, cit.).

Non si parla, dunque, di plagio con riguardo all'idea su cui l'opera si fonda, non proteggendo la disciplina sul diritto d'autore l'idea in sé (ottenibile anche fortuitamente, come autonomo risultato dell'attività intellettuale di soggetti diversi e indipendenti), trovando invece esso il presupposto nell'identità di "espressione", intesa come forma attraverso la quale si estrinseca il contenuto del prodotto intellettuale, meritevole di tutela allorché rivesta il carattere dell'originalità e della personalità: le idee per se stesse non ricevono protezione nel nostro ordinamento, ma è necessario che sia identico il modo in cui sono realizzate e cioè la forma esterna di rappresentazione.

Per quanto riguarda l'opera plagiaria, dall'altro lato, secondo criteri giocoforza più complessi, si ritiene che:

– perché essa sia tale deve, in sintesi, essere priva di un c.d. scarto semantico, idoneo a conferirle rispetto all'altra un proprio e diverso significato artistico, in quanto abbia dall'opera plagiata mutuato il c.d. nucleo individualizzante o creativo (cfr. Cass. 19 febbraio 2015, n. 3340); in sostanza, è necessario che l'autore del plagio si sia appropriato degli elementi creativi dell'opera altrui, ricalcando in modo pedissequo quanto da altri ideato ed espresso in forma determinata e identificabile; al contrario, è esclusa la sussistenza del plagio, allorché la nuova opera si fondi sì sulla stessa idea ispiratrice, ma si differenzi negli elementi essenziali che ne caratterizzano la forma espressiva;

– la verifica va operata sulla base del riscontro delle difformità dalle caratteristiche essenziali, mentre non sono sufficienti originalità di mero dettaglio dell'opera plagiaria (Cass. 15 giugno 2012, n. 9854; 28 novembre 2011, n. 25173; 27 ottobre 2005, n. 20925; 10 marzo 1994, n. 2345; 10 maggio 1993, n. 5346): dunque, non sussiste il plagio qualora due opere, pur avendo in comune il c.d. spunto o motivo ispiratore, differiscano quanto agli ulteriori elementi caratterizzanti ed essenziali, permanendo viceversa il plagio anche quando esso sia "camuffato" (o "mascherato") mediante varianti solo apparenti;

– non rileva in sé la confondibilità tra due opere, alla stregua del giudizio d'impressione utilizzato in tema di segni distintivi dell'impresa, ma la riproduzione illecita di un'opera da parte dell'altra (Cass. 15 giugno 2012, n. 9854; 27 ottobre 2005, n. 20925);

– il giudizio deve seguire una valutazione complessiva e sintetica, non analitica, incentrata sull'esame comparativo degli elementi essenziali delle opere da confrontare, dovendosi cioè valutare il risultato globale o l'effetto unitario.

Rispetto alle opere plagiate, la Corte d'Appello ha applicato i principi predetti, avendo offerto tutela non al contenuto dell'idea come tale, ma proprio alla sua espressione concreta. La Corte d'Appello ha ritenuto necessaria all'ipotesi di plagio l'identità di essenza rappresentativa tra le opere, [...]. Né può predicarsi un diverso e più ampio criterio [...], con riguardo alla corrente artistica della c.d. arte informale, secondo la O. qualificabile radicalmente come "non-arte" o "arte antiformale": concordi o no che siano gli esperti del settore con tali ulteriori definizioni, non si potrebbe non convenire nel senso che, pur quando l'idea artistica si esprima e si concreti mediante linee, segni o aree di macchie o colori, non immediatamente riproduttive di nessuna forma del reale così come questo risulterebbe da una fotografia, ma piuttosto trasfigurandolo ed interpretandolo in maniera affatto originale, resta che proprio la potenza di questa personalissima interpretazione e trasfigurazione va giuridicamente tutelata [...].

[Rispetto alle opere in esame] la corte territoriale, [...] ha ravvisato l'esistenza del plagio: ciò, quanto all'opera (*omissis*), per essere la medesima "quasi del tutto sovrapponibile" al (*omissis*), con ampia descrizione delle identità di posizione dei piani, masse cromatiche, proporzioni, aggiungendo che le minime diversità riscontrate, fuor che costituire segno di rielaborazione creativa, appaiono semplificanti o commerciali (come le minori dimensioni); quanto ai c.d. dischi, la tecnica è la medesima, con ripetizione dei moduli stilistici privi di significato artistico diverso".

Sulla responsabilità solidale della Galleria d'arte

La Suprema Corte accerta l'infondatezza di questo motivo di impugnazione, dando ragione al De Lutti, per i seguenti motivi: "La corte del merito ha applicato il condivisibile principio secondo cui, in ipotesi di violazione dei diritti morali e patrimoniali d'autore, sono solidalmente responsabili tra loro tutti i soggetti che hanno dato un contributo rilevante all'illecito, ai sensi dell'art. 2055 c.c., ivi compreso, dunque, oltre all'autore materiale del plagio, anche il soggetto che abbia commercializzato le opere nell'ambito della propria attività imprenditoriale: nella specie, la galleria d'arte, che le abbia esposte e vendute, sia in via diretta, sia mediante il veicolo della c.d. televendita.

Ha aggiunto la corte del merito che proprio quest'ultimo strumento palesava una particolare idoneità lesiva, attesa la diffusione che permette nella distribuzione dell'opera plagiaria [...].

Non è viziata da errore di diritto la deduzione circa il concorso nella produzione del danno da parte del gallerista, quanto meno a titolo di colpa, dovendo egli rispondere in solido con l'autore delle opere plagiarie, per la violazione del dovere fondamentale di diligenza qualificata, di cui all'art. 1176 c.c., con il conseguente obbligo del risarcimento del danno cagionato [...]. [Si tratta di un] accertamento compiuto di una responsabilità colpevole per l'inadempimento ai doveri di diligenza gravanti sul gallerista d'arte, in ragione della natura dell'attività esercitata.

Pur trattandosi, nella specie, di responsabilità aquiliana e non contrattuale, [...], il concorso colposo del gallerista è stato correttamente individuato nel non avere egli rilevato, con la specifica diligenza professionale, la palese imitazione delle opere di Vedova".

Sulla legittimazione attiva rispetto al danno morale

La Suprema Corte, ritenendo tempestiva la precisazione della domanda della Fondazione, ha confermato la sentenza di merito rigettando il ricorso anche in punto di legittimazione attiva della Fondazione in relazione al risarcimento del danno non patrimoniale. In particolare la Cassazione ha rilevato che il risarcimento del danno non patrimoniale è stato richiesto e riconosciuto non già per la violazione del diritto morale dell'autore *ex* art. 20 LA ma per la violazione del diritto all'immagine della Fondazione medesima.

"La corte del merito ha ritenuto la Fondazione legittimata attiva all'azione di risarcimento, in particolare, del danno non patrimoniale fatto valere, posto che essa non ha esercitato il diritto morale d'autore, di cui alla legge n. 633/1941, artt. 20 e 23 ma un autonomo diritto 'alla propria immagine', quale soggetto preposto a custodire l'opera del medesimo ed a diffonderne la corretta conoscenza".

Sulla quantificazione del danno patrimoniale

Anche rispetto a tale motivo di ricorso la parte ricorrente rimane soccombente avendo la Corte di Cassazione confermato la decisione della Corte di merito. "La corte del merito ha fatto applicazione del principio secondo cui, a norma della legge n. 633/1941, art. 158 la quantificazione del danno subito dal titolare del diritto di utilizzazione economica di un'opera, di cui sia rimasto accertato il plagio, avviene da parte del giudice facendo uso del 'potere-dovere' di commisurarlo, nell'apprezzamento delle circostanze del caso concreto, al beneficio tratto dall'attività vietata, che assurge ad utile criterio di riferimento del lucro cessante, segnatamente quando esso sia correlato al profitto del danneggiante, nel senso che questi abbia sfruttato a proprio favore occasioni di guadagno di pertinenza del danneggiato, sottraendole al medesimo" (Cass. 29 maggio 2015, n. 11225). "Essa ha altresì precisato che si trattò di liquidazione del danno patrimoniale secondo criteri equitativi, sulla base appunto della considerazione del vantaggio conseguito dagli autori dell'illecito.

Del resto, proprio quando, come nella specie, tra prodotto originale e prodotto plagiario sussista una notevole differenza di prezzo, tale da non consentire di ritenere con necessaria certezza che il numero di prodotti venduti corrisponda ad un identico numero di prodotti originali non venduti, il danno patrimoniale risarcibile può essere individuato tenendo quantomeno conto degli utili realizzati. [...] Infine, la deduzione concernente il ridotto valore delle opere plagiarie, rispetto a quello ingente degli originali, non rileva ai fini della quantificazione del danno, che appunto dal prezzo di vendita delle prime, e non delle seconde, ha tratto fondamento e che non vale ad escludere il pregiudizio".

Bibliografia essenziale

Bianca M., *Diritto civile*, vol. 5: La responsabilità, Milano, 2015.

Buccianti Liberati Giovanni, *La Cassazione su plagio artistico e arte informale*, in *La Nuova Giurisprudenza Civile Commentata*, 2018, 983-993.

Pardolesi R., *Danno punitivo*, in *Dig. civ. agg.*, I, 2007, 124.

Plaia Armando, *Proprietà intellettuale e risarcimento del danno*, Roma, 2005.

Ricolfi M., Spada P. Auteri P., Floridia G., Mangini Vito M., Romano R., *Diritto industriale. Proprietà intellettuale e concorrenza*, Torino, 2016.

Spolidoro Marco Saverio, *Il risarcimento del danno nel codice della proprietà industriale. Appunti sull'art. 125 c.p.i.*, in *Riv. dir. ind.*, Milano, 2009.

Ubertazzi Luigi Carlo, Marchetti Gaetano P., *Commentario breve alle leggi su proprietà intellettuale e concorrenza*, Vicenza, 2016.

Vanzetti A., Di Cataldo V., *Manuale di Diritto Industriale*, Milano, 2018.

Precedenti

Sull'oggetto della tutela autoriale e il plagio nell'arte

Cass. 27 giugno 2005, n. 20925, in *Dir. Industriale*, 2006, 3, 290.
Trib. Milano, ord. 13 luglio 2011, in *Giur. comm.*, 2013, II, 109 ss.
Cass. 28 novembre 2011, n. 25173, in *Foro it.*, 2012, I, 74.

Cass. 15 giugno 2012, n. 9854, in *Dir. Industriale*, 2013, 5, 459.
Cass. 19 febbraio 2015, n. 3340, in *Foro it.*, 2015, I, 2031, con nota di CASABURI.
Trib. Venezia, ord. 7 novembre 2015, in *Riv. dir. ind.*, 2018, II, 81, con nota di DONATI.
Trib. Milano, ord. 25 luglio 2017, in *Foro it.*, 2017, I, 3488.

Sulla responsabilità della galleria d'arte

Cass. 3 luglio 1993, n. 7299, in *Giur. it.*, 1994, I, 410, con nota di CARBONE.

Sulla liquidazione equitativa del danno nel plagio

Cass. 11 maggio 2010, n. 11353, in *Foro it.*, 2011, I, 534.
Cass. 29 maggio 2015, n. 11225, in *Annali italiani del diritto d'autore*, 2016, 686.

Sul danno non patrimoniale alle persone giuridiche

Cass. 1° ottobre 2013, n. 22396, in *Danno e resp.*, 2014, 895, con nota di TRECCANI.
Cass. 4 aprile 2017, n. 8662, in *Danno e resp.*, 2017, 481, con nota di BALDESSARE, PARDOLESI.

L'evoluzione della responsabilità civile e i "punitive damages"

Corte di Cassazione, Sezioni Unite, 5 luglio 2017, n. 16601

Fatti e svolgimento del processo

Durante una gara di motocross avvenuta negli Stati Uniti, un concorrente americano riportava delle gravi lesioni a causa di un vizio di fabbricazione del casco protettivo. Il motociclista decideva di agire in giudizio, per ottenere il risarcimento del danno, contro la società italiana ITA s.p.a., produttrice del casco e contro la società americana USA i.n.c., rivenditrice dello stesso.

USA i.n.c. decideva di stipulare un accordo transattivo con il danneggiato, versandogli un'ingente somma di denaro, ben superiore a quella strettamente necessaria a riparare il danno subito. Successivamente, la società americana agiva in giudizio presso la *Circuit Court of the 17th Judicial Circuit for Broward Count (Florida)*, chiedendo di essere manlevata dall'azienda produttrice italiana: con tre sentenze emesse tra il 2008 e il 2010 il giudice americano condannava ITA s.p.a. a tenere indenne USA i.n.c., restituendole la somma pagata al motociclista. Decisioni poi confermate dalla *District Court of Appeal of the State of Florida* e passate in giudicato.

Non avendo ricevuto il pagamento, USA i.n.c. si rivolgeva alla Corte d'Appello di Venezia per il riconoscimento delle sentenze, ai sensi degli artt. 64 e 67 della legge 31 maggio 1995, n. 218 (Riforma del sistema italiano di diritto internazionale privato). La Corte d'Appello, con sent. 3 gennaio 2014, dichiarava efficaci ed esecutive nell'ordinamento italiano le tre pronunce americane. Contro tale decisione ITA s.p.a. proponeva ricorso in Cassazione.

La sez. I della Suprema Corte, ritenendo la questione di particolare importanza, decideva, con ordinanza interlocutoria del maggio 2016, di rimettere gli atti al Primo Presidente, il quale, ravvisando i presupposti di cui all'art. 374, comma 2, c.p.c., assegnava il ricorso alle Sezioni Unite.

La questione di diritto posta al vaglio delle Sezioni Unite della Corte di Cassazione

La questione su cui è chiamata a decidere la Suprema Corte a Sezioni Unite riguarda la delibabilità, e quindi la riconoscibilità e l'idoneità a produrre effetti, all'interno dell'ordinamento italiano, delle sentenze straniere che prevedano la condanna al pagamento di *punitive damages*, ossia di risarcimenti che non si limitino a ristorare un soggetto per un danno subìto, ma che mirino inoltre a punirne/sanzionarne l'autore. Secondo l'orientamento tradizionale, infatti, nell'ordinamento italiano alla responsabilità civile è assegnata la sola funzione di restaurare la sfera patrimoniale della vittima di un illecito, restando escluse finalità ulteriori, quali quella di sanzionare il danneggiante o di dissuadere i consociati dalla commissione di ulteriori illeciti, attraverso l'inflizione di risarcimenti particolarmente severi. Sicché, ci si deve chiedere se i *punitive damages* siano compatibili con il sistema giuridico italiano, oppure se debbano ritenersi contrari all'ordine pubblico (con conseguente non delibabilità delle sentenze che li prevedono).

Premessa. La delibazione delle sentenze straniere e il requisito della non contrarietà all'ordine pubblico

La legge 31 maggio 1995, n. 218, contenente la disciplina del sistema di diritto internazionale privato, ha riformato il sistema di riconoscimento delle sentenze degli ordinamenti esteri. Abrogando l'art. 796 c.p.c., che sottoponeva il riconoscimento delle pronunce straniere ad una particolare procedura da parte della Corte d'Appello competente, detta delibazione, essa ha sancito il principio del riconoscimento automatico delle stesse. In particolare, l'art. 64 della legge n. 218/1995 elenca tassativamente gli elementi necessari affinché la sentenza di un'autorità straniera possa essere riconosciuta in Italia senza che sia necessario il ricorso ad alcuna procedura:

A) il giudice che l'ha pronunciata poteva conoscere della causa secondo i princìpi sulla competenza giurisdizionale propri dell'ordinamento italiano;

B) l'atto introduttivo del giudizio è stato portato a conoscenza del convenuto in conformità a quanto previsto dalla legge del luogo dove si è svolto il processo e non sono stati violati i diritti essenziali della difesa;

C) le parti si sono costituite in giudizio secondo la legge del luogo dove si è svolto il processo o la contumacia è stata dichiarata in conformità a tale legge;

D) essa è passata in giudicato secondo la legge del luogo in cui è stata pronunziata;

E) essa non è contraria ad altra sentenza pronunziata da un giudice italiano passata in giudicato;

F) non pende un processo davanti a un giudice italiano per il medesimo oggetto e fra le stesse parti, che abbia avuto inizio prima del processo straniero;

G) le sue disposizioni non producono effetti contrari all'ordine pubblico.

In questa sede risulta di particolare importanza il disposto della lett. g), che prevede che la sentenza straniera, perché possa essere riconosciuta direttamente in Italia, non deve contenere disposizioni che producano effetti contrari all'ordine pubblico. Quello di ordine pubblico è tuttavia un concetto complesso e poliedrico, difficilmente inquadrabile entro confini definitori precisi: con esso si allude ad un insieme di valori giuridici, sociali, economici, etici e politici esistenti in un dato momento storico, senza il cui rispetto la stessa esistenza dell'ordinamento sarebbe messa in discussione. Per poter essere riconosciuta in Italia, la sentenza straniera non deve porsi in contraddizione con i principi basilari dell'ordinamento, quelli che la Corte di Cassazione ha definito il "complesso dei princìpi fondamentali che caratterizzano la struttura etico-sociale della comunità nazionale in un determinato periodo storico, e nei princìpi inderogabili immanenti nei più importanti istituti giuridici".

Qualora dunque la sentenza straniera possegga tutti i requisiti elencati, essa sarà riconosciuta automaticamente in Italia, senza la necessità di ricorrere ad alcuna procedura. *Quid iuris* tuttavia qualora sorga contestazione circa la sussistenza dei requisiti di cui all'art. 64 o qualora la sentenza non venga adempiuta spontaneamente? Tali eventualità sono contemplate dall'art. 67 della medesima legge, che statuisce che "In caso di mancata ottemperanza o di contestazione del riconoscimento della sentenza straniera [...] chiunque vi abbia interesse può chiedere alla Corte d'Appello del luogo di attuazione l'accertamento dei requisiti del riconoscimento". Perciò in tali casi si dovrà ricorrere ad un procedimento analogo a quello che veniva utilizzato prima della riforma del 1995, ossia alla delibazione delle sentenze straniere; procedimento che, se fino al 1995 costituiva la regola, oggi rappresenta un'eccezione da utilizzare solo in una fase eventuale e patologica, come nel caso di specie, ove da una parte vi era contestazione circa la contrarietà all'ordine pubblico della sentenza comminatoria di *punitive damages*, dall'altra vi era un problema di mancato adempimento spontaneo da parte di ITA s.p.a..

Segue: la nozione di *punitive damages*

Ai fini di una miglior comprensione dell'istituto, appare utile una premessa terminologica: la locuzione "*punitive damages*" non va tradotta, come talvolta si legge, in "danni punitivi". Infatti il *damage*, nel linguaggio giuridico inglese, è un concetto che indica sia il danno sofferto dalla vittima che, come nel caso di specie, la prestazione risarcitoria che l'autore dell'illecito è tenuto a pagare per riparare a tale danno: "*The sum of money the law imposes for a breach of some duty or violation of some right*". Sarà quindi più corretto tradurre con "risarcimento punitivo".

Con l'espressione *punitive damages* (o *exemplary damages*) si fa riferimento ad un istituto di *common law* nato in Inghilterra nel XIII secolo e la cui prima applicazione giurisprudenziale viene tradizionalmente fatta risalire al 1763, con il caso *Wilkes v. Wood*. A partire dal 1964 il ricorso ai *punitive damages* in Inghilterra venne però notevolmente circoscritto dalla *House of Lords* che, pronunciandosi sul caso *Rookes v. Barnard*, impose una serie di limiti tassativi per la comminatoria degli stessi:

– o che vi fosse stata una violazione di determinati diritti fondamentali della persona da parte dello Stato, andando così a costituire una sanzione alle trasgressioni commesse da organi pubblici (*oppressive, arbitrary or unconstitutional action by the servants of the Government*);

– o che si fosse potuta individuare una dolosa volontà del danneggiante di procurarsi un guadagno ingiusto, tale per cui il ricorso al risarcimento ordinario non si sarebbe rivelato sufficiente: a seguito di un calcolo costi/benefici, la commissione dell'illecito sarebbe risultata conveniente nonostante l'inflizione di *ordinary damages* (*conduct calculated to make a profit for himself which may well exceed the compensation payable to the claimant*);

– o, infine, che fosse esistita un'espressa norma autorizzativa (*express authorization by statute*).

Proprio nell'ambito del caso *Rookes v. Barnard* si rinviene la tradizionale definizione di *punitive damages*, contenuta nell'*opinion* di Lord P. A. Devlin: "*Exemplary damages are essentially different from ordinary damages. The object of damages in the usual sense of the term is to compensate. The object of exemplary damages is to punish and deter*" (il risarcimento punitivo è essenzialmente diverso dal risarcimento ordinario. Il secondo ha la normale funzione di compensare il danno subìto. Il primo ha la funzione di punire e prevenire). Gli *exemplary damages* consistono quindi nella condanna del danneggiante al pagamento di una somma di denaro superiore – il cui importo è rimesso al prudente apprezzamento del giudice – rispetto a quella che sarebbe sufficiente per riequilibrare la sfera giuridica del danneggiato (*compensatory damages* o *ordinary damages*), in quanto tesa non tanto – o non solo – a ripristinare lo *status quo ante* dello stesso, ma anche a sanzionare l'autore dell'illecito, nonché a scoraggiare quest'ultimo e gli altri consociati dal compimento di ulteriori illeciti. I *compensatory damages* presentano natura ristoratrice, i *punitive damages* afflittiva e deterrente, e hanno funzione special-preventiva e general-preventiva, tendendo a punire il danneggiato e a dissuadere ogni altro soggetto dal compimento di illeciti. I primi corrispondono alla nozione di risarcimento tipica dei paesi di *civil law*, i secondi assolvono ad una funzione sanzionatoria nei confronti di colui che – fondamentalmente nell'ambito del *tort*, perciò (semplificando) dell'illecito extracontrattuale – abbia tenuto un comportamento doloso, fraudolento, disonesto o profondamente negligente, anche in ragione della gravità del danno sociale arrecato. Perché possa chiedere il risarcimento di *punitive damages*, infatti, è necessario che il danneggiato dimostri che l'autore dell'illecito abbia agito con *malice* (termine approssimativamente riconducibile alla nozione penalistica di dolo) o *gross negligence* (colpa grave). Proprio in quanto non aventi funzione meramente risarcitoria, tipica della responsabilità aquiliana, ma anche funzione deterrente e sanzionatorio-punitiva, gli *exemplary damages* costituiscono una figura che si pone a cavaliere tra diritto privato e diritto pubblico e, segnatamente, tra diritto civile e diritto penale.

Se nell'ordinamento britannico, almeno a partire dal 1964, ai *punitive damages* è stato riservato uno spazio modesto, lo stesso non può dirsi per quello nordamericano, dove essi hanno conosciuto maggior fortuna e sono oggi diffusamente utilizzati. Negli Stati Uniti furono inaugurati con la causa *Genay v. Norris,* nel 1784, ed ebbero successivamente una diffusione crescente, per certi versi incontrollata, sfociata sovente in applicazioni estreme con previsioni di risarcimenti punitivi enormemente maggiori rispetto al danno concretamente subìto. Si arrivò, in taluni casi eclatanti, a risarcimenti equivalenti a 500 volte il valore del pregiudizio subìto. Tale assetto si lega anche alla circostanza che negli USA i procedimenti per responsabilità civile, in primo grado, conoscono l'intervento della giuria, cui spetta decidere sull'ammontare del risarcimento e sulle questioni di fatto, mentre quelle di diritto sono demandate al giudice: ulteriore prova di come in tale ordinamento vi sia una maggior compenetrazione dell'influenza penale nella responsabilità civile, e di come il confine tra le due discipline tenda, in certi settori, a sfumare. È poi un dato di fatto che le giurie siano statisticamente molto severe nello stabilire l'entità dei *punitive damages*, specie quando il danneggiante sia una grande impresa o una multinazionale, e che le quantificazioni decise in primo grado vengano pressoché costantemente ridotte in appello.

Al fenomeno venne posto un freno a metà negli anni '90, segnatamente nella causa *BMW v. Gore*, del 1996. In tale causa, a fronte di un danno quantificato in 4.000,00 dollari, la Suprema Corte dell'Alabama accordò al *plaintiff* (l'attore) un risarcimento punitivo di ben 2 milioni di dollari, peraltro dimezzando l'importo di 4 milioni statuito dalla giuria in primo grado. Per la prima volta la Suprema Corte statunitense ritenne che il divario tra *compensatory damages* e *punitive damages* fosse ampiamente eccessivo (*grossly excessive*), tale addirittura da ledere l'VIII emendamento, che impedisce la comminatoria di sanzioni pecuniarie esorbitanti o eccessive (oltre il ricorso a pene o trattamenti crudeli): "*Excessive bail shall not be required, nor excessive fines imposed, nor cruel and unusual punishments inflicted*". Con tale pronuncia la *Supreme Court* per la prima volta individuò un limite costituzionale a condanne a *punitive damages* manifestamente eccessive rispetto agli *ordinary damages*, poi confermando e ulteriormente sviluppando l'indirizzo nelle cause *Philip Morris USA v. Mayola Williams*, del 2007 e *Exxon Shipping Co. v. Baker*, del 2008.

Aldilà delle descritte distorsioni patologiche, parzialmente corrette dalla *Supreme Court*, quello dei *punitive damages* è un istituto di particolare interesse, che da tempo affascina i giuristi di *civil law*, soprattutto di quanti operano in settori in cui l'applicazione delle regole sul risarcimento del danno inteso in senso tradizionale appare sovente insoddisfacente; per esempio quando gli illeciti appaiano di notevole gravità sotto il profilo soggettivo dell'autore o dal punto di vista del danno sociale arrecato, oppure risultino comunque convenienti per il danneggiante, nonostante la condanna al risarcimento (si pensi alla materia ambientale). Proprio in ciò risiede la *vis attractiva* dell'istituto: nel potersi applicare a tutti quei comportamenti che non appaiano così gravi da meritare sanzioni penali, ma per i quali, al contrario, la sola applicazione del risarcimento del danno non risulti efficace e sufficientemente dissuasiva.

Le tesi contrapposte di parte ricorrente e resistente

La tesi della ricorrente

ITA s.p.a. formula tre motivi di ricorso in Cassazione. È tuttavia il terzo di essi a risultare di particolare interesse, ai fini del presente commento. La ricorrente lamenta violazione dell'art. 64, legge n. 218/1995 e vizio di motivazione da parte della Corte d'Appello veneziana, in quanto non avrebbe tenuto conto che la sentenza del giudice americano concerneva un indennizzo versato al motociclista anche a titolo di danni punitivi, come evincibile dal testo della proposta transattiva, che imputava espressamente "il pagamento di cui alla transazione" a "risarcimento di danni punitivi". La Corte d'Appello, al contrario aveva ritenuto insussistente un risarcimento di *punitive damages*, affermando che il giudice americano si era limitato a condannare ITA s.p.a. a pagare a USA i.n.c. l'importo della transazione, senza precisare di quali danni si trattasse.

La società ricorrente invoca precedenti giurisprudenziali della Corte di Cassazione, con cui erano state dichiarate contrarie all'ordine pubblico – e quindi non delibabili – sentenze contenenti condanne al pagamento di risarcimenti punitivi, chiedendo che lo stesso avvenga nel caso di specie. Lamenta l'abnormità del *quantum* da risarcire, sintomo inequivocabile della natura sanzionatoria del risarcimento imposto, nonché l'insufficienza di motivazione della pronuncia americana circa i parametri seguiti per la determinazione del danno.

La difesa della controricorrente

Benché le argomentazioni della società controricorrente non siano desumibili dalla lettura della sentenza, è probabile che le stesse si siano concentrate nella difesa della pronuncia della Corte d'Appello di Venezia. USA i.n.c. avrà negato che nel caso di specie siano stati liquidati *punitive damages* e, anche nell'ipotesi in cui la sussistenza degli stessi fosse stata riscontrata, ne avrà affermato la compatibilità con l'ordinamento giuridico italiano.

Decisione della Corte

La massima

"Nel vigente ordinamento, alla responsabilità civile non è assegnato solo il compito di restaurare la sfera patrimoniale del soggetto che ha subìto la lesione, poiché sono interne al sistema la funzione di deterrenza e quella sanzionatoria del responsabile civile.

Non è quindi ontologicamente incompatibile con l'ordinamento italiano l'istituto di origine statunitense dei risarcimenti punitivi. Il riconoscimento di una sentenza straniera che contenga una pronuncia di tal genere deve però corrispondere alla condizione che essa sia stata resa nell'ordinamento straniero su basi normative che garantiscano la tipicità delle ipotesi di condanna, la prevedibilità della stessa ed i limiti quantitativi, dovendosi avere riguardo, in sede di delibazione, unicamente agli effetti dell'atto straniero e alla loro compatibilità con l'ordine pubblico".

Le motivazioni

L'esito dei tre motivi sostenuti dalla società ricorrente conduce al rigetto del ricorso; nel confermare la sentenza della Corte d'Appello, le Sezioni Unite ritengono che, nel caso di specie, non vi siano state condanne al pagamento di *punitive damages*, ma la sola condanna al pagamento dell'importo della transazione, senza ulteriori specificazioni. Tuttavia la Suprema Corte, in applicazione del disposto dell'art. 363, comma 3, c.p.c., approfitta dell'inammissibilità del terzo motivo di ricorso per l'enunciazione del principio di diritto di cui alla massima, trattandosi di una questione di particolare importanza, oggetto da anni di ricchi dibattiti dottrinali.

Le Sezioni Unite ricordano i precedenti della stessa Corte di Cassazione, e segnatamente la sent. n. 1183/2007 e la sent. n. 1781/2012, con le quali era stato rifiutato il riconoscimento in Italia di sentenze statunitensi comminatorie di *punitive damages*. Ciò sulla base dell'affermata estraneità al risarcimento del danno dell'idea di sanzione e di punizione. La responsabilità aquiliana presentava, secondo la Suprema Corte, carattere monofunzionale, avente la sola finalità di compensare il soggetto danneggiato del pregiudizio subìto, restaurando la sua sfera patrimoniale e nulla di più (*tout le dommage, mais rien que le dommage*). La condanna al pagamento di risarcimenti esemplari si poneva in contrasto con l'ordine pubblico.

Con la sentenza in commento, le Sezioni Unite decidono di operare un importante *revirement*, ritenendo superato il descritto indirizzo. Il ragionamento parte dalla considerazione della traiettoria che l'istituto della responsabilità aquiliana ha assunto nel corso degli ultimi decenni, avendo lentamente, ma inesorabilmente assunto una natura più sfaccettata: essa mantiene indubitabilmente una preponderante funzione riparatoria e compensativa, tendente al ripristino dello *status quo ante* e al riequilibrio della sfera giuridico-patrimoniale del danneggiato. Ma tale primaria funzione non ha impedito l'emergere di una natura polifunzionale della responsabilità, che risponde anche ad altre esigenze, prime fra tutte quella sanzionatorio-punitiva e quella preventiva (deterrente o dissuasiva).

A sostegno del mutamento d'indirizzo le Sezioni Unite partono dal dato normativo, constatando come, nel corso degli anni, siano state introdotte una serie di norme che, sebbene asistematicamente, hanno previsto ipotesi di risarcimento più complesse, spesso tendenti a sanzionare l'autore dell'illecito. Tra le ipotesi più rilevanti possono citarsi:

– la legge 22 aprile 1941, n. 633, art. 158 e il d.lgs. 10 febbraio 2005, n. 30, art. 125 (Codice della proprietà industriale), che riconoscono al danneggiato un risarcimento che tenga conto degli utili realizzati in violazione del diritto, qualora l'autore dell'illecito abbia ottenuto un profitto maggiore rispetto al danno subìto dalla vittima;

– sempre il d.lgs. 10 febbraio 2005, n. 30 che, agli artt. 124 comma 2 e 131 comma 2, prevede che il giudice, una volta accertata una violazione di un diritto di proprietà industriale e pronunciata un'inibitoria, possa fissare una somma dovuta per ogni violazione o inosservanza successivamente constatata e per ogni ritardo nell'esecuzione del provvedimento;

– l'art. 709-*ter* c.p.c. che, nell'ambito delle controversie insorte tra genitori riguardanti l'esercizio della responsabilità genitoriale o le modalità dell'affidamento della prole, ha stabilito che il giudice, a fronte di gravi inadempienze o di comportamenti pregiudizievoli di uno dei genitori, possa emettere nei confronti di quest'ultimo pronunce di condanna al risarcimento dei danni, la cui natura assume sembianze punitive;

– l'art. 96, comma 3, c.p.c., che prevede la possibilità che il giudice, anche d'ufficio, condanni la parte soccombente al pagamento di una somma di denaro equitativamente determinata, qualora abbia abusato del processo [una previsione del tutto analoga è dettata per il processo amministrativo dall'art. 26, comma 2, d.lgs. 2 luglio 2010, n. 104 (codice del processo amministrativo)]. Anche la Corte costituzionale, nella sent. n. 152/2016, ha riconosciuto la "natura non risarcitoria (o, comunque, non esclusivamente tale) e, più propriamente, sanzionatoria, con finalità deflattive" della disposizione;

– la legge 8 febbraio 1948, n. 47, in materia di diffamazione a mezzo stampa, il cui art. 12 garantisce alla persona offesa, oltre il diritto al risarcimento dei danni, la possibilità di ottenere un'ulteriore somma a titolo di riparazione, determinata in relazione alla gravità dell'offesa ed alla diffusione dello stampato;

– l'art. 614-*bis* c.p.c. (e l'analogo art. 114 del codice del processo amministrativo), che prevedono che il giudice possa, su richiesta di parte, oltre che condannare il soccombente ad una prestazione consistente in un *facere* o in un *non facere*, fissare una somma di denaro che quest'ultimo sarà tenuto a pagare per ogni violazione o inosservanza successiva, o per ogni ritardo nell'esecuzione del provvedimento, "tenuto conto del valore della controversia, della natura della prestazione, del danno quantificato o prevedibile e di ogni altra circostanza utile"; in tal modo esercitando una pressione psicologica sul soccombente ed inducendolo ad adempiere alla prestazione cui è stato condannato;

– numerose altre disposizioni in materia laburistica, consumeristica, ambientale, locatizia, di intermediazione finanziaria, la cui natura non solo risarcitoria è stata talvolta affermata anche dalla giurisprudenza costituzionale (cfr. le sentt. nn. 303/2011 e 152/2016 della Consulta), come riportato dalle stesse Sezioni Unite, nella sentenza in commento, quando affermano che "Vi è dunque un riscontro a livello costituzionale della cittadinanza nell'ordinamento di una concezione polifunzionale della responsabilità civile, la quale risponde soprattutto a un'esigenza di effettività della tutela che in molti casi, della cui analisi la dottrina si è fatta carico, resterebbe sacrificata nell'angustia monofunzionale".

Per la Suprema Corte le norme citate non hanno sconvolto l'essenza della responsabilità civile, la cui funzione primaria rimane quella di restaurare la sfera patrimoniale del soggetto che ha subìto la lesione; denotano tuttavia, e qui sta uno dei passaggi più significativi della sentenza, una "curvatura deterrente/sanzionatoria" dell'istituto aquiliano. Quello degli *exemplary damages* non appare più un istituto del tutto alieno ed incompatibile con il diritto italiano, soprattutto in ragione delle sopracitate norme che hanno già da tempo introdotto forme di risarcimento "spurie", con funzione non solo ripristinatoria. Ma come superare l'ostacolo rappresentato dalla contrarietà all'ordine pubblico, di cui all'art. 64, legge n. 218/1995? Proprio esso aveva impedito, in passato, il riconoscimento di simili sentenze nordamericane in Italia. Ebbene, le Sezioni Unite chiariscono innanzitutto che quello di ordine pubblico è un concetto che deve essere riletto in chiave sovranazionale, avendo subìto una progressiva evoluzione interpretativa: da complesso di valori e princìpi che caratterizzano la struttura etico-sociale di un ordinamento in un dato momento storico, esso è "divenuto il distillato del sistema di tutele approntate a livello sovraordinato rispetto a quello della legislazione primaria, sicché occorre far riferimento alla Costituzione e, dopo il trattato di Lisbona, alle garanzie approntate ai diritti fondamentali dalla Carta di Nizza, elevata a livello dei trattati fondativi dell'Unione europea dall'art. 6 TUE". Da strumento di protezione dell'ordinamento interno dalla minaccia di sentenze straniere che rischiassero di minarne la coerenza interna, l'ordine pubblico ha assunto un ruolo di promozione dei valori condivisi all'interno dell'Unione europea. Naturalmente l'ordine pubblico interno non è stato sostituito dall'ordine pubblico internazionale, ponendosi gli stessi in un rapporto di autonomia e coesistenza; ai fini della valutazione dei presupposti per il riconoscimento di sentenze straniere il giudice italiano dovrà indagare la conciliabilità di queste ultime con l'insieme dei valori basilari derivanti dai principi della Costituzione e da quelli internazionali.

E dal momento che la responsabilità civile, "contrattuale" ed extracontrattuale, pur mantenendo una preponderante funzione riparatorio-compensativa, ha assunto una natura polifunzionale che talvolta le affida anche finalità punitive e deterrenti, si può concludere per la non incompatibilità tra l'ordine pubblico, come reinterpretato in chiave sovranazionale, e le sentenze straniere comminatorie di risarcimenti punitivi, purché vengano rispettati determinati limiti individuati dalla Suprema Corte, ossia che:

– l'ordinamento straniero rispetti il principio di legalità, nel senso che le ipotesi di condanne a risarcimenti punitivi siano descritte con precisione ed il giudice le applichi in ossequio ai principi di tipicità e prevedibilità;
– il risarcimento punitivo non sia sproporzionato rispetto alla gravità dell'illecito e non vi sia un eccessivo divario rispetto a quello ordinario compensativo.

Brevi note esplicative

Una volta sancita la compatibilità dell'istituto dei *punitive damages* con l'ordinamento giuridico italiano, occorre interrogarsi circa il reale impatto che la sentenza in commento è verosimilmente destinata ad avere nel nostro panorama giuridico; ossia se la stessa produrrà effetti modificativi della natura della responsabilità nell'ordinamento italiano, oppure se avrà rilievo solamente da un punto di vista internazionalprivatistico. In altri termini, può ritenersi che a partire dalla sentenza in commento i giudici italiani, sulla scorta della riconosciuta natura sfaccettata della responsabilità civile, potranno liberamente pronunciare sentenze di condanna, oltre che all'ordinario risarcimento dei danni, anche al pagamento di *punitive damages*? Oppure essa avrà il più limitato effetto di permettere la delibazione di sentenze straniere comminatorie di risarcimenti punitivi? Nonostante esistano voci più suggestive in dottrina, è con ogni probabilità la seconda la tesi ad essere corretta. È vero che le Sezioni Unite hanno parlato di concezione polifunzionale della responsabilità civile e di curvatura deterrente/sanzionatoria dell'istituto aquiliano; così come avevano già affermato, nella sent. n. 9100/2015, che la funzione sanzionatoria del risarcimento non è più inconciliabile con i principi generali del nostro ordinamento, viste le numerose norme che hanno introdotto forme di risarcimenti *lato sensu* sanzionatori. Ma è la stessa Corte di Cassazione a tenere un atteggiamento di *self-restraint*, nel momento in cui afferma che l'apertura verso il riconoscimento di una natura polifunzionale della responsabilità non consente "ai giudici italiani che pronunciano in materia di danno extracontrattuale, ma anche contrattuale, di imprimere soggettive accentuazioni ai risarcimenti che vengono liquidati". I tribunali non potranno liberamente decidere di esaltare i tratti punitivi e deterrenti della responsabilità, attraverso il ricorso a risarcimenti che tendano a sanzionare il colpevole più che a ristorare il danneggiato. Questo perché gli artt. 23 e 25 Cost. sanciscono il principio di legalità e richiedono un'intermediazione legislativa per qualsiasi prestazione patrimoniale imposta ai cittadini, per evitare che essi vengano arbitrariamente gravati da obblighi i cui contenuto ed entità non siano prestabiliti dalla legge. Naturalmente, ove il legislatore abbia espressamente previsto la possibilità di comminare risarcimenti ulteriori, come nelle ipotesi sopraelencate, *nulla quaestio*. Ma in assenza di tale puntuale previsione il ricorso ad *exemplary damages* deve ritenersi precluso: sarà sempre necessaria l'intermediazione della legge, perché dove vi è punizione v'è bisogno delle guarentigie parlamentari.

Perciò, l'effetto che sicuramente la sentenza produce è quello di permettere il riconoscimento di sentenze straniere – e segnatamente nordamericane – nel nostro ordinamento, sempre che esse siano state deliberate nel rispetto del principio di legalità e non comminino risarcimenti punitivi del tutto sproporzionati rispetto alla gravità dell'illecito e al danno concretamente arrecato.

Al contempo, ritenere che la sentenza in esame comporti conseguenze esclusivamente su un piano internazionalprivatistico appare forse riduttivo. Soprattutto *de iure condendo*, ad essa va tributato un peso maggiore, derivante dall'aver inferto un duro colpo al dogma della monofunzionalità della responsabilità, aprendo la strada a nuove opportunità, oltre che a nuovi interrogativi, per il diritto civile italiano. Anche se è estremamente improbabile, e forse pericolosa, l'ipotesi di un trapianto *tout court* del modello dei *punitive damages* nel nostro ordinamento, così diverso da quelli, di *common law*, che ne hanno costituito la culla.

Precedenti giurisprudenziali

Cass., sez. III, 19 gennaio 2007, n. 1183.
Corte cost., 11 novembre 2011, n. 303.
Cass., sez. I, 8 febbraio 2012, n. 1781.
Cass., Sez. Un., 6 maggio 2015, n. 9100.
Corte cost., 23 giugno 2016, n. 152.

Bibliografia essenziale

Bianca C.M., *Qualche necessaria parola di commento all'ultima sentenza in tema di danni punitivi*, in *giustiziacivile.com*, 2018.

Giglio D., *Considerazioni a margine di Cassazione sez. un. 5 luglio 2017 n. 16601*, in *Dir. civ. contemp.*, 2018.

Grondona M., *La polifunzionalità della responsabilità civile e l'*ubi consistam *ordinamentale dei "risarcimenti punitivi"*, in *Politica del diritto*, 2018.

Lucchini Guastalla E., *La compatibilità dei danni punitivi con l'ordine pubblico alla luce della funzione sanzionatoria di alcune disposizioni normative processualcivilistiche*, in *Resp. civ. prev.*, 2016.

Ponzanelli G., *I* punitive damages *nell'esperienza nord-americana*, in *Riv. dir. civ.*, 1983.

Ponzanelli G., *I danni punitivi*, in *Nuova giur. civ. comm.*, 2008.

Ponzanelli G., *Le Sezioni Unite sulla delibazione di sentenze straniere di condanna a danni punitivi*, in *Quotidiano giuridico*, 12 luglio 2017.

Savoia R., *Le Sezioni Unite aprono la strada al riconoscimento in Italia di sentenze straniere che contengano risarcimenti punitivi*, in *Diritto & Giustizia*, 2017.

Scognamiglio C., *Quale futuro per i danni punitivi? (aspettando la decisione delle Sezioni Unite)*, in *giustiziacivile.com*, 2017.

Tocci M., *Il danno punitivo in prospettiva comparatistica*, Bologna, 2014.

Tutela dei diritti

La trascrizione del contratto preliminare per persona da nominare

Corte di Cassazione, sez. II, 24 gennaio 2017, n. 1797

Fatti e svolgimento del processo

In data 8 agosto 2003 Tizio e Caio stipulano un contratto preliminare di compravendita di un immobile con cui il primo (promittente venditore) si obbliga a stipulare un contratto definitivo di compravendita con il secondo (promissario acquirente). Il contratto preliminare contiene una clausola con cui Caio si riserva la facoltà di nominare un terzo quale acquirente definitivo, così dando luogo ad un contratto preliminare per persona da nominare. In data 5 settembre 2003 il contratto preliminare viene trascritto, senza che tuttavia nella nota di trascrizione venga riportata la riserva di nomina. Ai sensi dell'art. 1401 c.c. Caio individua nella società Alfa l'acquirente definitivo. La società Alfa stipula il contratto definitivo di acquisto dell'immobile in data 12 febbraio 2004; il contratto definitivo viene trascritto in data 25 febbraio 2004. Tuttavia tra il 5 settembre 2003 e il 25 febbraio 2004 vengono iscritte numerose ipoteche a carico di Tizio sull'immobile oggetto della compravendita da parte di vari istituti bancari. Un'ultima ipoteca viene iscritta in data 29 aprile 2004.

La società Alfa, nel maggio 2005, conviene in giudizio gli istituti bancari di fronte al Tribunale di Milano sostenendo che l'ipoteca del 29 aprile 2004 fosse stata illegittimamente iscritta, mentre le ipoteche iscritte tra il 5 settembre 2003 e il 25 febbraio 2004 non le fossero opponibili, in quanto successive alla trascrizione del preliminare. In ragione di ciò la società Alfa chiede che il tribunale condanni gli istituti bancari a cancellare le ipoteche. A tale pretesa si oppongono due istituti, uno dei quali in particolare sostiene che il diritto di credito alla base dell'iscrizione dell'ipoteca era sorto anteriormente alla stipula del contratto definitivo e che, soprattutto, la nota di trascrizione del preliminare non conteneva alcun riferimento alla riserva di nomina. Sulla scorta di quest'ultimo elemento, il meccanismo di prenotazione del preliminare non sarebbe efficace nel caso di specie, poiché esso opera solo nel caso in cui vi sia identità tra il soggetto contraente del preliminare e il soggetto contraente del definitivo o, ancora, nel caso in cui la nota di trascrizione del preliminare riporti la riserva di nomina di un terzo quale contraente definitivo (cosa che, nell'ipotesi al vaglio del tribunale, non si era verificata).

Il Tribunale di Milano, con sentenza del novembre 2007, accoglie la domanda della società Alfa, dichiarando inefficaci e inopponibili le ipoteche iscritte dai vari istituti bancari. Due degli istituti propongono appello contro la sentenza del Tribunale, chiedendo venga dichiarata l'efficacia e opponibilità delle ipoteche iscritte verso la società

Alfa. La Corte d'Appello di Milano, con sentenza del febbraio 2012, accoglie il gravame avanzato dalle banche. I giudici di secondo grado ritengono che la trascrizione del preliminare produca i suoi effetti prenotativi e di opponibilità solo se vi è una correlazione tra il contenuto del preliminare e quello del definitivo. La correlazione tra questi due termini va effettuata tenendo conto delle sole note di trascrizione. Se nella nota di trascrizione del preliminare non viene inserito alcun riferimento alla riserva di nomina, l'effetto prenotativo della trascrizione si avrà unicamente nei rapporti tra il promittente venditore e il promissario acquirente. Poiché nel caso di specie la nota di trascrizione del preliminare non contiene riferimenti alla riserva di nomina, le ipoteche iscritte dalle banche prima del 25 febbraio 2004 sono opponibili alla società Alfa. L'ipoteca iscritta il 29 aprile 2004 viene considerata illegittima perché successiva alla trascrizione del contratto definitivo.

Contro la sentenza della Corte d'Appello di Milano la società Alfa propone ricorso per Cassazione sulla base di due motivi.

La questione di diritto posta al vaglio della Corte di Cassazione

La questione su cui la sez. II della Corte di Cassazione è chiamata a pronunciarsi può essere così riassunta: a quali condizioni l'effetto prenotativo che deriva dalla trascrizione del preliminare ai sensi dell'art. 2645-*bis* c.c. è in grado di spiegare la sua efficacia anche nei confronti del terzo indicato come acquirente definitivo dal promissario acquirente in forza di una clausola di riserva di nomina contenuta nel contratto preliminare stesso?

Premessa: la trascrizione del contratto preliminare per persona da nominare

La comprensione della soluzione individuata dalla Corte di Cassazione per il caso di specie richiede di svolgere alcune brevi premesse in merito al contratto preliminare e alla sua trascrizione, al contratto per persona da nominare e alle interazioni che si possono avere tra il primo e il secondo.

Il contratto preliminare rappresenta una forma di contratto ad effetti obbligatori con cui le parti si vincolano a stipulare un successivo contratto definitivo. Il c.c. non offre alcuna definizione di contratto preliminare, anche se è menzionato in alcuni articoli. La mancanza di definizione fa sì che si tratti di uno strumento molto duttile che può essere utilizzato in contesti e per la conclusione di definitivi diversi, seppure di fatto sia impiegato, come peraltro nel caso di specie, soprattutto nel trasferimento di diritti reali (SICCHIERO, 376-377). L'art. 1351 c.c. stabilisce che il contratto preliminare sia nullo se non viene fatto nella medesima forma richiesta per il definitivo: ciò implica, nel caso di contratti preliminari riguardanti il trasferimento di diritti reali, che anche il preliminare debba avere la forma dell'atto pubblico o della scrittura privata (art. 1350 c.c.). Quanto al contenuto del contratto preliminare, si applicano le disposizioni che riguardano il contratto in generale, a partire dall'art. 1325 c.c. che, come noto, fissa i requisiti essenziali del contratto. In particolare il preliminare dovrà già identificare in modo sufficiente gli elementi del definitivo, pena il rischio della sua nullità (SICCHIERO, 424 ss.).

La funzione del contratto preliminare è tradizionalmente individuata nella necessità di, da un lato, "bloccare" l'affare e, dall'altro lato, esaminare o risolvere alcune questioni complementari prima di concludere l'affare stesso. La funzione prenotativa del contratto preliminare è rafforzata dalla prassi di accompagnare la stipula del preliminare con la dazione di una caparra e, come meglio vedremo a breve, dalla sua trascrivibilità. Ad esempio, nel caso del preliminare di compravendita immobiliare, una parte, seppur interessata all'acquisto dell'immobile, potrebbe voler posticipare il suo acquisto nell'attesa di compiere verifiche sulla regolarità materiale e giuridica dell'immobile stesso o nell'attesa di ricevere un finanziamento da un istituto bancario. Il preliminare consente di prenotare l'acquisto dell'immobile e, al contempo, di godere del tempo necessario a svolgere i controlli o gli adempimenti indicati.

Un'ultima notazione meritano le conseguenze derivanti dall'inadempimento del preliminare, fattispecie che si verifica nel caso in cui una parte illegittimamente rifiuti di stipulare il definitivo. Poiché il contratto preliminare dà luogo ad un obbligo di *facere*, diviene impossibile costringere la parte inadempiente a stipulare un contratto che non vuole. L'art. 2932 c.c. giunge in soccorso in tali ipotesi prevedendo che il creditore possa ottenere una sentenza costitutiva che produca i medesimi effetti del contratto definitivo, sempre che ciò sia materialmente possibile e non sia stato escluso convenzionalmente dalle parti.

L'art. 2645-*bis* c.c. prevede che i contratti preliminari che abbiano ad oggetto, tra le altre cose, il trasferimento della proprietà di un immobile o di altro diritto reale possano essere oggetto di trascrizione nei pubblici registri. La disposizione in esame è stata introdotta con il d.l. n. 669 del 31 dicembre 1996 (convertito nella legge n. 30 del 28 febbraio 1997) al fine di ovviare ad alcuni problemi pratici che si erano verificati. Infatti il contratto preliminare, in quanto avente effetti solo obbligatori, non sarebbe di per sé opponibile ai terzi. Ciò poteva ad esempio portare a casi di c.d. doppia alienazione immobiliare, in cui il proprietario di un immobile dapprima concludeva un contratto preliminare di compravendita con un promissario acquirente e poi, prima che venisse stipulato il definitivo, vendeva il medesimo immobile ad un terzo soggetto. Se il terzo acquirente trascriveva prontamente il contratto di vendita era in grado di prevalere sul promissario acquirente, il quale non poteva opporre al terzo di aver stipulato, prima di lui, un preliminare di compravendita per il medesimo immobile. Il comma 2 dell'art. 2645-*bis* c.c. stabilisce ora che la trascrizione del contratto definitivo che sia esecuzione di un contratto preliminare a sua volta trascritto prevale su eventuali altre iscrizioni e/o trascrizioni avvenute nel periodo intercorrente tra la trascrizione del preliminare e quella del definitivo. L'art. 2645-*bis* c.c. ha quindi l'evidente finalità di rafforzare la tutela offerta al promissario acquirente. Tale tutela è tuttavia subordinata a due condizioni (SCOGNAMIGLIO, 252). La prima è data dalla c.d. sequenza di trascrizioni, e cioè dal fatto che non basta la trascrizione del preliminare, ma è necessaria anche la trascrizione del definitivo o della sentenza che ne produce gli effetti *ex* art. 2932 c.c., nel caso di inadempimento dell'obbligo di contrarre. La seconda condizione ha natura temporale: la trascrizione del definitivo deve avvenire entro un anno dalla data convenuta tra le parti per la conclusione del definitivo stesso o entro tre anni dalla trascrizione del preliminare. Trascorsi tali termini, gli effetti del preliminare cessano e si considerano come mai prodotti (art. 2645-*bis*, comma 3, c.c.). A ciò si deve aggiungere il requisito della coincidenza, soggettiva ed oggettiva, tra preliminare e definitivo (DELLE MONACHE, 19 ss.). Con tale espressione si intende la corrispondenza che deve esistere sia tra il bene individuato nel preliminare e quello poi specificato nel definitivo (coincidenza oggettiva), sia tra il promissario acquirente che ha stipulato il preliminare e il soggetto che stipula il definitivo, che diviene quindi l'acquirente finale (coincidenza soggettiva). La possibilità di avere un preliminare per persona da nominare mette in crisi il requisito della coincidenza soggettiva, poiché, come vedremo, l'acquirente risultante dal definitivo potrebbe essere diverso dal promissario acquirente risultante dal preliminare.

A questo riguardo, qualche breve cenno deve essere dedicato anche al contratto per persona da nominare. Si tratta di una fattispecie prevista all'art. 1401 ss. c.c. in forza del quale "nel momento della conclusione del contratto una parte può riservarsi la facoltà di nominare successivamente la persona che deve acquistare i diritti e assumere gli obblighi nascenti dal contratto stesso". Attraverso la riserva di nomina lo stipulante sostituisce alla propria figura un terzo, il quale diverrà titolare dei diritti e obblighi scaturenti dal contratto *ex tunc*. La dichiarazione di nomina del terzo assume il nome di *electio* e, per essere efficace, deve non solo essere accettata dal terzo (*electus*), ma anche comunicata alla controparte. In luogo dell'accettazione da parte dell'*electus* è sufficiente la presenza di una procura anteriore al contratto in capo allo stipulante-procuratore. Vi è poi un requisito formale. L'art. 1403, comma 1, c.c. stabilisce che l'*electio*, nonché la procura o l'accettazione del terzo devono rivestire la medesima forma del contratto. A questa prima previsione, il comma 2 ne aggiunge una seconda in materia di pubblicità. Se il contratto è soggetto ad una qualche forma di pubblicità, anche la dichiarazione di nomina sarà soggetta al medesimo requisito pubblicitario, con l'indicazione anche dell'atto di procura o dell'accettazione del terzo che sottostà alla nomina. La dichiarazione di nomina deve avvenire entro tre giorni dalla stipulazione del contratto; ma tale termine può essere derogato dalle parti prevedendo nel contratto un termine più lungo. Se l'*electio* non avviene entro il termine previsto, l'art. 1405 c.c. prevede che il contratto produca i suoi effetti tra i contraenti originari.

La natura del contratto per persona da nominare è controversa (STELLA 1047; AZZARO 752-753). La tesi tradizionale lo considera una forma di rappresentanza *in incertam personam*, mentre la tesi contraria lo qualifica come un doppio contratto. Il contratto originario sarebbe sottoposto a condizione risolutiva; vi sarebbe poi un secondo contratto, sottoposto a condizione sospensiva, intercorrente tra stipulante ed *electus*. La dichiarazione di nomina del terzo costituirebbe l'evento che avvererebbe la condizione risolutiva di cui al contratto originario e soddisferebbe al contempo la condizione sospensiva, rendendo così efficace il contratto tra stipulante ed *electus*. Vi è chi poi ritiene che il contratto per persona da nominare dia luogo ad una facoltà alternativa di sostituzione nel rapporto, analogamente a quanto accade nel caso delle obbligazioni dove si distingue tra obbligazioni alternative e obbligazioni con facoltà alternativa (GAZZONI, 397).

Le interazioni tra contratto preliminare e contratto per persona da nominare possono essere plurime. La dottrina (SICCHIERO, 406 ss.) ha notato che non vi è alcun limite generale che impedisca di inserire in un contratto preliminare una clausola che preveda la facoltà di nomina di un terzo, ma che è necessario distinguere il contratto preliminare per persona da nominare dal contratto preliminare a favore del terzo. Nella prima ipotesi non viene indicato il nome del terzo, mentre nel caso del preliminare a favore del terzo la figura di quest'ultimo deve già risultare dal contratto.

Gli usi pratici della combinazione preliminare – riserva di nomina possono essere ricondotti a due fattispecie principali (CAPECCHI, 843-844). La prima è data da ipotesi speculative di c.d. *short trading*: "il soggetto interessato a compiere la speculazione stipula dapprima un contratto preliminare di acquisto per persona da nominare; successivamente, individuato il soggetto al quale cedere i diritti del preliminare ad un prezzo maggiore di quello previsto nel contratto preliminare, nomina quest'ultimo quale terzo acquirente nel precedente preliminare, trattenendo per sé la plusvalenza realizzata" (CAPECCHI, 843). Una seconda fattispecie è rappresentata dal tentativo di eludere le ragioni dei creditori. Il debitore, al fine di sottrarre i propri beni alle azioni esecutive dei creditori, può ad esempio stipulare un contratto preliminare per persona da nominare con un soggetto compiacente, ottenendo così di fatto un periodo di (massimo) tre anni entro cui individuare, insieme con lo stipulante compiacente, un acquirente vero e proprio. A queste due fattispecie se ne possono aggiungere altre, quali ad esempio il risparmio tributario che si ha evitando il doppio passaggio di proprietà (CALVO, 1335; ALAMANNI, 64-65), l'aggiramento del divieto di esercizio della mediazione per soggetti non iscritti all'albo, la finalità liberale, la necessità di "bloccare" l'affare per il tempo necessario a costituire una società che diventi poi l'effettiva proprietaria del bene oggetto del contratto (SICCHIERO, 407).

Le tesi contrapposte di parte ricorrente e resistente

Le richieste della parte ricorrente

La ricorrente solleva due motivi di ricorso. Con il primo si lamenta che la Corte d'Appello avrebbe escluso l'esistenza di un collegamento tra la dichiarazione di nomina effettuata da Caio a favore della società Alfa e il contratto preliminare stipulato da Caio con Tizio nonostante la nota di trascrizione del definitivo contenesse precisi riferimenti alla riserva di nomina del terzo. Con il secondo motivo, collegato strettamente al primo, la ricorrente sostiene che la Corte d'Appello avrebbe erroneamente ritenuto che, nel provare la sussistenza del collegamento tra il preliminare e il definitivo, non sia sufficiente che nella trascrizione si dia atto che il definitivo costituisce esecuzione del preliminare precedentemente trascritto e che sia trascritta altresì la dichiarazione di nomina.

La difesa della parte resistente

La parte resistente si oppone alle richieste del ricorrente.

Decisione della Corte

La massima

Affinché, in presenza di un contratto per persona da nominare, l'*electus* possa godere degli effetti prenotativi del preliminare, anche quanto alle ipoteche iscritte contro il promittente alienante nel lasso di tempo che intercorre tra la trascrizione del contratto preliminare e quello del contratto definitivo, è necessario, ma al contempo sufficiente, che la dichiarazione di nomina venga trascritta entro il termine stabilito nel contratto preliminare e, comunque, entro quello previsto nell'art. 2645-*bis*, comma 3, c.c., non occorrendo altresì che la riserva di nomina risulti dalla nota di trascrizione del preliminare.

Le motivazioni

La sez. II della Corte di Cassazione accoglie i motivi di ricorso avanzati dalla società Alfa statuendo che, anche se nella nota di trascrizione del preliminare non è stata indicata la presenza di una riserva di nomina, la trascrizione della dichiarazione di nomina è sufficiente a far scattare l'effetto prenotativo derivante dalla trascrizione del preliminare stesso. La Corte giunge a tale conclusione sulla scorta di due argomenti, il primo teleologico, il secondo di ordine letterale-sistematico.

Quanto al primo, i giudici ritengono sia indifferente per i creditori che abbiano iscritto ipoteca (nel caso di specie: i vari istituti bancari creditori nei confronti di Tizio) la trascrizione o meno della riserva di nomina nella nota di trascrizione del preliminare. Infatti, con la trascrizione del preliminare, anche se, lo si ripete, omettendo di riportare nella nota di trascrizione la riserva di nomina, i creditori sanno già che ad un terzo (il promissario acquirente ed eventualmente l'*electus*, se il contratto contiene una clausola di riserva di nomina) non potranno essere opposti diritti sorti successivamente alla trascrizione del preliminare stesso. La Corte pone in particolare il caso in cui il promissario acquirente non eserciti la riserva di nomina e, ai sensi dell'art. 1405 c.c., divenga l'acquirente definitivo: anche in questo caso, ragionano i giudici, "ugualmente l'iscrizione ipotecaria avvenuta successivamente alla trascrizione del contratto preliminare gli sarebbe inopponibile [i.e. sarebbe inopponibile al promissario acquirente]". Ad ulteriore sostegno dell'argomento teleologico i giudici specificano che il contratto per persona da nominare rientra nella più ampia fattispecie della rappresentanza per cui la dichiarazione di nomina dell'*electus*, seguita dalla sua accettazione, determina la sostituzione *ex tunc* del nominato all'originario contraente. La dichiarazione di nomina, redatta nelle forme prescritte e debitamente trascritta, e l'accettazione dell'*electus* sono necessarie e sufficienti a generare l'effetto sostitutivo retroattivo, senza che sia altresì richiesta la presenza della trascrizione della riserva di nomina.

L'argomento letterale – sistematico si fonda sul dettato dell'art. 1403, comma 2, c.c., a mente del quale è richiesta la trascrizione della dichiarazione di nomina, unitamente all'indicazione dell'atto di procura o dell'accettazione dell'*electus*, se il contratto in cui la riserva di nomina è inserito richiede tale formalità. Secondo i giudici il riferimento espresso alla sola dichiarazione di nomina, e non alla riserva di nomina, dovrebbe portare ad escludere che quest'ultima debba essere trascritta. L'interpretazione offerta trova sostegno nel comma 2 dell'art. 2645-*bis* c.c., "il quale conferisce rilevanza assorbente alla trascrizione del contratto definitivo"; in altri termini, e fatti salvi gli effetti prenotativi che scaturiscono dal preliminare, è solo ed unicamente al contratto definitivo debitamente trascritto che ci si deve rifare per risolvere contrasti tra diritti trascritti o iscritti in tempi diversi.

L'ultimo profilo che viene affrontato dalla Corte riguarda il collegamento tra il contratto preliminare e il contratto definitivo. Come visto, un requisito importante perché la trascrizione del preliminare possa determinare l'effetto prenotativo è che questa sia seguita dalla trascrizione del definitivo (c.d. sequenza delle trascrizioni). Ciò implica che il definitivo debba essere collegato sul piano sostanziale e funzionale al preliminare. Per la Cassazione tale collegamento è assicurato, da un lato, dalla presenza della riserva di nomina nel preliminare e, dall'altro lato, dalla trascrizione del preliminare, della dichiarazione di nomina e del contratto definitivo, non essendo quindi necessaria la trascrizione della riserva di nomina. Attraverso queste catena di trascrizioni è possibile verificare che il definitivo costituisce adempimento dell'obbligo di stipulare derivante dal preliminare "sia sul piano oggettivo (con la identità del diritto, del bene e del rapporto giuridico), che sul piano soggettivo (con la identità delle persone del terzo menzionato nel contratto preliminare e dell'acquirente definitivo)".

Brevi note esplicative

Il caso portato all'attenzione della Corte di Cassazione costituisce una fattispecie mai affrontata prima. I giudici dei diversi gradi di giudizio non rinvengono infatti precedenti su cui fondare la propria decisione. La novità della questione affrontata spiega in parte le diverse soluzioni prospettate dalla Corte d'Appello e dalla sez. II della Corte di Cassazione.

La Corte d'Appello aveva fondato la soluzione adottata sull'applicazione analogica dei principi elaborati a livello giurisprudenziale in materia di effetti prenotativi derivanti dalla trascrizione di domande giudiziali. Per i giudici dell'appello l'art. 2645-*bis* c.c. porrebbe una disciplina integrativa rispetto a quella prevista dall'art. 2652 n. 2) c.c., il quale pone l'obbligo di trascrivere le domande giudiziali volte ad ottenere l'esecuzione in forma specifica dell'obbligo a contrarre *ex* art. 2932 c.c. Richiamando un precedente della Cassazione del 2001, la Corte d'Appello rileva che la trascrizione prevista dall'art. 2652 c.c. produce i suoi effetti solo se vi è perfetta corrispondenza tra quanto riportato nella nota di trascrizione della domanda giudiziale e la sentenza che si vuole opporre a terzi. Da ciò, in via analogica e in considerazione del collegamento esistente tra art. 2645-*bis* e art. 2652 n. 2), i giudici dell'appello ritengono che il requisito della perfetta coincidenza si applichi anche alla relazione tra nota di trascrizione del preliminare e definitivo attuativo del preliminare.

Come visto, la Corte di Cassazione non accoglie la ricostruzione proposta dalla Corte d'Appello, senza tuttavia contestare apertamente le argomentazioni svolte dai giudici meneghini, bensì limitandosi a preferire una ricostruzione alternativa basata sui due argomenti prima ricordati. La soluzione accolta dai giudici di ultima istanza ha diviso la dottrina che ha commentato la sentenza.

Alcuni autori aderiscono alla decisione. Per Calvo se è vero che la nota di trascrizione del preliminare deve riportare il contenuto essenziale dell'atto trascritto, sia sotto il profilo soggettivo che oggettivo, è altrettanto vero che la redazione di tale nota è caratterizzata da un principio antiformalistico. Per questo Autore "non basta che la nota tralasci di segnalare una clausola contrattuale al fine di pregiudicare gli effetti che la legge le attribuisce, dovendo l'interprete assodare se l'evocata omissione (o imprecisione) generi incertezza o ambiguità sulla vicenda giuridica innervata dall'atto" (CALVO, 1338). La mancata indicazione della riserva di nomina non costituirebbe un'omissione tale da inficiare la nota di trascrizione poiché, anche se la riserva fosse stata menzionata nella nota, permarrebbe in ogni caso un'incertezza soggettiva in quanto non è possibile conoscere chi sarà l'*electus* (e, più radicalmente, se ve ne sarà uno). A tal fine è quindi sufficiente, come peraltro indicato dalla Cassazione, che venga trascritta la dichiarazione di nomina, l'unico atto in grado di dare certezza soggettiva definitiva nel caso di contratto per persona da nominare. Per Paone la soluzione è corretta, anche se la questione non si ritiene impostata correttamente. In particolare, "le ipoteche erano state iscritte dagli istituti di credito non nei confronti del promissario acquirente, titolare della facoltà di nomina del terzo, bensì nei confronti del promittente alienante: pertanto, le stesse erano a monte inopponibili a quest'ultimo, a prescindere dalla verifica della correlazione tra i titoli contrattuali e dall'effettiva trascrizione della riserva di nomina e dell'*electio amici*" (PAONE, 1649).

Altri autori criticano la sentenza. Per DI MAJO (1051) il punto di partenza avrebbe dovuto essere, da un lato, quello della coincidenza, soggettiva ed oggettiva, tra preliminare e definitivo e, dall'altro lato, i precisi oneri di pubblicità degli atti che riguardano i diritti sugli immobili che prendono corpo nella nota di trascrizione. È alla nota di trascrizione che si deve guardare per valutare la coincidenza, soggettiva ed oggettiva, tra preliminare e definitivo. Se nella nota di trascrizione del preliminare non figura la riserva di nomina, giocoforza mancherà la coincidenza soggettiva tra il soggetto che figura nella nota di trascrizione del preliminare (il promissario acquirente: Caio nel caso di specie) e il soggetto che figura nella nota di trascrizione del definitivo (l'*electus*: la società Alfa nel caso di specie). Gli argomenti teleologico e letterale – sistematico utilizzati dalla Corte non sono sufficienti a superare gli oneri pubblicitari ricordati, per cui le ipoteche iscritte dagli istituti bancari sarebbero opponibili anche alla società Alfa. Per Capecchi la sentenza della Cassazione è criticabile per gli effetti che potrebbe produrre a danno dei creditori. Infatti il contratto preliminare per persona da nominare potrebbe essere utilizzato artatamente per ostacolare le pretese dei creditori; questo porrebbe in dubbio l'argomentazione teleologica fatta propria dai giudici (CAPECCHI, 845-846). Lo stesso argomento letterale – sistematico non sarebbe pienamente convincente perché riconduce il contratto per persona da nominare nell'alveo della rappresentanza, mentre altra tesi, cui si è fatto cenno *supra*, lo configura come fattispecie che dà luogo a due contratti, uno sottoposto a condizione risolutiva, il secondo a condizione sospensiva. La diversità di configurazione ha ricadute anche sulla questione affrontata dalla Cassazione. Se il contratto per persona da nominare ha la natura del doppio contratto condizionato è "necessario fare menzione, nella nota di trascrizione del contratto preliminare, dell'apposizione della condizione", mentre la trascrizione della dichiarazione di nomina deve essere effettuata *ex* art. 2655 c.c. (e non *ex* art. 2645-*bis* c.c.) poiché si tratta di un atto che riguarda l'avveramento della condizione risolutiva cui era soggetto il preliminare (CAPECCHI, 846). Infine, il richiamo alla lettera dell'art. 1405 c.c., a mente del quale solo la dichiarazione di nomina deve essere trascritta, seppur formalmente corretto, determina in concreto la prevalenza del contenuto del contratto preliminare sulla nota di trascrizione dello stesso, in questo modo ponendosi in contrasto con l'orientamento giurisprudenziale pacifico secondo cui la nota di trascrizione prevale sul contenuto dell'atto (CAPECCHI, 846-847).

Dottrina autorevole si era già occupata del tema affrontato dalla Corte di Cassazione, giungendo alla conclusione per cui "la prevalenza dell'*electus* non è subordinata alla indicazione della riserva di nomina nella nota di trascrizione del contratto poiché mediante tale trascrizione i creditori e gli aventi causa dal promittente vengono, per così dire, tagliati fuori definitivamente, essendo rispetto ad essi indifferente che l'acquisto si consolidi in capo allo stipulante o al soggetto nominato" (LUMINOSO, 1053; in senso conforme: GAZZONI, 397; NICOLÒ, 95). Non sono tuttavia mancate altre voci altrettanto autorevoli che hanno ritenuto necessaria la menzione della riserva di nomina all'interno della nota di trascrizione del preliminare (DELLE MONACHE, 23-24; GABRIELLI, 542; TRIOLA, 117; SICCHIERO, 530). Infine, vi è chi rileva come le ricadute della mancata menzione della riserva di nomina nella nota di trascrizione debbano essere differenziate a seconda che si prenda in considerazione l'opponibilità nei confronti degli aventi causa del promittente venditore oppure del promissario acquirente. Nella prima ipotesi la mancata specificazione della riserva non inficia l'efficacia prenotativa del preliminare; mentre nella seconda ipotesi sì (GABRIELLI, 542). Nel caso di specie, poiché il problema riguardava gli aventi causa del promittente venditore (gli istituti bancari che avevano iscritto ipoteca contro Tizio), il preliminare sarebbe stato opponibile anche a tali soggetti. La soluzione da ultimo prospettata pare la più equilibrata e in linea con le funzioni proprie della trascrizione; una soluzione che conferma la correttezza della decisione adottata dalla Cassazione ma che, al contempo, ne limita la portata operativa.

Precedenti giurisprudenziali

In senso favorevole alla tesi della parte ricorrente

Non si rinvengono precedenti in termini

In senso favorevole alla tesi della parte resistente

Trib. Venezia, 15 aprile 2015, in *Il foro padano*, 2016, I, 116, con nota di MASO.

Altri precedenti rilevanti per il caso

Cass. 23 luglio 1994, n. 6885, in *Foro it.*, Rep. 1994, voce *Contratto in genere*, n. 404.
Cass. 18 maggio 2001, n. 6581, in *Foro it.*, Rep. 2001, voce *Trascrizione*, n. 25.

Bibliografia essenziale

ALAMANNI A., *Preliminare per persona da nominare*, in F. ALCARO (a cura di), *Circolazione del contratto preliminare. Profili ricostruttivi e strumenti operativi*, Milano, 2011, 59.

AZZARO A.M., *Il contratto per persona da nominare*, in *Vol. III - Obbligazioni – Tomo II - Il contratto in generale*, in *Dir. civ.*, diretto da Lipari e Rescigno, Milano, 2009, 751.

CAPECCHI M., *L'effetto prenotativo della trascrizione del preliminare con riserva di nomina*, in *Nuova giur. civ. comm.*, 2017, 843.

DELLE MONACHE S., *La trascrizione del contratto preliminare*, in *Le nuove leggi civili commentate*, 1998, 1.

GABRIELLI G., *La pubblicità immobiliare del contratto preliminare*, in *Riv. dir. civ.*, 1997, I, 529.

GAZZONI F., *La trascrizione degli atti e delle sentenze*, in *Vol. I - Trattato della trascrizione*, diretto da Gabrielli e Gazzoni, Torino, 2012.

LUMINOSO A., *La trascrizione del contratto per persona da nominare*, in *Riv. dir. civ.*, 2015, I, 1049.

NICOLÒ R., *La Trascrizione*, I, Milano, 1973.

SCOGNAMIGLIO C., *La conclusione e la rappresentanza*, in *Vol. III - Obbligazioni – Tomo II - Il contratto in generale*, in *Dir. civ.*, diretto da Lipari e Rescigno, Milano, 2009, 195.

SICCHIERO G., *Il contratto preliminare*, in M. COSTANZA (a cura di), *Vol. III - Effetti*, *Trattato del contratto*, diretto da Roppo, Milano, 2006, 375.

STELLA G., *La rappresentanza*, in C. GRANELLI (a cura di), *Vol. I - Formazione, Trattato del contratto*, diretto da Roppo, Milano, 2006, 723.

TRIOLA R., *La trascrizione*, in *Trattato di dir. priv.*, diretto da Bessone, Torino, 2012.

Commenti alla sentenza in epigrafe

In *Corr. giur.*, 2017, 1333, con nota di R. CALVO.
In *Foro it.*, 2017, I, 1643, con nota di G. PAONE.
In *Giur. it.*, 2017, 1047, con nota di A. DI MAJO.
In *Riv. not.*, 2017, II, 547, con nota senza nome.

Sulla tassatività dei modi di interruzione della prescrizione

Corte di Cassazione, sez. II, ord. 28 febbraio 2019, n. 6029

Fatti e svolgimento del processo

Con atto di citazione risalente al 2011 Tizio evocava in giudizio innanzi al Tribunale di Trani, sezione distaccata di Barletta, i quattro fratelli Caio, Sempronia, Mevia e Filana per sentir dichiarare l'intervenuto acquisto per usucapione della piena proprietà di un terreno sito in Barletta. L'attore affermava che il proprio padre aveva posseduto *uti dominus* detto terreno per oltre vent'anni e che il possesso, dopo il decesso del genitore avvenuto nel 1987, era continuato in capo ad esso attore (c.d. *successio possessionis*). I convenuti resistevano alla domanda attorea chiedendo, in via riconvenzionale, l'accertamento della loro proprietà sul bene oggetto di causa.

Il Tribunale rigettava la domanda principale, accogliendo quella riconvenzionale. Il giudice accertava che il terreno in questione era stato concesso in affitto al padre di Tizio dal padre dei quattro fratelli convenuti, sicché non si poteva configurare alcun possesso valido *ad usucapionem*, ma una mera detenzione. Inoltre non risultavano, successivamente, atti di interversione nel possesso compiuti dall'attore o dal suo genitore, mentre – al contrario – la madre dei convenuti aveva pagato il contributo per la custodia del fondo nel 1983 e i convenuti stessi avevano posto in essere una serie di atti comunque idonei ad interrompere l'eventuale prescrizione acquisitiva, l'ultimo dei quali consisteva nell'indicazione del terreno oggetto di causa nella denuncia di successione della madre, presentata nel 1991. Secondo il Tribunale, essendo questo l'ultimo atto interruttivo da considerare, al momento della citazione non era decorso il ventennio utile *ad usucapionem* (seppur per pochi mesi).

Tizio presentava gravame presso la Corte d'Appello di Bari, la quale tuttavia respingeva l'appello e confermava la sentenza di primo grado. Ad avviso della Corte, i convenuti avevano manifestato il loro interesse per il bene oggetto di causa mediante una serie di atti, l'ultimo dei quali era la denuncia di successione del 1991, a decorrere dalla quale non si era compiuto il ventennio prima della notificazione della citazione introduttiva del giudizio.

Tizio presentava ricorso in Cassazione; resistevano con controricorso i fratelli Caio, Sempronia, Mevia e Filana.

La questione di diritto posta al vaglio della Suprema Corte

La Suprema Corte è chiamata a risolvere la questione circa la tassatività, o meno, degli atti idonei ad interrompere la prescrizione. Infatti, l'art. 2943 c.c., dedicato agli atti interruttivi della prescrizione estintiva, viene applicato anche alla c.d. prescrizione acquisitiva (ossia all'usucapione), grazie al rimando di cui all'art. 1165 c.c. ("Le disposizioni generali sulla prescrizione, quelle relative alle cause di sospensione e d'interruzione e al computo dei termini si osservano, in quanto applicabili, rispetto all'usucapione").

La Cassazione deve risolvere il contrasto circa la natura aperta o tassativa degli atti elencati dall'art. 2943 c.c.

Le tesi contrapposte di parte ricorrente e resistente

La tesi del ricorrente

Secondo la prospettazione di Tizio, la Corte d'Appello avrebbe errato nel ritenere gli atti elencati nella sentenza, tra cui la denuncia di successione risalente al 1991, come idonei ad interrompere il possesso *ad usucapionem*, data la natura tassativa degli atti interruttivi della prescrizione (estintiva e acquisitiva) previsti dalla legge e la necessità che essi siano rivolti direttamente nei confronti del possessore.

La difesa dei controricorrenti

I fratelli Caio, Sempronia, Mevia e Filana condividono l'impostazione accolta dal Tribunale e dalla Corte d'Appello. Premesso che il padre di Tizio prima, e Tizio stesso dopo, non avrebbero mai avuto un valido possesso, ma una mera detenzione rispettosa dei diritti riconosciuti ad altri, comunque i vari atti compiuti nel corso degli anni, l'ultimo dei quali è consistito nell'inserimento del bene controverso nella denuncia di successione della madre, sarebbero inequivocabilmente idonei ad interrompere lo scorrere del tempo idoneo per l'eventuale usucapione.

Decisione della Corte

La massima

"In tema di possesso '*ad usucapionem*', con il rinvio fatto dall'art. 1165 c.c. all'art. 2943 c.c. la legge elenca tassativamente gli atti interruttivi, sicché non è consentito attribuire tale efficacia ad atti diversi da quelli stabiliti dalla norma, per quanto con essi si sia inteso manifestare la volontà di conservare il diritto, giacché la tipicità dei modi di interruzione della prescrizione non ammette equipollenti".

Le motivazioni

La Corte di Cassazione, con l'ordinanza in commento, accoglie il ricorso di Tizio, aderendo all'orientamento già espresso in precedenza (Cass. 27 agosto 2012, n. 14659; Cass. 25 luglio 2011, n. 16234; Cass. 11 giugno 2009, n. 13625), secondo cui gli atti interruttivi della prescrizione (acquisitiva ed estintiva) sono tassativi; ha pertanto cassato la sentenza gravata che aveva riconosciuto efficacia interruttiva del possesso, rilevante ai fini dell'usucapione, all'atto di inserimento del bene controverso nella denuncia di successione e ha rinviato la causa alla Corte d'Appello di Bari, in diversa sezione.

Ai sensi dell'art. 2943 c.c. l'interruzione, funzionale a consentire un nuovo periodo di prescrizione, può consistere:

- nella notificazione dell'atto con il quale si inizia un giudizio (a prescindere dalla circostanza che esso sia di cognizione, conservativo o esecutivo);
- nella domanda proposta nel corso di un giudizio;
- in ogni altro atto che valga a costituire in mora il debitore;
- nell'atto notificato con il quale una parte, in presenza di compromesso o clausola compromissoria, dichiara la propria intenzione di promuovere il procedimento arbitrale, propone la domanda e procede, per quanto le spetta, alla nomina degli arbitri.

La genericità della norma potrebbe lasciar ritenere che i modi di interruzione della prescrizione siano sostanzialmente atipici. Tuttavia, la Suprema Corte decide di ribadire l'opposto orientamento dominante, secondo cui le cause di interruzione della prescrizione sono tassativamente fissate per legge, non potendosene prevedere ulteriori rispetto a quelle espressamente contemplate. Pertanto, l'art. 2943 c.c. non è passibile di interpretazione analogica e l'elencazione da esso prevista non ammette equipollenti. L'atto di inserimento del bene immobile nella denuncia di successione della madre, da parte dei controricorrenti, benché inequivocabilmente diretto a manifestare la volontà di conservare il diritto, non può ritenersi idoneo ad interrompere il periodo utile per l'usucapione altrui.

Brevi note esplicative

È noto come il fattore tempo rivesta un ruolo di primaria importanza nel diritto. Il decorso di un determinato periodo di tempo, unito solitamente ad altri presupposti, può portare ad una serie di conseguenze volte ad arricchire od impoverire il patrimonio giuridico di un soggetto; in particolare, può portare all'acquisto o all'estinzione di una determinata situazione giuridica soggettiva, data la tendenza dell'ordinamento a far coincidere le posizioni di diritto con quelle di fatto.

Per quel che concerne le vicende estintive, si distinguono i due istituiti della prescrizione e della decadenza.

La prescrizione si basa sull'inerzia prolungata del titolare di un diritto che omette di esercitarlo per un certo periodo di tempo (che varia a seconda della natura del diritto in questione e delle peculiarità del rapporto concreto). L'ordinamento non tollera le situazioni di incertezza, come quella che si crea nell'ipotesi in cui un diritto non venga esercitato dal titolare, ingenerando la convinzione che tale diritto non esista o non esista più. Il titolare di un diritto, facendo uso dei poteri ad esso collegati, dimostra la sua persistente volontà di non separarsene. Qualora invece non si avvalga per un periodo prolungato di tempo del diritto, tacitamente dimostra un disinteresse cui conseguirà la perdita definitiva della posizione giuridica.

È bene precisare che tutti i diritti sono soggetti a prescrizione, ad eccezione dei diritti della personalità, del diritto di proprietà (e della relativa azione di rivendicazione), dell'azione di petizione dell'eredità, dell'azione di nullità e di altri casi previsti dalla legge, soprattutto in ambito di diritto di famiglia (art. 2934 c.c.: "Ogni diritto si estingue per prescrizione, quando il titolare non lo esercita per il tempo determinato dalla legge. Non sono soggetti alla prescrizione i diritti indisponibili e gli altri diritti indicati dalla legge").

Pur trattandosi di due istituti che, da un punto di vista pratico, si assomigliano, giuridicamente prescrizione e decadenza presentano rilevanti differenze. Innanzitutto la prescrizione può essere prevista solo dalle legge, mentre un termine decadenziale può essere statuito anche dalle parti. Il termine decadenziale, inoltre, è perentorio e inesorabile, senza che rilevino impedimenti di sorta. Il fatto oggettivo del trascorrere del tempo produce la perdita di un diritto, potendo la stessa essere impedita solo attraverso l'esercizio di una determinata attività e non rilevando le circostanze soggettive che hanno causato l'inutile decorso del tempo.

La distinzione forse più rilevante tra i due istituti discende però dal fatto che la prescrizione – e non anche la decadenza – conosce i fenomeni della sospensione e della interruzione.

La sospensione della prescrizione deriva dall'esistenza di un particolare rapporto esistente tra le parti (emblematico il caso dei coniugi non legalmente separati), o dalla condizione del titolare.

L'interruzione della prescrizione, invece, si verifica qualora il titolare del diritto ponga in essere un atto che consista nell'esercizio del diritto stesso, oppure qualora il titolare della situazione giuridica passiva riconosca l'altrui diritto.

Gli effetti che derivano dell'uno o dall'altro istituto sono decisamente diversi tra loro, in quanto la sospensione produce una parentesi (il periodo anteriore al verificarsi della causa di sospensione si somma con quello successivo), mentre ogni volta che si verifica una causa di interruzione inizia un nuovo periodo prescrittivo.

Gli atti idonei ad interrompere la prescrizione sono elencati dall'art. 2943 c.c.

Come accennato *supra*, in forza dell'art. 1165 c.c. le disposizioni generali concernenti la prescrizione, le cause di sospensione e di interruzione e il computo dei termini si osservano, in quanto applicabili, rispetto all'usucapione.

Quest'ultima rappresenta un modo di acquisto della proprietà a titolo originario e, come la prescrizione estintiva, si basa sullo scorrere del tempo e sull'inerzia del titolare di un diritto, ma dalla stessa si differenzia poiché diretta a provocare non l'estinzione, bensì l'acquisto di un diritto. L'attività necessaria affinché un soggetto possa acquisire, usucapendolo, un bene su cui grava un diritto reale altrui è il possesso, una situazione di fatto definita come il potere sulla cosa che si manifesta in un'attività corrispondente all'esercizio della proprietà (o, eventualmente, di altro diritto reale). Tale possesso, per sfociare nell'usucapione, deve presentare alcune caratteristiche:

– deve protrarsi per un determinato periodo di tempo determinato dalla legge;

– deve essere continuativo ed ininterrotto;

– deve essere ottenuto senza violenza né clandestinità, altrimenti non sarà utile per l'usucapione se non dal momento in cui la violenza o la clandestinità saranno cessate.

Situazione diversa dal possesso è la detenzione, che si caratterizza per il riconoscimento e il rispetto dell'altruità del diritto. Anch'essa si sostanzia nella materiale disponibilità della *res*, ma si distingue nettamente dal possesso quanto all'elemento psicologico. Quest'ultimo postula la volontà di atteggiarsi come il titolare del diritto (si parla di *animus possidendi*), mentre nella detenzione tale requisito difetta (c.d. *animus detinendi*), poiché il detentore, lo si ripete, riconosce l'altruità della titolarità del bene o del diritto.

La distinzione è assai importante, tra l'altro, perché solo il possesso, e non anche la detenzione, può avere come esito l'usucapione. Affinché un'iniziale detenzione possa tramutarsi in un vero e proprio possesso, è necessario che intervenga un'interversione del possesso, ossia un atto di opposizione che il detentore manifesti al possessore, dichiarando di voler iniziare a possedere la *res* a nome proprio, oppure un fatto proveniente da un terzo.

Per evidenti ragioni di certezza giuridica, l'atto di opposizione, per essere idoneo a trasformare la detenzione in possesso, non può consistere in un mero atto del foro interno, dovendo rivestire carattere esteriore, manifestabile, percepibile: deve trattarsi di un atto che spieghi una rilevanza esterna, in modo da assicurare certezza circa le intenzioni del possessore.

Nel caso di specie, il corretto inquadramento della situazione di fatto di Tizio (e di suo padre), se cioè si sia trattato di un possesso o di una mera detenzione, passa in secondo piano, poiché il motivo di ricorso si è incentrato sulla possibilità – negata dalla Suprema Corte – di far rientrare l'atto di indicazione di un terreno nella denuncia di successione tra gli atti idonei ad interrompere la prescrizione, di cui all'art. 2943 c.c. Sarà una diversa sezione della Corte d'Appello di Bari, rispetto a quella che ha pronunciato la sentenza cassata, a dover riconsiderare il problema, alla luce del principio di diritto pronunziato dalla Cassazione nella sentenza in commento.

Precedenti giurisprudenziali

Cass., sez. II, 19 giugno 2003, n. 9845.
Cass., sez. II, 11 giugno 2009, n. 13625.
Cass., sez. II, 25 luglio 2011, n. 16234.
Cass., sez. II, 27 agosto 2012, n. 14659.

Bibliografia essenziale

CERVELLI S., *I diritti reali, III edizione*, Milano, 2014.
GALATI A., *Dell'usucapione. Artt. 1158-1167*, Milano, 2013.
GERARDO M., MUTARELLI A., *Prescrizione e decadenza nel diritto civile: aspetti sostanziali e strategie processuali*, Torino, 2015.
TORRENTE A., SCHLESINGER P., *Manuale di diritto privato, XXIII edizione*, Milano, 2017.
TRAVAGLINO G., *Le stagioni della prescrizione estintiva*, in *Quest. giust.*, 2017.

L'assoggettabilità ad azione revocatoria dell'atto istitutivo di un trust

Corte di Cassazione, sez. I, ord. 15 aprile 2019, n. 10498

Fatti e svolgimento del processo

Tizio, marito di Caia e padre di Tizietto e Caietta, risultava fideiussore della società Sempronia s.r.l. che, a sua volta, era debitrice di somme di rilevante entità nei confronti della banca di credito cooperativo Mevia.

Tizio e Caia decidevano di costituire un *trust* su tutti i beni immobili di loro proprietà, avente come scopo la "tutela dei bisogni della famiglia"; in forza di tale *trust*, i beni immobili venivano successivamente intestati e trasferiti al *trustee* Filano, fratello di Tizio.

La banca Mevia, dopo aver inutilmente tentato di escutere la società Sempronia s.r.l., che risultava sostanzialmente incapiente, decideva di citare in giudizio, davanti al Tribunale di Crema, Tizio, Caia, Tizietto, Caietta e Filano, chiedendo al giudice la dichiarazione di inefficacia e inopponibilità nei propri confronti (e, quindi, la revocatoria) dell'atto istitutivo del *trust*, *ex* art. 2901 c.c., trattandosi di un atto pregiudizievole per le ragioni creditorie.

Nel 2013 il Tribunale di Crema accoglieva la domanda della banca attrice e dichiarava, nei suoi confronti, l'inefficacia del trasferimento operato da Tizio in capo al *trustee* Filano della quota di un 1/2 di sua proprietà dei relativi immobili.

Contro tale decisione proponevano appello Tizio e Caia, ritenendo non sottoponibile ad azione revocatoria un atto che, in quanto meramente istitutivo di un *trust*, non provocava alcun trasferimento patrimoniale e non poteva essere definito un atto di disposizione.

Nel 2014 la Corte d'Appello di Brescia respingeva l'appello di Tizio e Caia; a parere della Corte, qualora la costituzione di un *trust* contenga tutti i presupposti che rendono concreta la fattispecie dell'atto pregiudizievole ai creditori, esso risulterà passibile di azione revocatoria ai sensi dell'art. 2901 c.c., come ogni altro negozio.

Avverso la sentenza, Tizio e Caia ricorrevano in Cassazione.

La questione di diritto posta al vaglio della Suprema Corte

La questione su cui è chiamata a decidere la Suprema Corte concerne l'assoggettabilità a revocatoria dell'atto istitutivo di *trust*.

Può l'atto istitutivo del *trust* essere oggetto dell'azione di cui agli artt. 2901 e segg.? Oppure deve ritenersi che, non avendo lo stesso effetti dispositivi, l'azione revocatoria potrà tuttalpiù rivolgersi contro il successivo atto di disposizione con cui i beni sono trasferiti al fiduciario (*trustee*) o posti sotto il controllo dello stesso?

Premessa. Brevi cenni in tema di azione revocatoria

Ai sensi dell'art. 2740 c.c., il debitore risponde dell'adempimento delle proprie obbligazioni con tutti i suoi beni presenti e futuri. La norma descrive la c.d. garanzia patrimoniale generica del creditore: quest'ultimo, qualora il debitore risulti inadempiente alle proprie obbligazioni, potrà aggredire il suo patrimonio per soddisfare il proprio credito. Poiché i beni del debitore rivestono tale importante funzione di garanzia, l'ordinamento predispone degli strumenti cui il creditore può fare ricorso nell'eventualità in cui il debitore metta a repentaglio la possibilità di essere escusso.

Oltre all'azione surrogatoria – che permette al creditore di superare l'inerzia pregiudizievole del debitore, sostituendosi a quest'ultimo nell'esercizio dei diritti e delle azioni spettantegli, in via giudiziale come in via stragiudiziale – e al sequestro conservativo, il codice civile prevede, agli artt. 2901-2904, l'azione revocatoria (o *actio pauliana*). Essa opera nella situazione inversa rispetto all'azione surrogatoria: se quest'ultima si esercita in caso di inerzia pregiudizievole del debitore, l'*actio pauliana* risulterà utile nell'ipotesi in cui quest'ultimo ponga in essere atti di disposizione volti a modificare in senso peggiorativo il proprio patrimonio. Naturalmente al debitore non potrà essere impedito di svolgere qualsiasi attività che provochi un mutamento *in pejus* dell'attivo patrimoniale; l'azione revocatoria potrà essere vittoriosamente esperita soltanto qualora vi siano delle alterazioni del patrimonio tali da rendere improbabile, incerta, o anche solo più difficoltosa l'esecuzione coattiva del credito. E tali alterazioni potranno essere sia quantitative (il debitore dona un immobile o lo aliena a prezzo ad un prezzo inferiore a quello di mercato), che qualitative (il debitore aliena un immobile al prezzo di mercato, ma è noto come il denaro sia molto più semplice da occultare. Oppure il debitore aliena un bene immobile che vale 500, e ne acquista 5 che valgono 100 ciascuno: è assai più difficoltoso agire esecutivamente su 5 beni immobili anziché su uno solo).

Per esperire vittoriosamente l'*actio pauliana* il creditore dovrà dimostrare la sussistenza dei seguenti presupposti:

1. un diritto di credito verso il debitore;
2. un atto di disposizione da parte del debitore che determini una modificazione in senso deteriore della consistenza del proprio patrimonio;

3. l'*eventus damni*, per tale intendendosi il nocumento alle ragioni creditorie conseguente all'atto di disposizione. L'atto di disposizione deve essere tale da ledere la garanzia patrimoniale offerta dal debitore e da mettere a repentaglio la possibilità di soddisfacimento del creditore;

4. l'elemento soggettivo (la c.d. *scientia fraudis*), ossia la consapevolezza che l'atto arreca un pregiudizio al creditore, rendendo difficile o impossibile la fruttuosa esecuzione. È sufficiente una generica consapevolezza, non richiedendosi anche che il debitore abbia l'intenzione di arrecare un danno ai creditori: le intenzioni del soggetto che compie l'atto di disposizione restano del tutto irrilevanti. In caso di atto a titolo gratuito, basterà che tale consapevolezza risulti in capo al debitore; in caso di atto a titolo oneroso, occorrerà che anche il terzo avente causa abbia avuto la consapevolezza di nuocere al creditore del dante causa (si parlerà, in tale ultima evenienza, di *partecipatio fraudis*). L'unico caso in cui non basterà una generica consapevolezza è quello in cui l'atto dispositivo sia antecedente rispetto al sorgere del credito: in tale eventualità il titolare del diritto relativo dovrà dimostrare una dolosa preordinazione in capo al debitore, finalizzata proprio al pregiudizio delle ragioni creditorie.

A livello di effetti, è importante sottolineare che l'atto dispositivo revocato conserva la sua validità; l'*actio pauliana* non lo rende nullo o annullabile, ma semplicemente inefficace nei confronti del creditore revocante, che potrà agire sul bene nella misura necessaria a soddisfare le sue ragioni, come se esso non fosse mai uscito dal patrimonio del debitore.

L'azione si prescrive in cinque anni dalla data dell'atto di disposizione.

Le tesi contrapposte di parte ricorrente e resistente

La tesi dei ricorrenti

Tizio e Caia formulano 4 motivi di ricorso in Cassazione, di cui solo uno (il quarto) risulta interessante in questa sede. Con il quarto motivo di ricorso i coniugi lamentano che la Corte bresciana avrebbe errato nel ritenere assoggettabile ad azione revocatoria l'atto di istituzione del *trust*, in quanto esso non presenterebbe effetti dispositivi. La Banca Mevia avrebbe dovuto chiedere la revocatoria del conseguente atto di disposizione con cui i beni sono stati trasferiti al fiduciario (*trustee*). Con l'atto istitutivo si esprimerebbe semplicemente la volontà di costituire un *trust;* ma è l'atto dispositivo, invece, quello con cui il *settlor* trasferisce, a titolo gratuito, i beni in *trust* al *trustee*.

I ricorrenti rilevano poi come la più recente giurisprudenza (Cass. 29 maggio 2018, n. 13388) confermerebbe quanto da loro sostenuto a mezzo del motivo in esame.

La difesa della controricorrente

La Banca Mevia difende la soluzione adottata dalla Corte d'Appello di Brescia e solleva un'eccezione di inammissibilità del ricorso (che qui non è utile analizzare).

Decisione della Corte

La massima

"In materia di *trust*, l'atto avente natura dispositiva è quello mediante il quale il bene conferito viene intestato al *trustee*, ma tanto non comporta che la domanda revocatoria debba essere necessariamente rivolta avverso questo negozio e non possa, invece, essere utilmente proposta nei confronti dell'atto istitutivo del *trust*, in quanto l'inefficacia dell'atto istitutivo, conseguente al vittorioso esperimento di un'azione revocatoria, comporta pure l'inefficacia dell'atto dispositivo".

Le motivazioni

Il motivo svolto dai ricorrenti non merita, ad avviso della Suprema Corte, di essere accolto.

In particolare, la tesi per cui l'atto istitutivo del *trust* non potrebbe essere dichiarato inefficace e inopponibile in quanto atto sprovvisto di carattere traslativo, mentre ad essere revocabile sarebbe l'atto successivo e conseguente (esso sì di carattere traslativo), non risulta corretta.

La Cassazione conferma che, come prospettato dai ricorrenti, nel *trust* ad essere dispositivo è l'atto con cui viene intestato al *trustee* il bene; ma ad essere ritenuto non corretto è il successivo passaggio logico, in forza del quale la relativa domanda revocatoria dovrebbe essere necessariamente indirizzata negli immediati confronti del secondo atto e non potrebbe, per ciò stesso, essere utilmente proposta pure nei confronti dell'atto istitutivo del *trust*.

A ben vedere, ove dopo l'istituzione del *trust* sia seguita l'effettiva intestazione del bene conferito al *trustee* – come nel caso di specie – l'azione revocatoria che si rivolga verso l'atto istitutivo risulterà comunque idonea a produrre l'esito di inefficacia del successivo atto dispositivo. Certo, in caso di inesistenza di un atto dispositivo non si potrà ricorrere all'*actio pauliana*, mancando il primo requisito necessario ai fini dell'esperimento della stessa: un atto di disposizione. Ma qualora quest'ultimo vi sia, allora per la Suprema Corte la domanda di inefficacia che abbia ad oggetto l'atto istitutivo di un *trust* produrrà pure l'inefficacia del successivo atto dispositivo, travolgendolo.

Quanto al precedente richiamato dai ricorrenti per corroborare la tesi sostenuta, esso, ad avviso della Suprema Corte, risulta solo apparentemente pertinente. Effettivamente, in tale sentenza la Cassazione ha espressamente affermato che "ai fini del conseguimento dello scopo dell'azione revocatoria, quest'ultima viene indirizzata nei confronti dell'atto di disposizione patrimoniale, e cioè l'atto mediante il quale il bene viene intestato in capo al *trustee*, e non nei confronti dell'atto istitutivo del *trust*, il quale costituisce il fascio di rapporti che circonda l'intestazione del bene, ma non l'intestazione stessa, ed è neutrale dal punto di vista patrimoniale" (Cass. 29 maggio 2018, n. 13388, peraltro anticipata da Cass. 3 agosto 2017, n. 19376).

L'apparente incoerenza ha tuttavia una spiegazione: tale affermazione era stata emessa con riferimento al ben diverso problema del carattere gratuito, od oneroso, dell'operazione in cui si sostanzia il *trust*, risultando, perciò, estranea alla questione di diritto analizzata dalla Suprema Corte nella pronuncia in commento. I ricorrenti hanno estrapolato acriticamente l'asserzione contenuta nel precedente della Suprema Corte, al fine di dotare di maggior autorevolezza la propria tesi; ma, appunto, dato il difetto di rilevanza, l'argomento non è apparso convincente alla Suprema Corte.

Brevi note esplicative

Ad avviso della Cassazione, l'atto di trasferimento e intestazione del bene conferito al *trustee* non deve essere considerato come un atto isolato e autoreferente. Esso, oltre ad essere necessariamente successivo rispetto all'atto istitutivo, ne è soprattutto accessorio e dipendente, trovando nell'esistenza del primo la propria ragione giustificatrice.

D'altro canto il *trustee*, quando riceve i beni o i diritti dal *settlor*, non acquisisce una proprietà piena, ma funzionalizzata ed orientata, in quanto è obbligato ad amministrarli in vista del raggiungimento di un determinato scopo, dovendosi attenere ad una serie di obblighi relativi alla gestione. Sicché tale peculiare "proprietà" verrebbe meno con la caducazione dell'atto (istitutivo) che nel concreto va a conformare tale diritto. In breve, l'azione revocatoria può indirizzarsi sia contro il singolo atto di intestazione che realizza l'effetto dispositivo, sia contro il negozio con cui, a monte, si è istituito il *trust*. E qualora vada a colpire quest'ultimo, la relativa revoca recherà con sé pure l'inefficacia dell'atto dispositivo, ancillare e dipendente dalle sorti del primo.

Precedenti giurisprudenziali

Cass. 25 maggio 2017, n. 13175.
Cass. 3 agosto 2017, n. 19376.

Cass. 29 maggio 2018, n. 13388.
Cass. 27 giugno 2018, n. 16897.

Bibliografia essenziale

BREGOLI A., *Effetti e natura della revocatoria*, Milano, 2001.

CAIAZZO R., *L'azione revocatoria. Orientamenti, annotazioni processuali e formule per gli adempimenti dell'avvocato*, Piacenza, 2015.

FUSARO M., *Tendenze del diritto privato in prospettiva comparatistica*, Torino, 2015.

GINEVRA E., *La fiducia e i rapporti fiduciari tra diritto privato regole del mercato finanziario*, Milano, 2012.

LUPOI M., *Istituzioni del diritto dei* trust *e degli affidamenti fiduciari*, Padova, 2010.

TORRENTE A., SCHLESINGER P., *Manuale di diritto privato, XXIII edizione*, Milano, 2017.

Ristampa effettuata nel mese di agosto 2022
nella LegoDigit S.r.l. – Via Galileo Galilei, 15/1
38015 Lavis (TN)